Direito
Empresarial

O GEN | Grupo Editorial Nacional – maior plataforma editorial brasileira no segmento científico, técnico e profissional – publica conteúdos nas áreas de concursos, ciências jurídicas, humanas, exatas, da saúde e sociais aplicadas, além de prover serviços direcionados à educação continuada.

As editoras que integram o GEN, das mais respeitadas no mercado editorial, construíram catálogos inigualáveis, com obras decisivas para a formação acadêmica e o aperfeiçoamento de várias gerações de profissionais e estudantes, tendo se tornado sinônimo de qualidade e seriedade.

A missão do GEN e dos núcleos de conteúdo que o compõem é prover a melhor informação científica e distribuí-la de maneira flexível e conveniente, a preços justos, gerando benefícios e servindo a autores, docentes, livreiros, funcionários, colaboradores e acionistas.

Nosso comportamento ético incondicional e nossa responsabilidade social e ambiental são reforçados pela natureza educacional de nossa atividade e dão sustentabilidade ao crescimento contínuo e à rentabilidade do grupo.

Filippe Augusto dos Santos **Nascimento**
Túlio **Parreiras**

COORDENAÇÃO
Renee do Ó **Souza**

Direito Empresarial

■ Os autores deste livro e a editora empenharam seus melhores esforços para assegurar que as informações e os procedimentos apresentados no texto estejam em acordo com os padrões aceitos à época da publicação, e todos os dados foram atualizados pelos autores até a data de fechamento do livro. Entretanto, tendo em conta a evolução das ciências, as atualizações legislativas, as mudanças regulamentares governamentais e o constante fluxo de novas informações sobre os temas que constam do livro, recomendamos enfaticamente que os leitores consultem sempre outras fontes fidedignas, de modo a se certificarem de que as informações contidas no texto estão corretas e de que não houve alterações nas recomendações ou na legislação regulamentadora.

■ Fechamento desta edição: *03.05.2022*

■ Os autores e a editora se empenharam para citar adequadamente e dar o devido crédito a todos os detentores de direitos autorais de qualquer material utilizado neste livro, dispondo-se a possíveis acertos posteriores caso, inadvertida e involuntariamente, a identificação de algum deles tenha sido omitida.

■ **Atendimento ao cliente: (11) 5080-0751 | faleconosco@grupogen.com.br**

■ Direitos exclusivos para a língua portuguesa
Copyright © 2022 by
Editora Forense Ltda.
Uma editora integrante do GEN | Grupo Editorial Nacional
Travessa do Ouvidor, 11 – Térreo e 6º andar
Rio de Janeiro – RJ – 20040-040
www.grupogen.com.br

■ Reservados todos os direitos. É proibida a duplicação ou reprodução deste volume, no todo ou em parte, em quaisquer formas ou por quaisquer meios (eletrônico, mecânico, gravação, fotocópia, distribuição pela Internet ou outros), sem permissão, por escrito, da Editora Forense Ltda.

■ Capa: Bruno Sales Zorzetto

■ **CIP – BRASIL. CATALOGAÇÃO NA PUBLICAÇÃO.**
SINDICATO NACIONAL DOS EDITORES DE LIVROS, RJ.

N195d

Nascimento, Filippe Augusto dos Santos
Direito empresarial / Filippe Augusto dos Santos Nascimento, Túlio Parreiras; coordenação Renee do Ó Souza. – 1. ed. – Rio de Janeiro: Método, 2022.
456 p.; 21 cm. (Método essencial)

Inclui bibliografia
ISBN 978-65-5964-472-8

1. Direito empresarial – Brasil. 2. Serviço público – Brasil – Concursos. I. Parreiras, Túlio. II. Souza, Renee do Ó. III. Título. IV. Série.

22-77345   CDU: 347.7(81)

Gabriela Faray Ferreira Lopes – Bibliotecária – CRB-7/6643

"Não há melhor negócio que a vida.
A gente a obtém a troco de nada".

Provérbio Judaico

Às nossas famílias.

Sumário

Capítulo 1

Introdução ao estudo do Direito Empresarial 1

1.1 Breve histórico do Direito Empresarial 1
   1.1.1 Fase subjetiva (Antiguidade-1807) 1
   1.1.2 Fase objetiva – Teoria dos Atos de Comércio (1807-1942) 2
   1.1.3 Fase subjetiva moderna – Teoria da Empresa (1942 até os dias atuais) 3
   1.1.4 Fontes do Direito Empresarial 5
   1.1.5 Princípios do Direito Empresarial 5
      1.1.5.1 Princípio da livre-iniciativa 5
      1.1.5.2 Princípio da livre concorrência 6
      1.1.5.3 Princípio da função social da empresa ... 7
   1.1.6 Características do Direito Empresarial 7

Capítulo 2

Institutos fundamentais do Direito Empresarial 9

2.1 A empresa 9
2.2 Do empresário 11
   2.2.1 Da capacidade do empresário 17
      2.2.1.1 Pleno gozo da capacidade civil 17
      2.2.1.2 Ausência de impedimentos legais 19
      2.2.1.3 Empresário casado 22
2.3 Empresa Individual de Responsabilidade Limitada (EIRELI) .. 23
2.4 Empresa Simples de Crédito (ESC) 29
2.5 Estabelecimento empresarial 31
   2.5.1 Previsão legal 31
   2.5.2 Conceito 33
   2.5.3 Compra e venda do estabelecimento 35
      2.5.3.1 Produção de efeitos perante terceiros ... 35
      2.5.3.2 Sub-rogação nos contratos 36

2.5.3.3 Trespasse e sucessão empresarial 37
2.5.3.4 Cláusula de não concorrência 38
2.5.3.5 Cessão de crédito 40
2.5.4 Penhora do estabelecimento 41
2.5.5 Aviamento e clientela 41
2.5.6 Bens do estabelecimento comercial 42
 2.5.6.1 Incorpóreos 42
  2.5.6.1.1 Ponto comercial 42

Capítulo 3

Institutos complementares 47

3.1 Do registro 47
 3.1.1 Previsão legal e órgão encarregado 47
 3.1.2 Competência 48
 3.1.3 Exceção ao registro (art. 971 do CC) 49
 3.1.4 Natureza jurídica do registro 49
 3.1.5 Alterações promovidas pela Lei nº 14.195/2021 50
 3.1.6 Consequências da ausência de registro 52
 3.1.7 Registro da cooperativa 52
3.2 Nome empresarial 54
 3.2.1 Espécies de nome empresarial 55
  3.2.1.1 Firma 57
   3.2.1.1.1 Composição da firma individual 57
   3.2.1.1.2 Composição da firma social (razão social) 57
  3.2.1.2 Denominação 59
  3.2.1.3 CNPJ 60
3.3 Proteção ao nome empresarial 60
3.4 As sociedades empresárias e o nome empresarial 61
3.5 Princípios informadores 64
3.6 Perda do nome empresarial 66
3.7 Dos prepostos 67
3.8 Escrituração 69

Capítulo 4

Noções gerais sobre o Direito Societário 77

4.1 Introdução 77
4.2 Classificação das sociedades personificadas 78

4.2.1	Quanto ao objeto	78
4.2.2	Quanto ao grau de dependência às qualidades dos sócios	78
4.2.3	Quanto ao regime de constituição e de dissolução de vínculo societário	79
4.2.4	Quanto à responsabilidade dos sócios pelas obrigações sociais	79
4.2.5	Quanto à nacionalidade	79
4.3	Operações societárias: transformação, incorporação, fusão e cisão	80
4.3.1	Transformação	81
4.3.2	Incorporação	85
4.3.3	Fusão	89
4.3.4	Cisão	91
4.4	Governança corporativa e compliance no Brasil	95

Capítulo 5
Sociedade simples 99

5.1	Introdução	99
5.2	Contrato social	100
5.3	Administração da sociedade simples	102
5.4	Distribuição dos resultados	107
5.5	Responsabilidade dos sócios na Sociedade Simples	107
5.6	Alteração do contrato social	108
5.7	Cessão de cotas	109
5.8	Direitos e deveres dos sócios	110
5.9	Exclusão de sócio	111
5.10	Apuração de haveres	112
5.11	Tentativa de unificar o tratamento entre sociedade simples e sociedade empresária	113

Capítulo 6
Sociedades não personificadas 115

6.1	Noções iniciais	115
6.2	Sociedade em comum	116
6.3	Sociedade em conta de participação	117

Capítulo 7
Tipos societários 119
7.1 Sociedade em nome coletivo 119
7.2 Sociedade em comandita simples 121
7.3 Sociedade em comandita por ações 122
7.4 Sociedade limitada 124
    7.4.1 Características 124
    7.4.2 Constituição da sociedade limitada 124
    7.4.3 Responsabilidade dos sócios 126
    7.4.4 Capital social 130
    7.4.5 Deveres dos sócios 134
    7.4.6 Direitos dos sócios 134
    7.4.7 Deliberações sociais 136
        7.4.7.1 Assembleia x reunião 137
        7.4.7.2 Regras de votação nas deliberações 138
        7.4.7.3 Quóruns de deliberação 139
        7.4.7.4 Dispensa de assembleia ou reunião 140
7.5 Direito de retirada (direito de recesso) 140
7.6 Direito de fiscalização 143
7.7 Direito de preferência 143
7.8 Administração 144
7.9 Responsabilidade dos administradores 146
7.10 Dissolução da sociedade 147
    7.10.1 Casos de dissolução parcial 147
    7.10.2 Casos de dissolução total 149
7.11 Sociedade anônima 150
    7.11.1 Nome empresarial 151
    7.11.2 Responsabilidade dos acionistas 152
    7.11.3 Tipos de sociedades anônimas 152
        7.11.3.1 Aberta 152
        7.11.3.2 Fechada 153
    7.11.4 Constituição de uma sociedade anônima 153
        7.11.4.1 Requisitos preliminares para a constituição de uma sociedade anônima, independentemente da modalidade de constituição 153
    7.11.5 Valores mobiliários 154
    7.11.6 Órgãos da companhia 158
        7.11.6.1 Assembleias 158
        7.11.6.2 Conselho de administração 163
        7.11.6.3 Diretoria 164
        7.11.6.4 Conselho fiscal 166

Sumário xiii

7.11.7 Direitos e deveres dos acionistas 166
7.11.8 Direito de retirada 167
7.11.9 Administradores da S.A 168
7.11.10 Acionista controlador 169
7.11.11 Voto plural 172
7.12 Dissolução, liquidação e extinção das sociedades institucionais 172
7.13 Publicações 173
7.14 Sociedade anônima de futebol (SAF) 175
7.15 Jurisprudência do Superior Tribunal de Justiça 180

Capítulo 8

Falência 183
8.1 Noções introdutórias 183
8.2 Natureza jurídica da falência 184
8.3 Princípios 184
8.4 Pressupostos da falência 188
8.5 Fases do processo falimentar 188
8.6 Incidência da lei 189
8.7 Legitimidade ativa 190
8.8 Legitimidade passiva 192
8.9 Juízo competente 193
8.10 Insolvência 194
8.11 Posturas do devedor 198
8.12 Sentença 200
8.13 Natureza jurídica da sentença declaratória de falência..... 201
8.14 Requisitos da sentença declaratória de falência 201
8.15 Efeitos da sentença declaratória 204
8.16 Efeitos da sentença declaratória em relação aos credores ... 206
8.17 Arrecadação dos bens do falido 208
8.18 Recomposição judicial 209
8.19 Realização do ativo 211
8.20 Modalidades 211
8.21 Verificação dos créditos 215
8.22 Habilitação de crédito 215
8.23 Habilitação retardatária 219
8.24 Ordem de classificação dos créditos 220
    8.24.1 Créditos extraconcursais 220
    8.24.2 Créditos concursais 223
8.25 Reabilitação 226

Capítulo 9

Recuperação judicial... 229
9.1 Noções iniciais.. 229
9.2 Finalidade da recuperação judicial.. 230
9.3 Requisitos da recuperação judicial.. 230
9.4 Créditos sujeitos à recuperação judicial................................... 234
9.5 Procedimento da recuperação.. 237
    9.5.1 Petição inicial.. 237
    9.5.2 Nomeação de avaliador de confiança............................ 239
    9.5.3 Despacho de processamento... 240
    9.5.4 Publicação do despacho.. 244
    9.5.5 Comunicado.. 248
    9.5.6 Composição da assembleia geral de credores............. 252
9.6 Decisão concessiva da recuperação judicial............................ 259
9.7 A atuação da empresa durante a recuperação judicial........... 260
9.8 Prazo da recuperação judicial.. 262
9.9 Do encerramento da recuperação judicial............................... 263
9.10 Recuperação especial – do plano especial de recuperação judicial das microempresas e das empresas de pequeno porte... 265
9.11 Convolação da recuperação judicial em falência.................. 266
9.12 Recuperação extrajudicial.. 268
    9.12.1 Quem pode requerer... 269
    9.12.2 Órgãos da recuperação extrajudicial........................... 269
    9.12.3 Efeitos jurídicos da recuperação extrajudicial............ 270
    9.12.4 Procedimento da recuperação extrajudicial............... 271

Capítulo 10

Propriedade industrial... 275
10.1 Introdução... 275
10.2 Objeto de proteção da Lei de Propriedade Industrial.......... 276
10.3 Utilização exclusiva do bem.. 278
    10.3.1 Tempo.. 278
    10.3.2 Termo inicial... 278
    10.3.3 Prorrogação do prazo... 279
    10.3.4 Invenção... 279
    10.3.5 Modelo de utilidade.. 282
    10.3.6 Requisitos da patenteabilidade.................................... 282
        10.3.6.1 Novidade.. 283

Sumário

- 10.3.6.2 Atividade inventiva ... 283
- 10.3.6.3 Aplicação industrial ... 284
- 10.3.6.4 Não impedimento ... 284
- 10.3.7 Licença voluntária ... 285
- 10.3.8 Licença compulsória ... 286
  - 10.3.8.1 Abuso de direito ou de poder econômico e não exploração ou não satisfação das necessidades do mercado ... 286
  - 10.3.8.2 Emergência nacional ou interesse público ... 291
  - 10.3.8.3 Interesse da defesa nacional ... 296
  - 10.3.8.4 Caducidade da patente ... 296
- 10.3.9 Nulidade da patente ... 297
  - 10.3.9.1 Disposição legal ... 297
  - 10.3.9.2 Processo administrativo de nulidade de patente .. 298
- 10.3.10 Extinção da patente ... 300
- 10.4 Registro ... 302
  - 10.4.1 Desenho industrial ("*design*") ... 302
    - 10.4.1.1 Novidade ... 303
    - 10.4.1.2 Originalidade ... 304
    - 10.4.1.3 Impedimentos ... 305
    - 10.4.1.4 Nulidade do registro do desenho de utilidade ... 305
    - 10.4.1.5 Extinção do registro do desenho de utilidade ... 307
  - 10.4.2 Marca ... 308
    - 10.4.2.1 Espécies de marca ... 308
    - 10.4.2.2 Requisitos para registro de marca ... 309
    - 10.4.2.3 Nulidade do registro de marca ... 315
    - 10.4.2.4 Extinção do registro da marca ... 317
- 10.5 Aspectos processuais da LPI ... 318
  - 10.5.1 Patente (invenção/modelo de utilidade) ... 318
  - 10.5.2 Desenho industrial ... 318
  - 10.5.3 Marca ... 319
- 10.6 Prescrição ... 320
- 10.7 Formas de extinção da propriedade industrial ... 322

Capítulo 11

Contratos empresariais ... 325

- 11.1 Introdução ... 325
- 11.2 Princípios ... 326
  - 11.2.1 Princípio da autonomia da vontade ... 326
  - 11.2.2 Princípio da relatividade dos pactos ... 327

11.2.3 Princípio da função social ... 327
11.2.4 Princípio da força obrigatória ... 328
11.2.5 Princípio da boa-fé ... 329
11.3 Contratos inteligentes ... 330
11.4 Contratos bancários ... 333
   11.4.1 Conceito ... 333
   11.4.2 Espécies ... 333
      11.4.2.1 Depósito ... 333
      11.4.2.2 Abertura de crédito ... 335
      11.4.2.3 Desconto bancário ... 335
      11.4.2.4 Contrato de financiamento ... 336
      11.4.2.5 Custódia de valores ... 336
      11.4.2.6 Aluguel de cofre ... 336
      11.4.2.7 Cartão de crédito ... 337
11.5 Arrendamento mercantil ou *leasing* ... 338
   11.5.1 Conceito ... 338
   11.5.2 Espécies ... 340
11.6 Alienação fiduciária em garantia ... 341
11.7 Franquia ou *franchising* ... 343
   11.7.1 Conceito ... 343
   11.7.2 Espécies ... 345
11.8 Faturização ou *factoring* ... 345
   11.8.1 Conceito ... 345
   11.8.2 Espécies ... 347
11.9 Compra e venda mercantil ... 347
   11.9.1 Obrigações do comprador ... 347
   11.9.2 Obrigações do vendedor ... 348

Capítulo 12

Títulos de crédito ... 349

12.1 Conceito ... 349
12.2 Princípios do direito cambiário ... 350
   12.2.1 Cartularidade (ou documentalidade) ... 350
   12.2.2 Literalidade ... 351
   12.2.3 Autonomia ... 352
      12.2.3.1 Abstração ... 353
      12.2.3.2 Inoponibilidade de exceções a terceiros de boa-fé ... 353
   12.2.4 Independência/completude ... 354
12.3 Classificação dos títulos de crédito ... 354
   12.3.1 Quanto ao modelo ... 354
   12.3.2 Quanto à estrutura ... 354

Sumário xvii

12.3.3 Quanto à hipótese de emissão 355
12.3.4 Quanto à circulação 355
12.4 Letra de câmbio 357
    12.4.1 Legislação aplicável 357
    12.4.2 Requisitos essenciais 357
    12.4.3 Formas de vencimento 358
    12.4.4 Saque e aceite 359
        12.4.4.1 Efeitos da recusa do aceite (total ou parcial) 360
        12.4.4.2 Efeitos do aceite 360
        12.4.4.3 Prazo de respiro 361
    12.4.5 Endosso 362
        12.4.5.1 Efeitos do endosso 362
        12.4.5.2 Modalidades de endosso 363
            12.4.5.2.1 Endosso em branco 364
            12.4.5.2.2 Endosso em preto 364
            12.4.5.2.3 Endosso póstumo 365
            12.4.5.2.4 Endosso impróprio 365
            12.4.5.2.5 Endosso "sem garantia" 367
    12.4.5.3 Endosso *versus* cessão civil 368
    12.4.5.4 Cláusula "não à ordem" 368
    12.4.6 Aval 369
        12.4.6.1 Modalidades de aval 370
    12.4.7 Aval *versus* fiança 372
    12.4.8 Pagamento 374
12.5 Nota promissória 376
    12.5.1 Requisitos 376
    12.5.2 Regime legal 377
12.6 Cheque 380
    12.6.1 Legislação aplicável 380
    12.6.2 Elementos pessoais 381
    12.6.3 Requisitos 381
    12.6.4 Tipos de cheque 381
    12.6.5 Cheque pós-datado 382
    12.6.6 Prazo para apresentação do cheque – art. 33 da Lei do Cheque 384
    12.6.7 Sustação do cheque 386
    12.6.8 Aceite 387
    12.6.9 Endosso 387
    12.6.10 Aval 388
    12.6.11 Pagamento 389
    12.6.12 Prescrição 390
12.7 Duplicata 391
    12.7.1 Legislação aplicável 392

12.7.2 Elementos pessoais 393
12.7.3 Aceite 393
    12.7.3.1 Recusa do aceite 393
    12.7.3.2 Modalidades de aceite 394
12.7.4 Endosso 395
12.7.5 Aval 395
12.7.6 Vencimento 396
12.7.7 Execução da duplicata – art. 15 396
12.7.8 Prescrição 397
12.7.9 Duplicata virtual 397
12.7.10 Perda ou extravio de duplicata 401
12.7.11 Furto ou roubo de duplicata 401

Capítulo 13

Ações cambiais 403

13.1 Ação de execução de título extrajudicial 403
    13.1.1 Utilização para os títulos de crédito 403
    13.1.2 Requisitos 404
    13.1.3 Prazos 405
13.2 Ação de anulação da cambial 409
13.3 Ação de locupletamento ilícito 411
13.4 Ação monitória 414

Capítulo 14

Protesto 421

14.1 Conceito e características 421
14.2 Espécies 421
14.3 Procedimento 422
14.4 Protestos necessários 424
14.5 Cancelamento do protesto 426

Capítulo 15

Jurisprudência em teses do STJ 429

15.1 Edição nº 56: títulos de crédito 429
15.2 Edição nº 62: cheque 432

Referências 435

1

Introdução ao estudo do Direito Empresarial

1.1 Breve histórico do Direito Empresarial

O Direito Empresarial, ao contrário do Direito Civil, sempre se pautou pela dinamicidade, o que faz com que seu histórico tenha se pautado em diferentes períodos com características distintas. Assim, pode-se dividir a evolução do Direito Empresarial em três fases: 1) fase subjetiva (da Antiguidade até 1807); 2) fase objetiva, em que vigorou a teoria dos atos de comércio (1807-1942); e 3) fase subjetiva moderna, com a vigência da teoria da empresa (1942-até os dias atuais).

Vejamos, portanto, cada uma delas.

1.1.1 Fase subjetiva (Antiguidade-1807)

O Código de Hamurabi já trazia algumas noções acerca do Direito Comercial, ao tratar do contrato de sociedade e do empréstimo a juros.

No Império Romano, contudo, o comércio não possuía disciplina própria, e se encontrava sujeito às normas do Direito Civil comum.

O êxodo rural, acentuado durante a Idade Média, fez com que as pessoas passassem a exercer atividades negociais na qualidade, principalmente, de artesãos e mercadores, o que ocasionou o desenvolvimento de feiras e os mercados.

Diante da ausência de regulamentação, os comerciantes passaram a se reunir sob as Corporações de Ofícios, que agrupavam trabalhadores dedicados a um único ofício, havendo normas e justiça próprias, daí advindo a denominação de fase subjetiva, conquanto o fator determinante era o ofício de cada trabalhador.

Contudo, a partir do momento em que os Estados passaram a reivindicar para si o monopólio da jurisdição, as corporações de ofício perderam prestígio, e o Direito Comercial passou a ser, cada vez mais, objeto das legislações editadas pelos Estados.

1.1.2 Fase objetiva – Teoria dos Atos de Comércio (1807-1942)

A Teoria dos Atos de Comércio surgiu na França, que dizia que o objeto de estudo do ainda chamado Direito Comercial eram apenas os atos de comercializar, ou seja, comprar e vender. Com isso, a preocupação não era apenas com o comerciante, mas sim com a sua atividade.

O Código de Napoleão, de 1807, foi um marco importante para se implementar essa mudança de pensamento, dando do início à era objetiva do Direito Comercial.

Passa-se a estar diante de um sistema que classifica o sujeito do Direito Comercial de acordo com sua atividade, e não com o fato de ele estar ou não ligado a uma corporação. Para ser sujeito do Direito Comercial era preciso praticar um ato de comércio, mas o que são atos de comércio?

Esse foi o grande desafio da doutrina da época, pois não se conseguia precisar contornos bem definidos dessa atividade que servia de base para caracterizar o objeto de regulamentação do Direito Comercial. Porém, não faltaram tentativas, como as listas elaboradas pelos tribunais de comércio e pelo próprio Código de Napoleão.

No Brasil, o Código Comercial de 1850 adotou a teoria francesa, cabendo ao Regulamento nº 737/1850 a tarefa de enumerar quais seriam os atos de comércio, tendo deixado de fora atividades como a prestação de serviços, a negociação imobiliária e as atividades rurais.

Todavia, com a evolução da atividade comercial, a teoria francesa se mostrou insuficiente e o Direito Comercial não conseguia mais abarcar todas as situações que necessitavam de regulamentação. Chegou-se a afirmar que o ramo jurídico se encontrava desacreditado muito em virtude da dificuldade conceitual dos atos de comércio. Assim, surge na Itália uma nova teoria, de perfil moderno e base subjetiva, chamada de Teoria da Empresa.

1.1.3 Fase subjetiva moderna – Teoria da Empresa (1942 até os dias atuais)

Com a crise da teoria objetiva, surge então no direito italiano a Teoria da Empresa, que supriu as lacunas no direito comercial e ampliou significativamente o objeto de estudo desse ramo jurídico. Agora o estudo será focado em toda a atividade empresarial, toda a organização dos meios de produção, dos serviços e também do ato de comercializar.

Para a Teoria da Empresa, o direito comercial não se limita a regular apenas as relações jurídicas em que ocorra a prática de um determinado ato definido em lei como ato de comércio (mercancia). A Teoria da Empresa faz com que o direito comercial não se ocupe apenas com alguns atos, mas como uma forma específica de exercer uma atividade econômica: a forma empresarial.

Fica superada, portanto, a dificuldade, existente na teoria francesa dos atos de comércio, de enquadrar certas atividades na disciplina jurídico-comercial, como a prestação de serviços, as atividades ligadas à terra e à negociação imobiliária. Para a Teoria da Empresa, qualquer atividade econômica, desde que exercida profissionalmente e destinada a produzir ou fazer circular bens ou serviços, é considerada empresarial e pode submeter-se ao regime jurídico comercial.

Percebe-se que a primeira noção de empresa possui um caráter econômico, ligado tão somente à complexidade da organização dos fatores de produção, mas a doutrina jurídica, principalmente por meio do autor italiano Alberto Asquini, criou contornos jurídicos a tal conceito e revolucionou o Direito Comercial, como ainda era conhecido.

Alberto Asquini, no entendimento de que a empresa é um conceito poliédrico, criou quatro perfis em que ela pode se apresentar:

a) **Subjetivo:** considera-se a organização econômica da empresa pelo seu vértice, utilizando a expressão em sentido subjetivo, como sinônimo de empresário.

b) **Funcional:** a empresa é considerada como a atividade empreendedora determinada a um certo objetivo.

c) **Objetivo:** utiliza-se o complexo patrimonial como o centro de atenção do conceito de empresa, sendo que poderão ser levados em consideração todos os tipos de bens.

d) **Corporativo:** a empresa é considerada como uma especial organização de pessoas, formada pelo empresário e pelos prestadores de trabalho, seus colaboradores (CRUZ, 2021, p. 43).

A primeira legislação de fato que se filiou a essa nova teoria foi o Código Civil Italiano de 1942, considerado o grande marco da transformação desse ramo do direito que, aliás, passa a receber uma nova denominação: Direito Empresarial.

No Brasil, a teoria da empresa foi expressamente adotada pelo Código Civil de 2002, conforme será visto em momento oportuno.

1.1.4 Fontes do Direito Empresarial

As fontes formais do Direito Empresarial podem ser divididas do seguinte modo: a) fontes primárias: Código Comercial (arts. 457 a 913), leis comerciais e o Livro II da Parte Espécial do Código Civil; b) fontes secundárias: usos e costumes mercantis, leis civis, analogia, costumes e princípios gerais de direito.

1.1.5 Princípios do Direito Empresarial

1.1.5.1 Princípio da livre-iniciativa

Trata-se de um princípio que está garantido na Constituição Federal, no art. 1º, sendo, portanto, um princípio fundamental da República e com enorme relevância para o Direito Empresarial. Além disso, o *caput* do art. 170 da CF/1988 coloca a livre-iniciativa como fundamento da ordem econômica.

Ademais, em 20 de setembro de 2019, fora editada a Lei nº 13.874, fruto da conversão da Medida Provisória nº 881/2019, a qual instituiu a Declaração de Direitos de Liberdade Econômica. Por intermédio da novel legislação, pretendeu-se estabelecer normas de estrito respeito à livre-iniciativa e à liberdade de exercício da atividade econômica, observáveis tanto pela Administração Pública em face do particular como nas relações entre esses.

Tal princípio é de extrema importância, porque as atividades empresárias estão baseadas na busca por lucratividade.

É com base nesse princípio que qualquer pessoa que tenha a plena capacidade civil pode ingressar na atividade empresária, salvo as restrições de determinadas pessoas. Ademais, não é necessária nenhuma qualificação profissional para uma pessoa praticar a empresa, pois todos possuem a livre-iniciativa.

Entretanto, esse princípio não é absoluto, poderá sofrer restrições. O Estado poderá interferir em determinadas atividades empresárias quando elas representarem risco aos interesses sociais.

1.1.5.2 Princípio da livre concorrência

É um dos fundamentos da ordem econômica, art. 170, IV, da CF/1988. Para garanti-lo, o legislador constituinte dispôs que "a lei reprimirá o abuso do poder econômico que vise à dominação dos mercados, à eliminação da concorrência e ao aumento arbitrário dos lucros" (art. 173, § 4º, Lei nº 12.529/2011).

Também em relação a esse princípio de suma relevância o advento da Lei nº 13.874/2019, a qual determina que a administração pública e as demais entidades abrangidas têm o dever de evitar a criação de "reserva de mercado ao favorecer, na regulação, grupo econômico, ou profissional, em prejuízo dos demais concorrentes" (art. 4º, I).

Percebe-se que muitas vezes a livre concorrência irá garantir a livre-iniciativa, mas também irá restringi-la.

1.1.5.3 Princípio da função social da empresa

As sociedades empresárias não devem ser vistas tão somente como uma instituição destinada a atender exclusivamente os interesses dos sócios, mas como importante contribuição para a circulação de riquezas, para o fornecimento de empregos e para a economia em geral.

A função social da empresa assegura a função social dos bens de produção, o poder-dever do proprietário de destinar compativelmente com o interesse da coletividade o uso de sua propriedade. Ela representa a busca de concretização das diretrizes e dos objetivos fundamentais da República Federativa do Brasil, entre os quais a construção de uma sociedade mais livre, justa e solidária, com base nos valores democráticos da cidadania, da dignidade da pessoa humana e do humanismo, necessariamente considerados também nas relações privadas.

O STJ utiliza o princípio da função social da empresa no sentido de preservar seu funcionamento (REsp 917.531/MG).

1.1.6 Características do Direito Empresarial

As características mais importantes são:

a) **Cosmopolitismo:** uma vez que o comércio, historicamente, foi fator fundamental de integração entre os povos, razão pela qual o seu desenvolvimento propicia, até os dias de hoje, uma intensa inter-relação entre os países.

b) **Onerosidade:** dado o caráter econômico e especulativo das atividades mercantis, que faz com que o intuito de lucro seja algo intrínseco ao exercício da atividade empresarial.

c) **Informalismo:** em função do dinamismo da atividade empresarial, que exige meios ágeis e flexíveis para a realização e a difusão das práticas mercantis.

d) **Fragmentário:** várias são as legislações extravagantes que tratam do tema.

e) **Elasticidade:** permanece em constante processo de mudança, adaptando-se às mudanças econômicas e sociais (CRUZ, 2021, p. 25).

2

Institutos fundamentais do Direito Empresarial

2.1 A empresa

O principal conceito para se falar de Direito Empresarial moderno passou a ser, portanto, a empresa.

Com o Código Civil de 2002, empresa passou a significar a atividade econômica, negocial, que ocorre de forma organizada voltada à produção ou circulação de bens ou serviços.

Diferencia-se, dessa forma, o conceito de empresa do de empresário, do de sociedade empresária e do de estabelecimento empresarial.

O legislador brasileiro optou pelo perfil funcional de Alberto Asquini para definir a empresa, vendo-a como aquela particular força em movimento que é a sua atividade dirigida diretamente a um determinado escopo produtivo.

A doutrina moderna menciona a empresa como abstração, já que não se trata de uma entidade material e visível. Tal conclusão se dá pelo fato de o conceito ser o de atividade, não se confundindo com o de empresário (sujeito) nem com o de estabelecimento (objeto).

O Código Civil, em seu art. 966, trouxe o conceito de empresa dentro do conceito de empresário, mas essa não é uma definição muito precisa já que toda atividade negocial é organizada e busca colocar em circulação bens ou serviços.

Dessa forma, inicialmente, para diferenciar a atividade empresária das demais atividades econômicas, é preciso esclarecer o que seja o elemento organização que foi estipulado no conceito. Essa organização se refere à estrutura empresarial, com a existência de um complexo de bens organizados, em que as tarefas para desempenhar a atividade-fim sejam separadas em funções específicas, criando uma atuação capaz de produzir e circular riquezas. Tal elemento se opõe ao trabalho individualizado, meramente pessoal, ainda que se tenha o objetivo de circular bens ou serviços.

Assim, por exemplo, no caso de um taxista que pratica o seu serviço de transporte apenas com seu táxi e somente ele organiza as contas, as receitas e as despesas, não se pode colocar tal atividade como empresa. Porém se uma pessoa é dona de, digamos, três táxis, contrata motoristas para prestar os serviços, organiza horários, contas, sua atividade entrará na organização que caracteriza a empresa.

Não nos esqueçamos de que também há que se falar em atividade econômica, ou seja, a atividade é uma busca por lucratividade. Aquele que inicia a prática de uma atividade empresária, o faz para angariar lucros.

Para complementar o conceito de empresa, é preciso observar o parágrafo único do art. 966 do CC, que diz quais atividades não são consideradas empresárias:

> Art. 966. (...)
>
> Parágrafo único. Não se considera empresário quem exerce profissão intelectual, de natureza científica, literária ou artística, ainda com o concurso de auxiliares ou colaboradores, salvo se o exercício da profissão constituir elemento de empresa.

2.2 Do empresário

De acordo com o art. 966 do CC/2002, será empresário aquele que pratica atividade empresária. Essa é uma definição material do conceito de empresário, sendo ele o sujeito de direitos e obrigações que exerce a atividade econômica com organização para a circulação de bens ou serviços, exceto atividade intelectual.

Atenção!

Não se pode confundir o conceito de empresário com o de investidor. O fato de ser sócio de uma sociedade não faz com que a pessoa seja considerada empresária. Para sê-lo precisará participar efetivamente da organização da atividade empresária (investidor é qualquer pessoa que possua ou realize investimento).

Do conceito de empresário estabelecido no art. 966 do CC/2002, podemos extrair as seguintes expressões, que nos indicam os principais elementos indispensáveis à sua caracterização:

a) **Profissionalmente.** Só será empresário aquele que exercer determinada atividade econômica de forma profissional, ou seja, que fizer do exercício daquela atividade a sua profissão habitual.

b) **Atividade econômica.** A empresa é uma atividade exercida com intuito lucrativo. Entenda-se a ideia de lucro aqui como utilidade. É lucrativa a atividade que produz uma utilidade, e não somente aquela que se traduz em dinheiro.

c) **Organizada.** Empresário é aquele que articula os fatores de produção (capital, mão de obra, insumos e tecnologia).

Essa ideia fechada de que a organização dos fatores de produção é absolutamente imprescindível para a caracterização do empresário vem perdendo força no atual contexto da economia capitalista. Com efeito, basta citar o caso dos microempresários, os quais, não raro, exercem atividade empresarial única ou preponderantemente com trabalho próprio.

Não é elemento essencial da organização da atividade que ela seja feita com o concurso do trabalho de outras pessoas além do próprio empresário.

d) **Produção ou circulação de bens ou serviços.** Para a teoria da empresa, qualquer atividade econômica poderá, em princípio, submeter-se ao regime jurídico empresarial, bastando que seja exercida profissionalmente, de forma organizada e com intuito lucrativo. Sendo assim, a expressão deixa claro que nenhuma atividade econômica será excluída, *a priori*, do âmbito de incidência do Direito Empresarial.

A produção ou a circulação de bens ou serviços deve destinar-se ao mercado.

Ocorre que esse critério material – previsto no art. 966 do Código Civil – não se aplica a determinados agentes econômicos específicos. Para esses agentes, a lei optou por critérios outros para a determinação de sua submissão ou não ao regime jurídico empresarial. São eles: os profissionais intelectuais, os empresários rurais não registrados na Junta Comercial e as cooperativas.

A situação específica dos profissionais intelectuais, também chamados de profissionais liberais, está disciplinada no art. 966, parágrafo único, do Código Civil:

> Art. 966 (...)
>
> Parágrafo único. Não se considera empresário quem exerce profissão intelectual, de natureza científica, literária ou artística, ainda com concurso de auxiliares ou colaboradores, salvo se o exercício da profissão constituir elemento de empresa.

Em princípio, pois, os profissionais intelectuais (advogados, médicos, professores etc.) não são considerados empresários.

Há uma exceção, prevista no mesmo dispositivo legal, em que o profissional intelectual se enquadra no conceito de empresário. Trata-se da hipótese em que o exercício da profissão constitui elemento de empresa.

Enquanto o profissional intelectual está numa fase embrionária de atuação (é um profissional que atua sozinho, faz uso apenas de seu esforço, da sua capacidade intelectual), ele não é considerado empresário, não se submetendo, pois, ao regime jurídico empresarial.

Todavia, a partir do momento em que ele dá uma forma empresarial ao exercício de suas atividades, será considerado empresário e passará a ser regido pelas normas do Direito Empresarial.

Enfim, "quando o prestador de serviços profissionais se 'impessoaliza', e os serviços, até então pessoalmente prestados, passam a ser oferecidos pela organização empresarial, perante a qual se torna um mero organizador" (MELLO FRANCO, 2004, p. 59), será considerado empresário.

Nesse sentido, temos os seguintes enunciados do CJF:

Enunciado nº 54, I Jornada de Direito Civil – Art. 966: É caracterizador do elemento empresa a declaração da atividade-fim, assim como a prática de atos empresariais.

Enunciado nº 193, III Jornada de Direito Civil – Art. 966: O exercício das atividades de natureza exclusivamente intelectual está excluído do conceito de empresa.

Enunciado nº 194, III Jornada de Direito Civil – Art. 966: Os profissionais liberais não são considerados empresários, salvo se a organização dos fatores de produção for mais importante que a atividade pessoal desenvolvida.

Enunciado nº 195, III Jornada de Direito Civil – Art. 966: A expressão "elemento de empresa" demanda interpretação econômica, devendo ser analisada sob a égide da absorção da atividade intelectual, de natureza científica, literária ou artística, como um dos fatores da organização empresarial.

A definição do que seja esse elemento de empresa gerou/gera grande polêmica doutrinária, assim temos duas correntes:

- A primeira corrente (Fábio Ulhoa Coelho e Ricardo Fiuza) parte para o lado econômico e diz que esse elemento empresarial está na complexidade da organização da atividade intelectual, ou seja, a partir do porte do negócio.
- A segunda corrente (Sylvio Marcondes e Alfredo de Gonçalves Neto) vem entendendo que esse elemento se-

ria caracterizado pela existência de outras atividades sendo praticadas em complemento à atividade intelectual.

O STJ vem entendendo que o elemento de empresa se caracteriza pela complexidade na organização (REsp 1.028.086/RO, DJe 25.10.2011).

Quanto ao exercente de atividade rural, o Código Civil reservou-lhe um tratamento específico (art. 971). Se ele requerer sua inscrição no registro das empresas (Junta Comercial), será considerado empresário e submeter-se-á às normas do Direito Empresarial. Caso, porém, não requeira a inscrição nesse registro, não se considera empresário e seu regime será o do Direito Civil.

Vale registrar que a Lei nº 14.193, de 2021, inseriu o parágrafo único no art. 971, afirmando que o disposto no *caput* se aplica à associação que desenvolva atividade futebolística em caráter habitual e profissional, caso em que, com a inscrição, será considerada empresária, para todos os efeitos.

Conclui-se, pois, que para o exercente de atividade rural e a associação voltada à prática futebolista o registro na Junta Comercial tem natureza constitutiva, e não meramente declaratória, como de ordinário.

O registro não é requisito para que alguém seja considerado empresário, mas apenas uma obrigação legal imposta aos praticantes de atividade econômica. Quanto ao exercente de atividade rural e as associações voltadas ao futebol, essa regra é excepcionada, sendo o registro na Junta, pois, condição indispensável para sua caracterização como empresário e consequente submissão ao regime jurídico empresarial.

Nesse sentido, temos os seguintes Enunciados da III Jornada de Direito Civil:

Enunciado nº 202 – arts. 971 e 984: O registro do empresário ou sociedade rural na Junta Comercial é facultativo e de natureza constitutiva, sujeitando-o ao regime jurídico empresarial. É inaplicável esse regime ao empresário ou sociedade rural que não exercer tal opção.

Enunciado nº 201 – arts. 971 e 984: O empresário rural e a sociedade empresária rural, inscritos no registro público de empresas mercantis, estão sujeitos à falência e podem requerer concordata.

A propósito, já afirmou o STJ que:

[p]ara o empreendedor rural, o registro, por ser facultativo, apenas o transfere do regime do Código Civil para o regime empresarial, com o efeito constitutivo de "equipará-lo, para todos os efeitos, ao empresário sujeito a registro", sendo tal efeito constitutivo apto a retroagir (*ex tunc*), pois a condição regular de empresário já existia antes mesmo do registro. Já para o empresário comum, o registro, por ser obrigatório, somente pode operar efeitos prospectivos, *ex nunc*, pois apenas com o registro é que ingressa na regularidade e se constitui efetivamente, validamente, empresário (STJ, 4ª Turma, REsp 1.800.032/MT, Rel. Min. Marco Buzzi, Rel. Acd. Min. Raul Araújo, julgado em 05.11.2019, Informativo nº 664).

Por fim, em relação às cooperativas, o legislador (art. 982, parágrafo único), por uma opção política, determinou que elas sempre serão uma sociedade simples, pouco importando se exercem uma atividade empresarial de forma organizada e com intuito de lucro.

Art. 982 (...)

Parágrafo único. Independentemente de seu objeto, considera-se empresária a sociedade por ações; e, simples, a cooperativa.

2.2.1 Da capacidade do empresário

O art. 972 do Código Civil preceitua que:

> Art. 972. Podem exercer a atividade de empresário os que estiverem em pleno gozo da capacidade civil e não forem legalmente impedidos.

Conforme o art. 972 do CC, dois são os requisitos:

- pleno gozo da capacidade civil;
- ausência de impedimento legal.

2.2.1.1 Pleno gozo da capacidade civil

Não pode ser empresário o menor de 18 anos não emancipado, ébrios habituais, viciados em tóxicos, deficientes mentais, pródigos e, nos termos da legislação própria, os índios.

> Art. 3º São absolutamente incapazes de exercer pessoalmente os atos da vida civil os menores de 16 (dezesseis) anos.
>
> Art. 4º São incapazes, relativamente a certos atos ou à maneira de os exercer:
>
> I – os maiores de dezesseis e menores de dezoito anos;
>
> II – os ébrios habituais e os viciados em tóxico;
>
> III – aqueles que, por causa transitória ou permanente, não puderem exprimir sua vontade;
>
> IV – os pródigos.
>
> Parágrafo único. A capacidade dos indígenas será regulada por legislação especial.

Ressalte-se que o menor emancipado tem plena capacidade civil, logo é apto para o exercício de empresa.

Art. 974. Poderá o **incapaz**, por meio de representante ou devidamente assistido, continuar a empresa antes exercida por ele enquanto capaz, por seus pais ou pelo autor de herança. (Grifo nosso.)

O menor não emancipado não pode iniciar a atividade empresarial. No entanto, ele pode continuar uma empresa (atividade), antes exercida por seus pais ou por autor de herança da qual é sucessor. É uma regra de preservação da empresa. Do mesmo modo, àquele a quem sobreveio incapacidade também é permitida a continuidade do exercício empresarial.

Essas regras excepcionais estão previstas no art. 974 do CC, que apresenta dois requisitos para a continuidade da empresa:

- Assistência ou representação (a depender do grau de incapacidade).
- Autorização judicial (realizada pelo chamado alvará).

Se o menor continua a atividade empresarial, teoricamente, seus bens passariam a responder pelas dívidas empresariais. Entretanto, o art. 974, § 2º, do CC traz uma proteção ao patrimônio do incapaz, *in verbis*:

Art. 974 (...)

§ 2º Não ficam sujeitos ao resultado da empresa os bens que o incapaz já possuía, ao tempo da sucessão ou da interdição, desde que estranhos ao acervo daquela, devendo tais fatos constar do alvará que conceder a autorização.

Ou seja, os bens que o incapaz já possuía não respondem pelas dívidas empresariais, desde que tais bens fiquem consignados no alvará de autorização. Esse artigo traz um patrimônio de afetação.

Note-se que os dispositivos acima citados somente têm incidência em caso de atividade empresarial exercida a título individual. Caso se trate de sociedade empresária, incide o disposto no art. 974, § 3°, do Código Civil, *in verbis*:

> § 3° O Registro Público de Empresas Mercantis a cargo das Juntas Comerciais deverá registrar contratos ou alterações contratuais de sociedade que envolva sócio incapaz, desde que atendidos, de forma conjunta, os seguintes pressupostos:
>
> I – o sócio incapaz não pode exercer a administração da sociedade;
>
> II – o capital social deve ser totalmente integralizado;
>
> III – o sócio relativamente incapaz deve ser assistido e o absolutamente incapaz deve ser representado por seus representantes legais.

2.2.1.2 Ausência de impedimentos legais

Existem hipóteses em que a lei veda o exercício da atividade empresarial por parte de determinadas pessoas. Confira-se:

a) Membros do Ministério Público não podem exercer o comércio individual ou participar de sociedade comercial (art. 128, § 5°, II, "c", da CF), salvo se acionista ou cotista, obstada a função de administrador (art. 44, III, da Lei n° 8.625/1993 – LOMP).

b) Magistrados (art. 36, I, Lei Complementar n° 35/1977 – Lei Orgânica da Magistratura) nos mesmos moldes da limitação imposta aos membros do Ministério Público.

c) Membros da Defensoria Pública (art. 46, IV, da LC n° 80/1994 – DPU), mesmos moldes do MP e da Magistratura.

d) Empresários falidos, enquanto não forem reabilitados (Lei de Falências, art. 102).

e) Cônsules, nos seus distritos, salvo os não remunerados (Decreto nº 4.868/1882, art. 11 e Decreto nº 3.259/1899, art. 42).

f) Médicos, para o exercício simultâneo da farmácia, drogaria ou laboratórios farmacêuticos, e os farmacêuticos, para o exercício simultâneo da medicina (Decreto nº 19.606/1931 c/c Decreto nº 20.877/1931, já revogados, e Lei nº 5.991/1973).

g) Pessoas condenadas à pena que vede, ainda que temporariamente, o acesso a cargos públicos, ou por crime falimentar, de prevaricação, peita ou suborno, concussão, peculato ou contra a economia popular, contra o sistema financeiro nacional, contra as normas de defesa da concorrência, contra as relações de consumo, a fé pública ou a propriedade, enquanto perdurarem os efeitos da condenação (art. 1.011, § 2º, CC).

h) Servidores públicos federais (Lei nº 8.112/1990, art. 117, X, inclusive Ministros de Estado e ocupantes de cargos públicos comissionados em geral). Aqui é importante observar que o funcionário público pode participar como sócio cotista, comanditário ou acionista, sendo obstada a função de administrador.

i) Servidores militares da ativa das Forças Armadas e das Polícias Militares (Código Penal Militar, art. 204; art. 29 da Lei nº 6.880/1980). Nesse caso, também poderão integrar sociedade empresária, na qualidade de cotista ou acionista, sendo obstada a função de administrador.

j) Os deputados e senadores não poderão ser proprietários, controladores ou diretores de empresa, que goze de favor decorrente de contrato com pessoa jurídica de direito público, nem exercer nela função remunerada ou cargo de confiança, sob pena de perda do mandato – (arts. 54 e 55 da Constituição Federal).

Conforme bem observa Ricardo Negrão, a lei não inclui alguns outros agentes políticos, como o Presidente da República, ministros de Estado, secretários de Estado e prefeitos municipais, no âmbito do Poder Executivo, mas menciona as mesmas restrições dos senadores e deputados federais aos deputados estaduais e vereadores (art. 29, IX, da Constituição Federal).

Ademais, o prestigiado autor também afirma que por se tratar de norma de caráter restritivo, não há como estender a relação para englobar esses outros agentes políticos, quando a lei, podendo fazê-lo, não o fez.

A esses membros do Executivo a lei não restringiu o exercício da atividade empresarial, e, assim, não cabe ao intérprete incluí-los na proibição, sob pena de estabelecer privação de direito não prevista em lei. Observa-se, contudo, que seus atos de administração deverão pautar-se pelos princípios da legalidade, impessoalidade, moralidade, publicidade e demais regras previstas no art. 37 da Constituição Federal. Ao contratar, portanto, aplicam-se-lhes as mesmas restrições do art. 54, II, da Constituição Federal.

k) Estrangeiro (com visto permanente), para o exercício das seguintes atividades: pesquisa ou lavra de recursos minerais ou de aproveitamento dos potenciais de energia hidráulica; atividade jornalística e de radiodifusão sonora e de sons e imagens, com recursos oriundos do exterior; atividade ligada, direta ou indiretamente, à assistência à saúde no País, salvo nos casos previstos em lei; serem proprietários ou armadores de embarcação nacional, inclusive nos serviços de navegação fluvial e lacustre, exceto embarcação de pesca; serem proprietários ou exploradores de aeronave brasileira ressalvada o disposto na legislação específica.

l) Devedores do INSS (art. 95, § 2°, d, da Lei n° 8.212/1991).

Atenção!

A proibição para o exercício de empresa não se estende, a princípio, para ser sócio de sociedades empresárias, afinal quem exerce nesse caso é a PJ. Entretanto, a possibilidade de participarem de sociedades empresárias não é absoluta, somente pode ocorrer se forem sócios de responsabilidade limitada e não exercerem funções de gerência e administração.

2.2.1.3 Empresário casado

Pode o empresário individual casado vender um bem empresarial sem a outorga conjugal?

Regra Geral do CC:

> Art. 1.647. Ressalvado o disposto no art. 1.648 [suprimento da outorga via judicial], nenhum dos cônjuges pode, sem autorização do outro, exceto no regime da separação absoluta:
>
> I – alienar ou gravar de ônus real os bens imóveis;

Regra especial do empresário:

> Art. 978. O empresário casado pode, sem necessidade de outorga conjugal, qualquer que seja o regime de bens,

alienar os imóveis que integrem o patrimônio da empresa ou gravá-los de ônus real.

Art. 979. Além de no Registro Civil, serão arquivados e averbados, no Registro Público de empresas Mercantis, os pactos e declarações antenupciais do empresário, o título de doação, herança, ou legado, de bens clausulados de incomunicabilidade ou inalienabilidade.

Art. 980. A sentença que decretar ou homologar a separação judicial do empresário e o ato de reconciliação não podem ser opostos a terceiros, antes de arquivados e averbados no Registro Público de Empresas Mercantis.

Assim, se esses atos não forem devidamente registrados na Junta Comercial, o empresário não poderá opô-los contra terceiros.

Enunciado nº 58 da II Jornada de Direito Comercial: O empresário individual casado é o destinatário da norma do art. 978 do CCB e não depende da outorga conjugal para alienar ou gravar de ônus real o imóvel utilizado no exercício da empresa, desde que exista prévia averbação de autorização conjugal à conferência do imóvel ao patrimônio empresarial no cartório de registro de imóveis, com a consequente averbação do ato à margem de sua inscrição no registro público de empresas mercantis.

2.3 Empresa Individual de Responsabilidade Limitada (EIRELI)

A Lei nº 12.441/2011 foi publicada no *DJU* de 12.07.2011, tratando da Empresa Individual de Responsabilidade Limitada, "EIRELI".

Com a EIRELI haverá a criação de um novo ente, que assumirá os direitos e obrigações da atividade empresária. Importante ressaltar que a EIRELI não tem natureza jurídica de sociedade empresária. Trata-se de uma nova categoria de pessoa jurídica de direito privado, que também se destina ao exercício da empresa, como consta no art. 44, inciso VI, do CC.

> Art. 44. São pessoas jurídicas de direito privado: (...)
> VI – as empresas individuais de responsabilidade limitada.

Outrossim, também não se afigura razoável atribuir a EIRELI à natureza jurídica de "sociedade unipessoal", pois só há que se falar em sociedade se houver mais de um sócio.

Importante salientar que a criação da EIRELI não acabou com a figura do empresário individual, que continuará a existir normalmente e as pessoas poderão, em alguns casos, fazer a escolha entre um tipo ou outro.

Nem toda pessoa poderá constituir uma EIRELI, haja vista que o *caput* do art. 980-A do Código Civil exige que, no ato de constituição, no mínimo, seja estabelecido um capital não inferior a 100 (cem) salários mínimos.

> Art. 980-A. A empresa individual de responsabilidade limitada será constituída por uma única pessoa titular da totalidade do capital social, devidamente integralizado, que não será inferior a 100 (cem) vezes o maior salário-mínimo vigente no País.

A constitucionalidade da restrição foi objeto de questionamento perante o STF. O principal argumento utilizado na ADI nº 4.637 é que o salário mínimo não pode ser utilizado como critério de indexação para a determinação do capital mínimo necessário para a abertura de empresas individuais de responsabilidade limitada. Outro argumento questionava ainda que tal exigência esbarra na notória vedação da vinculação do salário mínimo para qualquer fim, prevista no inciso IV do art. 7º da CF/1988, bem como a Súmula Vinculante nº 4 do STF.

Há ainda outra inconstitucionalidade apontada na referida ação que seria a afronta ao princípio da livre-iniciativa previsto no art. 170 da CF/1988.

Contudo, o Supremo Tribunal Federal rechaçou as teses. Conforme decisão do Plenário,

> a exigência de integralização do capital social por EIRELI, no montante previsto no art. 980-A do Código Civil, não viola a regra constitucional que veda a vinculação do salário-mínimo para qualquer fim, bem como não configura impedimento ao livre exercício da atividade empresarial (STF, Plenário, ADI nº 4.637/DF, Rel. Min. Gilmar Mendes, julgado em 04.12.2020).

Ademais, a doutrina aponta como justificativa para a existência desse capital mínimo que ele dificulta que a EIRELI seja utilizada para fraudar a legislação trabalhista.

Vejamos quais são as principais diferenças entre o empresário individual e a EIRELI:

Empresário Individual	EIRELI
Não forma pessoa jurídica.	Cria pessoa jurídica que terá personalidade jurídica distinta daquele que o forma.
Pode ter qualquer valor de investimento.	Precisa de um investimento mínimo de 100 salários mínimos.
Empresário assume os riscos do negócio e terá seu patrimônio particular penhorado em caso de dívida da atividade.	Há separação das responsabilidades patrimoniais e o empresário, regra geral, não arrisca seu patrimônio particular.

Enunciados da V Jornada de Direito Civil do CJF:

468: A empresa individual de responsabilidade limitada só poderá ser constituída por pessoa natural.

469: A empresa individual de responsabilidade limitada (EIRELI) não é sociedade, mas novo ente jurídico personificado.

470: O patrimônio da empresa individual de responsabilidade limitada responderá pelas dívidas da pessoa jurídica, não se confundindo com o patrimônio da pessoa natural que a constitui, sem prejuízo da aplicação do instituto da desconsideração da personalidade jurídica.

471: Os atos constitutivos da EIRELI devem ser arquivados no registro competente, para fins de aquisição de personalidade jurídica. A falta de arquivamento ou de registro de alterações dos atos constitutivos configura irregularidade superveniente.

472: É inadequada a utilização da expressão "social" para as empresas individuais de responsabilidade limitada.

473: A imagem, o nome, ou a voz não podem ser utilizados para a integralização do capital da EIRELI.

483: Admite-se a transformação do registro da sociedade anônima, na hipótese do art. 206, I, *d*, da Lei nº 6.404/1976, em empresário individual ou empresa individual de responsabilidade limitada.

Nada obstante o teor do Enunciado nº 468 do CJF, a compreensão prevalecente fora alterada. É que após a edição do enunciado, fora editada a Instrução Normativa nº 38, de maio de 2017, pelo Departamento Nacional de Registro Empresarial e Integração (DREI) e, posteriormente, a Instrução Normativa nº 81, a qual, atualmente, dispõe:

3.1. CAPACIDADE PARA SER TITULAR DE EIRELI

Pode ser titular de EIRELI, desde que não haja impedimento legal:

I – o maior de dezoito anos, brasileiro(a) ou estrangeiro(a), que estiver em pleno gozo da capacidade civil;

II – o menor emancipado (a prova da emancipação do menor deverá ser comprovada exclusivamente mediante a apresentação da certidão do registro civil, a qual deverá instruir o processo ou ser arquivada em separado);

No caso de instruir o processo, os dados da emancipação deverão constar da qualificação do emancipado.

III – a pessoa jurídica nacional ou estrangeira, ainda que constituída sob a forma de EIRELI;

IV – o incapaz, desde que devidamente representado ou assistido, conforme o grau de sua incapacidade, e com a administração a cargo de terceira pessoa não impedida;

Conforme art. 1.690 do Código Civil compete aos pais, e na falta de um deles ao outro, com exclusividade, representar os sócios menores de dezesseis anos, bem como assisti-los até completarem a maioridade. É desnecessário, para fins do registro, esclarecimento quanto ao motivo da falta.

V – o servidor e o funcionário público, com a administração a cargo de terceira pessoa não impedida.

Em conformidade com o disposto no art. 117, inciso X, da Lei nº 8.112, de 11 de dezembro de 1990, e com o art. 226, inciso VI, do Decreto nº 1.713, de 28 de outubro de 1939.

Nota: A capacidade dos índios é regulada por lei especial (Estatuto do Índio).

Destarte, o DREI, alterando o entendimento anterior do DNRC, passou expressamente a admitir o registro de EIRELI composta por pessoa jurídica.

Noutro ponto, a Lei da Liberdade Econômica inseriu o § 7º no dispositivo, a fim de destacar e reforçar a ideia de autonomia patrimonial da EIRELI em relação ao de seu constituinte, apenas respondendo pelas dívidas da atividade o patrimônio dito social, ressalvada a verificação de fraude, o que enseja desconsideração da personalidade jurídica, na forma do art. 50 do CC/2002.

Atenção!

Em 23 de junho de 2021, a Medida Provisória nº 1.040, posteriormente, convertida na Lei nº 14.195/2021 foi aprovada na Câmara dos Deputados, transformando as Empresas Individuais de Responsabilidade Limitada ("EIRELI"), inserida pela Lei nº 12.441/2011, em Sociedade Limitada Unipessoal ("SLU"), instituída pela Medida Provisória nº 881, que posteriormente foi convertida na Lei nº 13.874/2019.

Tal transformação está explicitada na Lei nº 14.195/2021, que em seu art. 41 traz a seguinte redação:

> as empresas individuais de responsabilidade limitada existentes na data da entrada em vigor desta Lei serão transformadas em sociedades limitadas unipessoais independentemente de qualquer alteração em seu ato constitutivo. Parágrafo único. Ato do DREI disciplinará a transformação referida neste artigo.

De igual modo, o PLV nº 15/2021 da MP determinou a revogação das regras existentes no Código Civil atinentes à EIRELI (art. 57, inciso XIX, alíneas *a* e *e*). Contudo, a Presidência da República vetou tal dispositivo, o que resultou na manutenção das regras do Código Civil a respeito da EIRELI, muito embora tenha sido determinada sua transformação.

Diante do impasse, o DREI entendeu que houve a revogação tácita das regras do Código Civil sobre a EIRELI, haja vista a incompatibilidade delas com regra posterior (art. 2°, § 1°, da LINDB). Assim, a partir de então, não se mostra mais possível o registro de EIRELI nas Juntas Comerciais, e aquelas já existentes foram transformadas em sociedades limitadas.

Por fim, no intuito de deixar clara a intenção de revogação das regras atinentes à EIRELI, a Presidência da República editou a Medida Provisória n° 1.085, de 27 de dezembro de 2021, tendo revogado expressamente as disposições concernentes à Empresa Individual de Responsabilidade Limitada constantes do Código Civil.

2.4 Empresa Simples de Crédito (ESC)

A Empresa Simples de Crédito, criada pela LC n° 167/2019, destina-se à realização de operações de empréstimo, de financiamento e de desconto de títulos de crédito, exclusivamente com recursos próprios, tendo como contrapartes microempreendedores individuais, microempresas e empresas de pequeno porte:

> Art. 1º A Empresa Simples de Crédito (ESC), de âmbito municipal ou distrital, com atuação exclusivamente no Município de sua sede e em Municípios limítrofes, ou, quando for o caso, no Distrito Federal e em Municípios limítrofes, destina-se à realização de operações de empréstimo, de financiamento e de desconto de títulos de crédito, exclusivamente com recursos próprios, tendo como contrapartes microempreendedores individuais, microempresas e empresas de pequeno porte, nos termos da Lei Complementar nº 123, de 14 de dezembro de 2006 (Lei do Simples Nacional).

A ESC deve adotar a forma de empresário individual ou sociedade limitada constituída exclusivamente por pessoas naturais e terá por objeto social exclusivo as atividades enumeradas no art. 1º da Lei Complementar.

A ECT é, portanto, uma empresa que empresta dinheiro para microempreendedores individuais, microempresas e empresas de pequeno porte.

Atenção![1]

■ **Finalidade da lei**

As atividades desempenhadas pela ESC já podiam ser realizadas pelas instituições financeiras. No entanto, o legislador previu a figura da ESC porque os microempreendedores individuais, microempresas e empresas de pequeno porte encontram muita dificuldade de conseguir linhas de crédito nos bancos.

Assim, o objetivo da criação da ESC foi o de facilitar a obtenção de crédito por parte desses empresários.

■ **Âmbito municipal ou distrital**

A ESC possui âmbito municipal ou distrital. Isso significa que a ESC atua exclusivamente no Município de sua sede e em Municípios limítrofes.

Se for uma ESC localizada no Distrito Federal, ela poderá atuar em todo o Distrito Federal e em Municípios limítrofes de outros Estados (ex.: Luziânia/GO). Isso porque o Distrito Federal não é dividido internamente em Municípios (art. 32 da CF/1988).

Vale ressaltar que, apesar de isso não estar expresso na lei, a ESC não pode ter filiais em outros Municípios porque seria uma forma de burlar a atuação municipal da empresa.

---

1. CAVALCANTE, Márcio André Lopes. *Breves comentários à LC 167/2019, que dispõe sobre a Empresa Simples de Crédito (ESC)*. Disponível em: https://www.dizerodireito.com.br/2019/04/ola-amigos-do-dizer-o-direito-foi.html. Acesso em: 21 dez. 2021.

- **É possível que uma pessoa natural seja sócia de duas ESCs?**
Não. A mesma pessoa natural não poderá participar de mais de uma ESC, ainda que localizadas em Municípios distintos ou sob a forma de filial.
- **É possível que uma pessoa natural seja sócia de uma ESC e de uma *factoring*?**
Sim. Não há qualquer vedação nesse sentido.

2.5 Estabelecimento empresarial

2.5.1 Previsão legal

A regência do instituto estabelecimento empresarial encontra-se no art. 1.142 ao art. 1.149 do CC, valendo sua integral reprodução.

> Art. 1.142. Considera-se estabelecimento todo complexo de bens organizado, para exercício da empresa, por empresário, ou por sociedade empresária.

O art. 1.142, com a nova Lei nº 14.195/2021, ganhou os seguintes parágrafos:

> § 1º O estabelecimento não se confunde com o local onde se exerce a atividade empresarial, que poderá ser físico ou virtual.
>
> § 2º Quando o local onde se exerce a atividade empresarial for virtual, o endereço informado para fins de registro poderá ser, conforme o caso, o do empresário individual ou o de um dos sócios da sociedade empresária.
>
> § 3º Quando o local onde se exerce a atividade empresarial for físico, a fixação do horário de funcionamento competirá ao Município, observada a regra geral do inci-

so II do *caput* do art. 3º da Lei nº 13.874, de 20 de setembro de 2019.

Vale ressaltar que os parágrafos supracitados foram revogados pela Medida Provisória nº 1.085, de 27 de dezembro de 2021, a qual, não obstante, reinseriu os mesmos dispositivos com idêntica redação ao art. 1.142 do CC.

Segue o Código Civil:

Art. 1.143. Pode o estabelecimento ser objeto unitário de direitos e de negócios jurídicos, translativos ou constitutivos, que sejam compatíveis com a sua natureza.

Art. 1.144. O contrato que tenha por objeto a alienação, o usufruto ou arrendamento do estabelecimento, só produzirá efeitos quanto a terceiros depois de averbado à margem da inscrição do empresário, ou da sociedade empresária, no Registro Público de Empresas Mercantis, e de publicado na imprensa oficial.

Art. 1.145. Se ao alienante não restarem bens suficientes para solver o seu passivo, a eficácia da alienação do estabelecimento depende do pagamento de todos os credores, ou do consentimento destes, de modo expresso ou tácito, em trinta dias a partir de sua notificação.

Art. 1.146. O adquirente do estabelecimento responde pelo pagamento dos débitos anteriores à transferência, desde que regularmente contabilizados, continuando o devedor primitivo solidariamente obrigado pelo prazo de um ano, a partir, quanto aos créditos vencidos, da publicação, e, quanto aos outros, da data do vencimento.

Art. 1.147. Não havendo autorização expressa, o alienante do estabelecimento não pode fazer concorrência ao adquirente, nos cinco anos subsequentes à transferência.

Parágrafo único. No caso de arrendamento ou usufruto do estabelecimento, a proibição prevista neste artigo persistirá durante o prazo do contrato.

Art. 1.148. Salvo disposição em contrário, a transferência importa a sub-rogação do adquirente nos contratos estipulados para exploração do estabelecimento, se não tiverem caráter pessoal, podendo os terceiros rescindir o contrato em noventa dias a contar da publicação da transferência, se ocorrer justa causa, ressalvada, neste caso, a responsabilidade do alienante.

Art. 1.149. A cessão dos créditos referentes ao estabelecimento transferido produzirá efeito em relação aos respectivos devedores, desde o momento da publicação da transferência, mas o devedor ficará exonerado se de boa-fé pagar ao cedente.

2.5.2 Conceito

De início, cumpre destacar que, para a doutrina majoritária, a expressão estabelecimento comercial, juridicamente, equivale a Fundo de Comércio ou Azienda ou Fundo Empresarial.

- **Estabelecimento ou fundo de comércio**: conjunto de bens organizados no exercício da atividade empresarial, representando o conjunto de bens indispensáveis à atividade empresarial.
- **Bens**: podem ser corpóreos (móveis, maquinários, imóvel, equipamentos) ou incorpóreos (ponto comercial, marca, patente, título de estabelecimento).

Atentar: a palavra-chave é **organização**. Os bens devem estar **diretamente** relacionados com a atividade empresarial.

Muitas vezes o bem pode integrar o patrimônio da sociedade empresária ou do empresário, mas isso não implica em considerá-lo parte do estabelecimento comercial, se não houver um **vínculo direto com a atividade**. Assim, pode ser considerado um patrimônio de afetação.

Esses bens formam uma universalidade. Trata-se de universalidade de fato ou de direito?

- **Universalidade de direito**: são os bens reunidos por vontade da lei, por exemplo, herança e massa falida.
- **Universalidade de fato**: são aqueles bens reunidos pela vontade das partes, como ocorre com o estabelecimento, que é uma reunião de bens formada pela vontade do empresário ou da sociedade empresária. **Prevalece**.

Ressalta-se que, por ser uma universalidade de fato, o estabelecimento não compreende os contratos, os créditos e as dívidas. Eis mais uma distinção que pode ser feita entre estabelecimento e patrimônio, pois este, ao contrário daquele, compreende até mesmo as relações jurídicas – direitos e obrigações – do seu titular.

A nova Lei nº 14.195/2021 conferiu reforço normativo a alguns aspectos que já eram consolidados na literatura jurídica, por exemplo, o fato de o estabelecimento não se confundir com o local onde se exerce a atividade empresarial, bem como deixar claro que ele pode ser virtual.

Quando o local onde se exerce a atividade empresarial for virtual, o endereço informado para fins de registro poderá ser, conforme o caso, o do empresário individual ou o de um dos sócios da sociedade empresária.

2.5.3 Compra e venda do estabelecimento

O contrato de compra e venda de estabelecimento comercial recebe uma denominação específica: **trespasse**.

Atenção!

Na cessão de quotas não ocorre transferência de estabelecimento, mas sim modificação do quadro social.

Exige-se a transmissão da **funcionalidade** do estabelecimento.

2.5.3.1 Produção de efeitos perante terceiros

Conforme o art. 1.144, CC/2002, o contrato de trespasse só produz efeitos perante terceiros se for averbado no Registro Público de Empresas Mercantis (Junta Comercial) e publicado na Imprensa Oficial.

> Art. 1.144. O contrato que tenha por objeto a alienação, o usufruto ou arrendamento do estabelecimento, só produzirá efeitos quanto a terceiros depois de averbado à margem da inscrição do empresário, ou da sociedade empresária, no Registro Público de Empresas Mercantis, e de publicado na imprensa oficial.

Além disso, de acordo com o art. 1.145, **caso não restem bens suficientes para solver o passivo do alienante**, a venda do estabelecimento depende do prévio pagamento dos credores da empresa ou, pelo menos, da anuência destes, podendo esta ser expressa ou tácita (falta de manifestação nos 30 dias posteriores à notificação implica em anuência tácita).

A falta dessas cautelas torna o contrato de **trespasse** ineficaz. Poderá ser pedida a ineficácia, voltando ao estado anterior, caso no qual o comprador terá que devolver o estabelecimento ao alienante devedor.

E mais, de acordo com a Lei de Falências, (art. 94, III, c), se o empresário sem patrimônio suficiente para solver o passivo aliena seu estabelecimento sem observar as cautelas necessárias (pagamento ou consentimento dos credores) poderá ter decretada sua falência.

2.5.3.2 Sub-rogação nos contratos

Quando ocorre a venda do estabelecimento (do complexo de bens), de acordo com o art. 1.148, haverá uma sub-rogação do adquirente nos contratos estipulados pelo alienante (de fornecimento de matéria-prima, por exemplo etc.).

> Art. 1.148. Salvo disposição em contrário, a transferência importa a sub-rogação do adquirente nos contratos estipulados para exploração do estabelecimento, se não tiverem caráter pessoal, podendo os terceiros rescindir o contrato em noventa dias a contar da publicação da transferência, se ocorrer justa causa, ressalvada, neste caso, a responsabilidade do alienante.

Especificamente quanto ao contrato de locação, pela regra do art. 1.148 poderíamos dizer que o adquirente se sub-roga na condição de locatário do imóvel, vale dizer, ocorreria uma transferência do ponto. No entanto, a doutrina, a jurisprudência e o art. 13 da Lei de Locação (8.245/1991) dizem diversamente: o locador deve autorizar a cessão do contrato (cessão de posição contratual-civil). Acerca do assunto, destacam-se os seguintes enunciados:

Enunciado nº 234, III Jornada de Direito Civil do CJF:
Art. 1.148. Quando do trespasse do estabelecimento empresarial, o contrato de locação do respectivo ponto não se transmite automaticamente ao adquirente.

Enunciado nº 8, I Jornada de Direito Comercial: A sub-rogação do adquirente nos contratos de exploração atinentes ao estabelecimento adquirido, desde que não possuam caráter pessoal, é a regra geral, incluindo o contrato de locação.

Nesse sentido, pela legislação brasileira (art. 13 da Lei nº 8.245/1991), o contrato de locação tem caráter pessoal (*intuitu personae*). Portanto, na interpretação do art. 1.148 do Código Civil, deve-se entender necessária a concordância prévia do locador do imóvel onde se situa o ponto de negócio para que o adquirente do estabelecimento suceda o alienante como locatário. Nesse sentido é a jurisprudência do STJ (REsp 1.202.077/MS, Rel. Min. Vasco Della Giustina – Desembargador Convocado do TJ/RS –, 3ª Turma, julgado em 1º.03.2011, *DJe* 10.03.2011).

2.5.3.3 Trespasse e sucessão empresarial

Negociado o trespasse de maneira regular, ocorre a chamada **sucessão empresarial**, onde se analisará os efeitos desse negócio.

Art. 1.146. O adquirente do estabelecimento responde pelo pagamento dos débitos anteriores à transferência, desde que regularmente contabilizados, continuando o devedor primitivo solidariamente obrigado pelo prazo de um ano, a partir, quanto aos créditos vencidos, da publicação, e, quanto aos outros (vincendos), da data do vencimento.

Portanto, a regra: o adquirente responde pelas dívidas do alienante, desde que regularmente contabilizadas. De qualquer forma, o alienante também fica por elas obrigado de forma solidária, pelo prazo de um ano.

Destaque-se, por oportuno, que a sistemática acima apontada somente se aplica às dívidas negociais do empresário, não se aplicando às dívidas tributárias ou trabalhistas.

Ademais, de acordo com o Enunciado n° 233 da III Jornada de Direito Civil:

> A sistemática do contrato de trespasse delineada pelo Código Civil nos arts. 1.142 e ss., especialmente seus efeitos obrigacionais, aplica-se somente quando o conjunto de bens transferidos importar a transmissão da funcionalidade do estabelecimento empresarial.

Atenção!

Caso a aquisição ocorra de forma regular em sede de procedimento de falência, o adquirente compra o estabelecimento livre de quaisquer ônus (art. 141, II, da Lei de Falência). Fundamento: busca tornar mais atrativa a aquisição de **estabelecimentos** no curso de processos falimentares.

Se a sociedade empresária vende o estabelecimento (trespasse): responde ainda por um ano. Se o sócio vende suas cotas no estabelecimento (≠ trespasse): responde ainda por dois anos (art. 1.003, parágrafo único, do CC).

2.5.3.4 Cláusula de não concorrência

A cláusula de não concorrência (ou de não restabelecimento ou, ainda, cláusula de interdição da concorrência), vem disposta no art. 1.147:

Art. 1.147. Não havendo autorização expressa, o alienante do estabelecimento não pode fazer concorrência ao adquirente, nos cinco anos subsequentes à transferência.

Parágrafo único. No caso de arrendamento ou usufruto do estabelecimento, a proibição prevista neste artigo persistirá durante o prazo do contrato.

Além da questão temporal acima destacada pela lei, a doutrina coloca que devem ser observados alguns outros aspectos na chamada cláusula de não concorrência, tais como o aspecto substancial e o geográfico.

Assim, em relação ao **aspecto substancial**, a restrição abrangida pela cláusula deve se ater ao ramo de atividade desenvolvida (implicitamente colocado quando o artigo 1.147 veda a concorrência); por seu turno, há o **aspecto geográfico**, dispondo que a abstenção da concorrência deve restringir-se à localidade, zona, em que o estabelecimento atua, isto é, não pode existir concorrência dentro do mesmo âmbito de influência do estabelecimento alienado, pois poderia retirar a clientela do estabelecimento.

Justifica-se a cláusula de não restabelecimento porque o adquirente de estabelecimento empresarial tem por objetivo amealhar também a respectiva clientela, que constitui um importante potencial de lucratividade do negócio em questão. Conclui-se que haveria locupletamento ilícito do alienante que, ao cobrar um preço pelo seu estabelecimento, inevitavelmente teria incluído aí um valor referente a sua clientela efetiva e até mesmo potencial. Daí que, posteriormente ao contrato de trespasse, desviar essa clientela, diminuindo drasticamente a capacidade de lucratividade do estabelecimento empresarial, através de concorrência com o adquirente, configura afronta à boa-fé objetiva (dever anexo de lealdade, cooperação, respeito e informação etc.).

Tem-se admitido, desde que expressamente previsto no contrato, a vigência por prazo superior a cinco anos, com a necessária compensação financeira ao alienante (estará dentro do preço cobrado). Contudo, é vedada cláusula que proíba totalmente o exercício de atividade econômica, em respeito ao princípio da livre concorrência (art. 170, IV, da CF).

Atenção!

O que a lei faz não é proibir que o alienante exerça o mesmo ramo de atividade. A proibição restringe-se à concorrência, e mesmo assim, somente nos casos em que as partes não a tenham permitido. Dessa forma, será necessária a análise do caso concreto, principalmente no que tange à localização (em cidades pequenas, por exemplo, o simples fato de exercer o mesmo ramo pode configurar concorrência).

Há, na forma do art. 1.147, uma presunção de não concorrência contratual, sendo imprescindível disposição diversa no pacto de transmissão para retirar a vedação. Isto é, no silêncio, vale o que dito no dispositivo: não concorrência por cinco anos. Podem as partes, assim, livremente ajustar admissão de concorrência ou não admissão por outro prazo. Todavia, prazo excedente a cinco anos deve ser concretamente justificado, sendo a coibição perpétua não amparada pelo ordenamento jurídico.

2.5.3.5 Cessão de crédito

Dispõe o art. 1.149:

> Art. 1.149. A cessão dos créditos referentes ao estabelecimento transferido produzirá efeito em relação aos respectivos devedores, desde o momento da publicação da transferência, mas o devedor ficará exonerado se de boa-fé pagar ao cedente.

É de ser notado que a transmissão dos créditos é automática, independentemente de qualquer notificação ao devedor, como exige, por exemplo, a cessão de crédito comum, onde o art. 290 exige a notificação do devedor para que ela surta efeitos.

2.5.4 Penhora do estabelecimento

De acordo com a Súmula nº 451 do STJ, "é legítima a penhora da sede do estabelecimento comercial". Entretanto, se o empresário comprovar que o imóvel é essencial ao exercício da atividade empresarial, ele não pode ser penhorado.

Destarte, é de se concluir que a regra contida na Súmula nº 451 do STJ é relativa, cuja aplicabilidade dependerá da análise de cada caso, não podendo, assim, ser utilizada para julgamento de processos em massa, já que comporta exceções.

Por fim, uma vez amparado na orientação jurisprudencial do Superior Tribunal de Justiça, conclui-se que é legítima a penhora da sede do estabelecimento comercial, desde que (i) inexistam outros bens passíveis de penhora e (ii) não seja servil à residência da família.

2.5.5 Aviamento e clientela

Aviamento (*Goodwillof trade/Achalandage*) é a expressão que significa a aptidão que um determinado estabelecimento possui para gerar lucros ao exercente da empresa. Embora esteja relacionado com a **clientela**, com ela não se confunde. Trata-se de uma qualidade ou atributo do estabelecimento, que influencia na sua valoração econômica.

- **Aviamento objetivo (ou real):** derivado de condições objetivas, como o local do ponto.

■ **Aviamento subjetivo (ou pessoal):** quando derivado de condições subjetivas, ligadas às qualidades pessoais do empresário.

Importante mencionar que é em função do aviamento, principalmente, que se calcula o valor de um estabelecimento empresarial. Quanto maior a capacidade de gerar lucros, maior o preço.

É por tal razão, portanto, que um estabelecimento pode ser vendido por valor acima do seu valor patrimonial. Aliás, indo nesse sentido, o STJ possui precedente que, para fins de expropriação de uma empresa, deve ser levado em conta o valor do estabelecimento como um todo, incluindo o seu aviamento, mesmo que a empresa esteja inativa (REsp 704.726/RS).

Por seu turno, clientela é o conjunto de pessoas que mantêm com o empresário ou sociedade empresária relações jurídicas constantes. A clientela é uma manifestação externa do aviamento, significando todo o conjunto de pessoas que se relaciona constantemente com o empresário.

Assim, o aviamento não é elemento do estabelecimento, mas uma qualidade ou atributo dele, protegida por normas de direito concorrencial e pelas regras que regulam a livre-iniciativa e a livre concorrência.

2.5.6 Bens do estabelecimento comercial

2.5.6.1 Incorpóreos

2.5.6.1.1 Ponto comercial

É a localização específica do estabelecimento empresarial, que, por vezes, pode significar um acréscimo substancial em seu valor (exemplo: quando uma pessoa em um imóvel alugado conquista um ponto, através do trabalho, do enriquecimento do lugar, conquista da clientela etc.). Em virtude disso, a lei dispensa proteção especial ao ponto comercial.

No caso do ponto de propriedade do empresário, a proteção se dá pela tutela genérica da propriedade do direito civil. No caso de ponto alugado, a proteção se dá através da renovação compulsória do contrato, prevista no art. 51 da Lei do Inquilinato (Lei n° 8.245/1991).

O objetivo é a renovação compulsória do contrato de locação empresarial. Para que o empresário tenha direito à renovação compulsória, é necessário o preenchimento de alguns requisitos cumulativos (art. 51):

- Contrato escrito e com prazo determinado (se o contrato tem prazo indeterminado, não cabe renovatória).
- O contrato ou a soma ininterrupta dos contratos tem que totalizar prazo contratual mínimo de cinco anos.
- É necessário que o locatário esteja explorando o mesmo ramo de atividade econômica nos três anos anteriores à data da propositura da ação, ininterruptamente.

Do direito à renovação decai aquele que não propuser a ação no interregno de um ano, no máximo, até seis meses, no mínimo, anteriores à data da finalização do prazo do contrato em vigor.

Na sublocação, como a lei protege o ponto comercial, a ideia é de que será o sublocatário o legitimado a propor a renovatória, isto porque ele que está explorando o ponto comercial.

A renovação compulsória só é possível quando não restringir o direito constitucional de propriedade garantido ao locador. A própria Lei do Inquilinato (art. 72) aponta um rol exemplificativo de casos em que o direito de renovação do contrato de locação não prevalece sobre o direito constitucional de propriedade.

Vejamos:

Lei nº 8.245/1991:

Art. 72. A contestação do locador, além da defesa de direito que possa caber, ficará adstrita, quanto à matéria de fato, ao seguinte:

I – não preencher o autor os requisitos estabelecidos nesta lei;

II – não atender, a proposta do locatário, o valor locativo real do imóvel na época da renovação, excluída a valorização trazida por aquele ao ponto ou lugar;

III – ter proposta de terceiro para a locação, em condições melhores;

IV – não estar obrigado a renovar a locação (incisos I e II do art. 52).

Art. 52. O locador não estará obrigado a renovar o contrato se:

I – por determinação do Poder Público, tiver que realizar no imóvel obras que importarem na sua radical transformação; ou para fazer modificações de tal natureza que aumente o valor do negócio ou da propriedade;

II – o imóvel vier a ser utilizado por ele próprio ou para transferência de fundo de comércio existente há mais de um ano, sendo detentor da maioria do capital o locador, seu cônjuge, ascendente ou descendente.

§ 1º Na hipótese do inciso II, o imóvel não poderá ser destinado ao uso do mesmo ramo do locatário, salvo se a locação também envolvia o fundo de comércio, com as instalações e pertences.

§ 2º Nas locações de espaço em *shopping centers*, o locador não poderá recusar a renovação do contrato com fundamento no inciso II deste artigo.

§ 3º O locatário terá direito a indenização para ressarcimento dos prejuízos e dos lucros cessantes que tiver que arcar com mudança, perda do lugar e desvalorização do fundo de comércio, se a renovação não ocorrer em razão de proposta de terceiro, em melhores condições, ou se o locador, no prazo de três meses da entrega do imóvel, não der o destino alegado ou não iniciar as obras determinadas pelo Poder Público ou que declarou pretender realizar.

O locatário também terá direito à indenização no caso do § 1º. Se a ação renovatória for julgada procedente, a locação é renovada.

Se a ação renovatória for julgada improcedente, a locação comercial não será renovada e o juiz determinará a desocupação do imóvel alugado no prazo de 30 dias, além da possibilidade de cobrança dos aluguéis não quitados, desde que haja pedido na contestação:

Art. 74. Não sendo renovada a locação, o juiz determinará a expedição de mandado de despejo, que conterá o prazo de 30 (trinta) dias para a desocupação voluntária, se houver pedido na contestação. (Redação dada pela Lei nº 12.112, de 2009.)

A esse respeito, o Superior Tribunal de Justiça também assentou que, devido ao caráter dúplice da demanda em análise, o despejo é cabível em qualquer hipótese de não renovação do contrato de locação, seja por improcedência do pedido, por desistência do autor ou por carência de ação (REsp 1.003.816/MG, Rel. Min. Og Fernandes, 6ª Turma, julgado em 09.08.2011, DJe 29.08.2011).

O termo inicial do prazo para desocupação do imóvel é a data da intimação pessoal do locatário, realizada por meio de mandado de despejo.

3

Institutos complementares

3.1 Do registro

3.1.1 Previsão legal e órgão encarregado

O art. 967 do CC prevê que o empresário deve se inscrever no Registro Público de Empresas Mercantis, antes mesmo do início da atividade.

Esse Registro Público de Empresas, estruturado de acordo com a Lei nº 8.934/1994 (LRE – Lei de Registros Público de Empresas Mercantis e Atividades Afins), é dividido em dois órgãos:

- **DREI** (Departamento Nacional de Registro Empresarial e Integração): nos termos da Lei nº 13.874/2019, é órgão da Secretaria de Governo Digital da Secretaria Especial de Desburocratização, Gestão e Governo Digital do Ministério da Economia. Suas finalidades vêm previstas no art. 4º da Lei nº 8.934/1994.
- **Junta Comercial**: é um órgão estadual, de caráter executor. É na junta comercial que se procede ao registro do empresário.

A junta comercial tem subordinação hierárquica híbrida:

☐ **subordinação técnica:** em questões de Direito Comercial se subordina ao DREI (órgão federal);
☐ **subordinação administrativa:** em questões de Direito Administrativo e Financeiro se subordina ao Governo do Estado. Ou seja, quem paga o salário de quem trabalha na Junta Comercial é o estado.

Conforme entendimento do STF, contra ato denegatório de registro na Junta Comercial cabe a impetração de MS na Justiça Federal, dada a vinculação técnica da Junta ao DREI, órgão federal. Em outras palavras, o ato de registro diz respeito ao aspecto técnico, e sendo a Junta subordinada tecnicamente a órgão federal, a impetração deve ser na JF.

Todavia, em se cuidando de anulação de registro, conforme STJ, não há falar em violação de normas técnicas, mas de atos administrativos praticados pela Junta Comercial, passíveis de debate perante a Justiça Estadual (REsp 678.405/RJ, Rel. Min. Castro Filho, 3ª Turma, julgado em 16.03.2006, *DJ* 10.04.2006, p. 179).

Além disso, importante mencionar que os atos de constituição, modificação e extinção de registro de empresários e de pessoas jurídicas poderão se dar por meio de sistema eletrônico, na forma do art. 65-A da Lei nº 8.934/1994.

3.1.2 Competência

Os atos de registro são:

■ **Matrícula:** ato de inscrição dos profissionais de atividades "paracomerciais". Se refere a alguns profissionais específicos. **Grosso modo:** regula algumas profissões.
■ **Arquivamento:** ato de inscrição do empresário individual bem como atos de inscrição, dissolução e alteração das so-

ciedades empresárias, cooperativas, consórcios de empresas, grupos de sociedades, empresas mercantis estrangeiras, assim como declarações de microempresa e de empresa de pequeno porte.

- **Autenticação**: é ligada aos demais instrumentos de escrituração, são os livros comerciais e as fichas escriturais. Requisito extrínseco de validade da escrituração.

Atenção!

Art. 1.154/CC: ato sujeito a registro não pode ser oposto a terceiros antes do cumprimento das formalidades exigidas, salvo se houver prova de que o terceiro o conhecia.

3.1.3 Exceção ao registro (art. 971 do CC)

Nos termos do art. 971 do CC, para o empresário rural e para as associações futebolísticas o registro é facultativo. No entanto, enquanto não feito o registro, o sujeito não recebe tratamento de empresário.

3.1.4 Natureza jurídica do registro

Para o empresário comum o registro é mera **condição de regularidade**, conforme os Enunciados 198 e 199 da III Jornada de Direito Civil do Conselho da Justiça Federal. Ou seja, o empresário sem registro não deixa de ser empresário (o que torna o sujeito empresário é a atividade por ele empreendida), mas o é de forma irregular, ficando tolhido de uma série de benefícios assegurados aos empresários regulares, conforme veremos a seguir.

Art. 967. É obrigatória a inscrição do empresário no Registro Público de Empresas Mercantis da respectiva sede, antes do início de sua atividade.

Enunciado nº 198 – Art. 967: A inscrição do empresário na Junta Comercial não é requisito para a sua caracterização, admitindo-se o exercício da empresa sem tal providência. O empresário irregular reúne os requisitos do art. 966, sujeitando-se às normas do Código Civil e da legislação comercial, salvo naquilo em que forem incompatíveis com a sua condição ou diante de expressa disposição em contrário.

Enunciado nº 199 – Art. 967: A inscrição do empresário ou sociedade empresária é requisito delineador de sua regularidade, e não de sua caracterização.

Entretanto, para o empresário rural o registro tem natureza constitutiva, ou seja, é condição *sine qua non* para que o sujeito receba o tratamento legal de empresário:

Enunciado nº 202, III Jornada de Direito Civil – Arts. 971 e 984: O registro do empresário ou sociedade rural na Junta Comercial é facultativo e de natureza constitutiva, sujeitando-o ao regime jurídico empresarial. É inaplicável esse regime ao empresário ou sociedade rural que não exercer tal opção.

Ou seja, a sociedade rural que não fizer o registro não será sociedade empresarial, e sim sociedade simples. O "empresário" rural não será empresário, e sim profissional liberal autônomo.

3.1.5 Alterações promovidas pela Lei nº 14.195/2021

A Lei nº 14.195/2021 promoveu significativas alteração na Lei nº 8.934/1994. Vejamos:

a) em sua redação antiga, o inciso III do art. 35 da Lei nº 8.934/1994 exigia a declaração precisa do objeto social, obrigando uma descrição pormenorizada nos atos constitutivos levados a registro. Com a nova lei, não mais se exige a declaração precisa, bastando menção genérica;
b) não cabe mais às Juntas Comerciais analisar a colidência entre nomes empresariais por semelhança, o que passa a ser atribuição do DREI, e apenas se houver recurso da parte interessada (art. 35, § 2º). As Juntas Comerciais analisarão apenas a colidência por identidade (art. 35, V);
c) os documentos digitalizados ou microfilmados pelas Juntas Comerciais poderão ser eliminados, não havendo necessidade de devolução às partes. Será necessário, tão somente, a concessão do prazo de 30 (trinta) dias para os acionistas, os diretores e os procuradores das empresas ou outros interessados retirarem, facultativamente, a documentação original, sem qualquer custo (art. 57, parágrafo único);
d) de acordo com o art. 60 da Lei nº 8.934/1994, a firma individual ou a sociedade que não procedesse a qualquer arquivamento no período de dez anos consecutivos deveria comunicar à junta comercial seu desejo de manter-se em funcionamento, sendo que, na ausência dessa comunicação, a empresa mercantil seria considerada inativa, hipótese em que a junta comercial promoveria o cancelamento do registro, com a consequente perda automática da proteção ao nome empresarial. O art. 60, no entanto, foi revogado, não havendo mais a obrigatoriedade de arquivamento para manutenção da empresa como ativa;
e) em sua redação original, o art. 63 dispensava o reconhecimento de firma dos atos levados a arquivamento nas Juntas Comerciais, com exceção das procurações. Com a

nova lei, a exceção atinente ao instrumento do mandato foi excluída, pelo que não se faz mais necessário o reconhecimento de firma em procurações;

f) o art. 64, ao tratar do procedimento para transferência de propriedade de bens usados em integralização de capital, mencionava apenas as sociedades. Com a nova lei, há menção expressa aos empresários individuais.

3.1.6 Consequências da ausência de registro

A ausência de registro gera algumas consequências ao empresário ou à sociedade empresária:

- não tem legitimidade para pedir a falência de outro empresário;
- não pode requerer a recuperação judicial;
- não pode participar de licitação;
- tratando-se de sociedade empresária: a responsabilidade do sócio será ilimitada.

3.1.7 Registro da cooperativa

Conforme visto, em relação às cooperativas, não se utiliza o critério material previsto no art. 966 do CC, mas um critério legal, estabelecido no art. 982, parágrafo único. A cooperativa é sempre uma sociedade simples, não importando se exerce uma atividade empresarial de forma organizada com o intuito de lucro.

Desta feita, onde é feito o **registro** da cooperativa?

Uma primeira corrente, tradicional do direito brasileiro, com amparo na Lei nº 5.764/1971, art. 18, na Lei nº 8.934/1994, art. 32, bem como no Enunciado nº 69 da I

Jornada de Direito Civil, afirma que a cooperativa deve ser inscrita na junta comercial.

Art. 18. Verificada, no prazo máximo de 60 (sessenta) dias, a contar da data de entrada em seu protocolo, pelo respectivo órgão executivo federal de controle ou órgão local para isso credenciado, a existência de condições de funcionamento da cooperativa em constituição, bem como a regularidade da documentação apresentada, o órgão controlador devolverá, devidamente autenticadas, 2 (duas) vias à cooperativa, acompanhadas de documento dirigido à Junta Comercial do Estado, onde a entidade estiver sediada, comunicando a aprovação do ato constitutivo da requerente.

Art. 32. O registro compreende:

I – a matrícula e seu cancelamento: dos leiloeiros, tradutores públicos e intérpretes comerciais, trapicheiros e administradores de armazéns-gerais;

II – O arquivamento:

a) dos documentos relativos à constituição, alteração, dissolução e extinção de firmas mercantis individuais, sociedades mercantis e cooperativas;

b) dos atos relativos a consórcio e grupo de sociedade de que trata a Lei nº 6.404, de 15 de dezembro de 1976;

c) dos atos concernentes a empresas mercantis estrangeiras autorizadas a funcionar no Brasil;

d) das declarações de microempresa;

e) de atos ou documentos que, por determinação legal, sejam atribuídos ao Registro Público de Empresas Mercantis e Atividades Afins ou daqueles que possam interessar ao empresário e às empresas mercantis;

III – a autenticação dos instrumentos de escrituração das empresas mercantis registradas e dos agentes auxiliares do comércio, na forma de lei própria.

Enunciado nº 69 da I Jornada de Direito Civil do CJF: As sociedades cooperativas são sociedades simples sujeitas à inscrição nas Juntas Comerciais.

Uma segunda corrente (defendida por autores como Pablo Stolze, Maria Helena Diniz, Paulo Restiffe, Nílson Reis Júnior, André Ramos Santa Cruz) sustenta que o registro da cooperativa deve ser feito no Cartório de Registro Civil das Pessoas Jurídicas. André Ramos concorda com Pablo. Argumentos:

- As disposições legais acima devem ser reinterpretadas a partir da entrada em vigor do CC/2002, que atribuiu às cooperativas natureza de sociedade simples, afirmando ainda que as sociedades simples devem ser registradas no Cartório de Registro Civil das Pessoas Jurídicas.
- Art. 18 da Lei do Cooperativismo não foi recepcionado pela CF/1988, eis que cuida da autorização estatal para criação das cooperativas, visto que é vedada intervenção pelo Estado de acordo com a CF.

3.2 Nome empresarial

É o elemento de identificação do empresário ou da sociedade empresária. O nome empresarial é previsto na CF, em seu art. 5°, XXIX.

O nome empresarial não se confunde com **a marca**. Esta é um sinal distintivo que identifica o produto ou serviço fornecido pela empresa. Esta, por sua vez, também difere dos **sinais de propaganda**, que, embora não se destinem a identificar especificamente produtos/serviços, exercem a relevante função de chamar atenção dos consumidores.

Também não se confunde o nome empresarial com o **nome fantasia (título do estabelecimento ou insígnia)**, que é expressão que identifica o título do estabelecimento. **Grosso modo**, o nome fantasia está para o nome empresarial assim como o apelido está para o nome civil.

Vale destacar que o título de estabelecimento não tem proteção. A única proteção legal é a do art. 195, VI, da Lei nº 9.279/1996, que diz que o uso indevido de título de estabelecimento configura crime de concorrência desleal.

É por essa razão que os títulos de estabelecimento são comumente também registrados como marcas, a fim de serem protegidos indiretamente.

Além disso, não se confunde o nome empresarial com o **nome de domínio**, que é o endereço eletrônico do empresário nos *sites* da internet. A propósito, esse nome de domínio integra o estabelecimento empresarial, conforme Enunciado nº 7 da I Jornada de Direito Comercial: "O nome de domínio integra o estabelecimento empresarial como bem incorpóreo para todos os fins de direito".

É relevante destacar, ainda, que o simples registro do nome empresarial não confere automaticamente o direito exclusivo ao nome de domínio. Nesse sentido já decidiu o STJ (REsp 658.789/RS 2004/0061527-8, Rel. Min. Ricardo Villas Bôas Cueva, julgamento em 05.09.2013, 3ª Turma, *DJe* 12.09.2013).

3.2.1 Espécies de nome empresarial

Tradicionalmente, sempre se lecionou que, a depender do tipo societário adotado, o nome empresarial pode ser de duas espécies: firma ou denominação, sendo que a firma se subdivide em firma individual e firma social. Nesse sentido, o art. 1.155 do CC/2002:

> Art. 1.155. Considera-se nome empresarial a firma ou a denominação adotada, de conformidade com este Capítulo, para o exercício de empresa.
>
> Parágrafo único. Equipara-se ao nome empresarial, para os efeitos da proteção da lei, a denominação das sociedades simples, associações e fundações.

Portanto, extrai-se do dispositivo citado:

a) **Firma**: subdivide-se em
- **individual**: só o empresário individual;
- **social** (razão social): sociedade empresária.

b) **Denominação**: sociedade empresária.

A firma **deve** conter o nome do empresário e **pode** ter a designação do gênero de atividade; a denominação, em regra, **deve** ter a designação da atividade e **pode** ter um nome (homenagem) ou um elemento fantasia.

No entanto, com o advento da Lei nº 14.195/2021, o ordenamento jurídico pátrio passou a contar com uma terceira espécie de nome empresarial: o Cadastro Nacional da Pessoa Jurídica (CNPJ). É o que dispõe, com efeito, o art. 35-A inserido na Lei nº 8.934/1994:

> Art. 35-A. O empresário ou a pessoa jurídica poderá optar por utilizar o número de inscrição no Cadastro Nacional da Pessoa Jurídica (CNPJ) como nome empresarial, seguido da partícula identificadora do tipo societário ou jurídico, quando exigida por lei.

Destarte, atualmente tem-se o seguinte cenário:

a) **Firma**: subdivide-se em
- **individual**: só o empresário individual;
- **social** (razão social): sociedade empresária.

b) **Denominação**: sociedade empresária.

c) **CNPJ**: empresário individual ou pessoa jurídica.

3.2.1.1 Firma

3.2.1.1.1 Composição da firma individual

A firma individual, que poderá ser utilizada pelo empresário individual, possui dois elementos:

- **Elemento obrigatório**: nome do empresário (completo ou abreviado).
- **Elemento facultativo**: acrescentar uma designação mais precisa de sua pessoa ou do gênero de atividade. Exemplo: A. Barros, o anjinho barroco, comércio de miniaturas.

Nesse sentido, dispõe o art. 1.156 do CC, segundo o qual "[o] empresário opera sob firma constituída por seu nome, completo ou abreviado, aditando-lhe, se quiser, designação mais precisa da sua pessoa ou do gênero de atividade".

3.2.1.1.2 Composição da firma social (razão social)

A firma social, utilizada pela sociedade empresária, também possui dois elementos:

- **Elemento obrigatório**: nome(s) do(s) sócio(s) somente. Só pode conter na firma social nome de sócio, ou seja, não pode haver designação mais precisa da pessoa. Exemplo: Pedro Henrique e Rogério Faustino; P. Henrique e R. Faustino; R. Henrique e CIA.

- **Elemento facultativo**: colocação de designação da atividade executada. A essa designação a doutrina dá o nome de ramo de atividade ou designação do objeto social.

A expressão CIA significa que há outros sócios na sociedade, mas **somente** se utilizada no fim do nome empresarial. Caso a expressão CIA se faça presente no início ou no meio do nome empresarial estar-se-á diante de uma **sociedade anônima**. Exemplo: CIA Vale do Rio Doce.

A firma social só é aplicada às sociedades com sócios com responsabilidade **ilimitada** (art. 1.157 do CC). Exemplo: sociedade em nome coletivo. Ou seja, sócios que respondem com seu próprio patrimônio pelo passivo da sociedade.

No entanto, a sociedade limitada, apesar de ser de responsabilidade limitada, também pode usar a firma social, além de poder usar a denominação. Sempre deverá trazer ao final do nome a expressão limitada (art. 1.158 do CC).

Confira-se:

> Art. 1.157. A sociedade em que houver sócios de responsabilidade ilimitada operará sob firma, na qual somente os nomes daqueles poderão figurar, bastando para formá-la aditar ao nome de um deles a expressão "e companhia" ou sua abreviatura.
>
> Parágrafo único. Ficam solidária e ilimitadamente responsáveis pelas obrigações contraídas sob a firma social aqueles que, por seus nomes, figurarem na firma da sociedade de que trata este artigo.

Art. 1.158. Pode a sociedade **limitada** adotar firma ou denominação, integradas pela palavra final "limitada" ou a sua abreviatura. (Grifo nosso.)

3.2.1.2 Denominação

Em regra, a denominação se dá pela designação do nome através de uma "expressão linguística" (elemento fantasia). Exemplo: Globex; Fandangos, OMO, Samsung. Em regra, é obrigatória, ainda, a inserção do ramo da atividade ou objeto social (art. 1.158, § 2°). Exemplo: Globex distribuidora de alimentos.

Contudo, com o advento da Medida Provisória n° 1.085, de 27 de dezembro de 2021, os arts. 1.160 e 1.161 do Código Civil foram alterados, de modo que a sociedade anônima e a sociedade em comandita por ações não mais são obrigadas a acrescerem seu objeto social às suas denominações, tratando-se de acréscimo facultativo.

Portanto, com a MP n° 1.085/2021, em relação à denominação, é obrigatória a inserção do ramo da atividade ou objeto social (art. 1.158, § 2°), com exceção da sociedade anônima e da sociedade em comandita por ações, cuja inserção passa a ser facultativa (arts. 1.160 e 1.161 do CC, alterados pela MP n° 1.085/2021).

A **denominação** só é utilizada quando tratar-se de sociedade com responsabilidade **limitada**.

A sociedade anônima só pode ter denominação. Eis a nova redação dada pela MP n° 1.085/2021:

Art. 1.160. A sociedade anônima opera sob denominação integrada pelas expressões "sociedade anônima" ou "companhia", por extenso ou abreviadamente, facultada a designação do objeto social.

A LTDA. é exceção, pois pode ter tanto denominação quanto firma social, como vimos anteriormente. A sociedade em comandita por ações é outra exceção: pode ter firma social ou denominação.

3.2.1.3 CNPJ

A Lei n° 14.195/2021, que dispõe, entre outros assuntos, sobre a facilitação para abertura de empresas, inseriu o art. 35-A na Lei n° 8.934/1994, para fins de autorizar ao empresário e à pessoa jurídica que utilize o Cadastro Nacional da Pessoa Jurídica (CNPJ) como nome empresarial. Para tanto, além do CNPJ, é necessário o acréscimo da partícula identificadora do tipo societário ou jurídico, quando exigida por lei.

3.3 Proteção ao nome empresarial

A Lei n° 8.934/1994 (Lei de Registro Público de Empresas Mercantis), em seu art. 33, fala que a proteção ao nome empresarial decorre automaticamente do registro (**arquivamento**) do empresário ou da sociedade empresária no respectivo Registro Público (Junta Comercial).

> Art. 33. A proteção ao nome empresarial decorre automaticamente do arquivamento dos atos constitutivos de firma individual e de sociedades, ou de suas alterações.

A proteção do nome empresarial se restringe ao âmbito estadual, uma vez que a junta comercial é de âmbito estadual, nos termos do art. 1.166 do CC.

Art. 1.166. A inscrição do empresário, ou dos atos constitutivos das pessoas jurídicas, ou as respectivas averbações, no registro próprio, asseguram o uso exclusivo do nome nos limites do respectivo Estado.

Parágrafo único. O uso previsto neste artigo estender-se- -á a todo o território nacional, se registrado na forma da lei especial.

De acordo com o art. 61, § 2°, do Decreto n° 1.800/1996, que regulamenta a Lei n° 8.934/1994,

a proteção ao nome empresarial poderá ser estendida a outras unidades federativas, a requerimento da empresa interessada, observado o disposto em ato do Departamento Nacional de Registro Empresarial e Integração da Secretaria de Governo Digital da Secretaria Especial de Desburocratização, Gestão e Governo Digital do Ministério da Economia.

3.4 As sociedades empresárias e o nome empresarial

De acordo com o tipo societário utilizado pela sociedade empresária (limitada, anônima, comandita etc.), o nome empresarial sofrerá variações. A **sociedade limitada**, por exemplo, que **pode usar firma ou denominação**, deverá integrar no nome a palavra final **limitada** ou a sua abreviatura, seja na utilização da denominação ou da firma. Se esquecer da palavra **limitada**, os administradores que fizerem uso do nome empresarial que não possuir tal expressão responderão solidária e ilimitadamente. Se optar por firma, poderá incluir o nome de um, alguns ou de todos os sócios, por extenso ou abreviado, sendo que se omitir o nome de algum sócio deverá utilizar a partícula **e companhia** ou sua abreviatura (& Cia.). É o que determina o **art. 1.158**.

As sociedades em que há sócios de responsabilidade ilimitada, como é o caso da sociedade em nome coletivo, **operarão sob firma**, na qual somente os nomes daqueles que possuem responsabilidade ilimitada poderão figurar, bastando para formá-la aditar ao nome de um deles a expressão **e companhia** ou sua abreviatura (& Cia.) (art. 1.157).

A sociedade anônima, por sua vez, opera sob **denominação** com designação facultativa de seu objeto social, integrada das expressões **sociedade anônima** (podendo ser abreviado S/A ou S.A.) ou **companhia** (podendo ser abreviada Cia.), logo, de forma extensa ou abreviada, nos termos do art. 1.160.

A expressão sociedade anônima pode ser no início, meio ou fim da denominação (exemplo: Recife Alimentos S/A; Recife Companhia de Alimentos; Companhia Recife de Alimentos), já a expressão companhia não pode ser utilizada ao final (art. 3º da LSA).

A sociedade em **comandita por ações**, nos termos da nova Lei nº 14.195/2021, pode, em lugar de firma, adotar denominação, aditada da expressão "comandita por ações", facultada a designação do objeto social (art. 1.161). Se utilizar firma, poderá utilizar apenas o nome civil, por extenso ou abreviado, dos sócios diretores ou administradores que respondem ilimitadamente pelas obrigações sociais. Ainda, se utilizar a firma, é obrigatória a utilização da expressão **e companhia** (& Cia.). Ex.: Antônio Silva e Companhia, Comandita por Ações; Alvorada Livros Técnicos C.A.; Comandita por Ações Silva, Pereira & Cia.

A sociedade em **conta de participação**, tendo em vista sua natureza de sociedade secreta, não pode ter firma ou denominação (art. 1.162), isto é, está proibida de utilizar nome empresarial que denuncia a sua existência, haja vista, aliás, que não possuem personalidade jurídica.

A sociedade em **comandita simples** só pode compor nome empresarial através de firma, da qual conste nome civil de sócio ou sócios comanditados, sendo que os sócios comanditários não podem ter seu nome na formação do nome empresarial, posto que não têm responsabilidade ilimitada. Na comandita simples é obrigatória a utilização da expressão *e companhia* ou abreviado, para fazer referência os sócios comanditários. Ademais, o nome do sócio comanditado poderá ser utilizado por extenso ou abreviado, podendo ser agregado o ramo do negócio explorado. Uma sociedade em comandita simples em que os sócios comanditados são Antônio Silva e Benedito Pereira, poderá ser: a) Antônio Silva, Benedito Pereira & Cia.; b) B. Pereira & Cia.; c) Silva, Pereira & Cia – Livros Técnicos.

No que se refere às sociedades simples, o art. 997, II, determina que o contrato social da sociedade simples deve indicar a sua **denominação**. Entretanto, tal artigo não exclui a possibilidade de as sociedades simples usarem também a firma, como bem coloca o Enunciado nº 213 da III Jornada de Direito Civil do CJF.

Apenas para não esquecer, o empresário individual deverá utilizar, necessariamente, firma, baseada em seu nome civil, podendo ou não o abreviar, podendo, ainda, agregar o ramo da atividade a que se dedica. Assim, uma pessoa chamada Antônio Silva Pereira poderá elencar para o nome empresarial de empresário individual: a) Antônio Silva Pereira; b) A.S., Pereira; c) Silva Pereira; d) S. Pereira, Livros Técnicos, entre outros nomes.

Por fim, importante lembrar que o art. 35-A da Lei nº 8.934/1994 também permite ao empresário e à pessoa jurídica que utilizem o Cadastro Nacional da Pessoa Jurídica (CNPJ) como nome empresarial.

3.5 Princípios informadores

Nos termos do art. 34 da Lei n° 8.934/1994 (lei que dispõe sobre o registro público de empresas mercantis e atividades afins), o nome empresarial obedecerá aos princípios da **veracidade** e da **novidade**.

Pelo **princípio da veracidade**, o nome empresarial não poderá conter nenhuma informação falsa. Como exemplo das regras que incorporam o princípio da veracidade, temos o art. 1.158, § 3°, do CC, o qual prevê que "a omissão da palavra 'limitada' determina a responsabilidade solidária e ilimitada dos administradores que assim empregarem a firma ou a denominação da sociedade", bem como o art. 1.165, ao colocar que "o nome de sócio que vier a falecer, for excluído ou se retirar, não pode ser conservado na firma social".

O empresário em recuperação judicial deverá acrescentar essa expressão ao seu nome empresarial, que será excluída após comunicação judicial sobre a sua recuperação.

Por sua vez, o **princípio da novidade** coloca a proibição de registrar um nome empresarial igual ou muito parecido com outro já registrado. Dispõe o art. 1.163 do CC/2002, *verbis*: "Art. 1.163. O nome de empresário deve distinguir-se de qualquer outro já inscrito no mesmo registro".

Às Juntas Comerciais cabe analisar a colidência por identidade dos nomes empresariais (art. 35, V, da Lei n° 8.934/1994). Já a colidência entre nomes empresariais por semelhança, com o advento da Lei n° 14.195/2021, passou a ser atribuição do DREI, e apenas se houver recurso da parte interessada (art. 35, § 2°, da Lei n° 8.934/1994).

Não são objeto de exclusividade os nomes formados por expressões vulgares, de uso comum ou generalizado, do vernáculo nacional ou estrangeiro.

Com relação ao princípio da novidade e a proteção do nome empresarial consubstanciada nesse princípio informador, é importante observar que a sua **proteção começa a partir do registro** (ato de inscrição do empresário ou do arquivamento de ato constitutivo da sociedade empresária), e é restrita ao território do Estado da Junta Comercial em que o empresário se registrou (podendo ocorrer a proteção em todo o país, conforme Decreto n° 1.800/1996, art. 61, § 2°) (art. 1.166 do CC).

O CC atual, em seu art. 1.167, coloca que "cabe ao prejudicado, a qualquer tempo, ação para anular a inscrição do nome empresarial feita com ofensa da lei ou do contrato".

Conforme o art. 1.164 do CC, o nome empresarial é **inalienável:**

> Art. 1.164. O nome empresarial não pode ser objeto de alienação.
>
> Parágrafo único. O adquirente de estabelecimento, por ato entre vivos, pode, se o contrato o permitir, usar o nome do alienante, precedido do seu próprio, com a qualificação de sucessor.

No entanto, em caso de alienação de sociedade empresária denominada por elemento fantasia, não ofenderia o princípio da veracidade a manutenção do nome. Em assim sendo, há quem admita que nesse caso haveria a alienação do nome empresarial.

Ainda, considerando que o art. 52 do CC estendeu os direitos de personalidade à pessoa jurídica, a doutrina majoritária entende que o nome empresarial é um direito de personalidade.

3.6 Perda do nome empresarial

O empresário perderá a proteção ao nome empresarial:

- Expirado o prazo de vigência da sociedade por tempo determinado. Destaca-se que o art. 1.033, I, do CC/2002 prescreve que a sociedade se prorrogará por tempo indeterminado, contudo ela funcionará como sociedade em comum (art. 986 do CC/2002).
- CC/2002, art. 1.168: "A inscrição do nome empresarial será cancelada, a requerimento de qualquer interessado, quando cessar o exercício da atividade para que foi adotado, ou quando ultimar-se a liquidação da sociedade que o inscreveu".

Alguns enunciados do CJF sobre o nome empresarial:

I Jornada de Direito Comercial

Enunciado nº 1: Decisão judicial que considera ser o nome empresarial violador do direito de marca não implica a anulação do respectivo registro no órgão próprio nem lhe retira os efeitos, preservado o direito de o empresário alterá-lo.

Enunciado nº 2: A vedação de registro de marca que reproduza ou imite elemento característico ou diferenciador de nome empresarial de terceiros, suscetível de causar confusão ou associação (art. 124, V, da Lei nº 9.279/1996), deve ser interpretada restritivamente e em consonância com o art. 1.166 do Código Civil.

I Jornada de Direito Civil

Enunciado nº 72: Suprimir o art. 1.164 do novo Código Civil.

V Jornada de Direito Civil

Enunciado nº 491: A proteção ao nome empresarial, limitada ao Estado-Membro para efeito meramente administrativo, estende-se a todo o território nacional por força do art. 5º, XXIX, da Constituição da República e do art. 8º da Convenção Unionista de Paris.

3.7 Dos prepostos

Preposto é aquele que, além de emprestar seus serviços ao empregador, também o representa por meio de poderes a que é investido, praticando atos sob a direção e autoridade do empregador ou proponente.

Ao preposto é vedado, sem autorização escrita, fazer-se substituir no desempenho da preposição. Caso o faça, responderá pessoalmente pelos atos do substituto e pelas obrigações por ele contraídas (art. 1.169 do CC). Além disso, salvo autorização expressa, não poderá negociar por conta própria ou de terceiro, nem participar, mesmo que indiretamente, de operação do mesmo gênero da que lhe foi cometida, sob pena de responder por perdas e danos e de serem retidos pelo preponente os lucros da operação (art. 1.170 do CC).

Ocorrendo a entrega de papéis, bens ou valores ao preposto, encarregado pelo preponente, considerar-se-á perfeita a entrega caso o preposto tenha recebido sem protesto, com exceção dos casos em que haja prazo para reclamação (art. 1.171, parágrafo único, do CC).

No exercício de suas funções, os prepostos são pessoalmente responsáveis, perante os preponentes, pelos atos culposos; e, perante terceiros, solidariamente com o preponente, pelos atos dolosos.

A responsabilidade dos preponentes pelos atos dos prepostos, a seu turno, depende do local em que ocorreu o fato: i) se praticados nos estabelecimentos do proponente e se relacionarem à atividade da empresa, responde o proponente ainda que não tenha autorizado o preposto por escrito (art. 1.178, *caput*, do CC); ii) caso sejam praticados fora do estabelecimento, somente obrigarão o preponente nos limites dos poderes conferidos por escrito, cujo instrumento pode ser suprido pela certidão ou cópia autêntica do seu teor (art. 1.178, parágrafo único, do CC).

A par de tais disposições, o Código Civil também cuida de dois prepostos específicos, quais sejam, o gerente e o contabilista.

Quanto ao gerente, assim entendido como o preposto permanente no exercício da empresa, na sede desta, ou em sucursal, filial ou agência (art. 1.172 do CC), considera-se ele autorizado a praticar todos os atos necessários ao exercício dos poderes que lhe foram outorgados, salvo quando a lei exija poderes especiais (art. 1.173, *caput*, do CC). Havendo dois ou mais gerentes, e na falta de estipulação diversa, a lei considera solidários os poderes a eles conferidos (art. 1.173, parágrafo único, do CC).

Caso existam limitações contidas na outorga de poderes, a oposição a terceiros depende do arquivamento e averbação do instrumento no Registro Público de Empresas Mercantis, exceto se provado que as limitações eram conhecidas da pessoa que tratou com o gerente (art. 1.174 do CC). Do mesmo modo, deve a modificação ou revogação do mandato ser arquivada e averbada no Registro Público de Empresas Mercantis (art. 1.174, parágrafo único, do CC).

No que tange à responsabilidade do preponente, responderá ele juntamente com o gerente pelos atos que este pratique em seu próprio nome, mas à conta daquele (art. 1.175 do CC).

Por fim, dispõe o art. 1.176 do CC que "o gerente pode estar em juízo em nome do preponente, pelas obrigações resultantes do exercício da sua função".

Quanto ao contabilista, lembra o Código Civil que os assentos lançados nos livros ou nas fichas do preponente, por qualquer dos prepostos encarregados de sua escrituração, produzem, salvo se houver procedido de má-fé, os mesmos efeitos como se o fossem feitos pelo preponente (art. 1.177).

3.8 Escrituração

A escrituração consiste em uma obrigação imposta a todos os empresários, seja empresário individual, seja sociedade empresária. Ela se encontra prevista no art. 1.179 do CC, segundo o qual

> Art. 1.179. O empresário e a sociedade empresária são obrigados a seguir um sistema de contabilidade, mecanizado ou não, com base na escrituração uniforme de seus livros, em correspondência com a documentação respectiva, e a levantar anualmente o balanço patrimonial e o de resultado econômico.

Portanto, todo empresário deve manter um sistema de escrituração contábil periódico, além de levantar, todo ano, dois balanços financeiros: o patrimonial e o de resultado econômico.

A escrituração contábil possui três funções:

a) **Gerencial:** mediante ela, o empresário controla seus negócios e seus lucros. Assim, seria uma **função interna** da escrituração contábil.

b) **Documental:** por meio dela, é possível a demonstração dos resultados da empresa, seja para o próprio empresário, seja para os investidores e credores.

c) **Fiscal:** pela análise dos livros, faz-se o controle da incidência e do pagamento dos tributos.

A legislação falimentar (Lei nº 11.101/2005), em seu art. 178, considera crime a escrituração irregular, no caso de a falência do empresário ser decretada.

> Art. 178. Deixar de elaborar, escriturar ou autenticar, antes ou depois da sentença que decretar a falência, conceder a recuperação judicial ou homologar o plano de recuperação extrajudicial, os documentos de escrituração contábil obrigatórios:
>
> Pena – detenção, de 1 (um) a 2 (dois) anos, e multa, se o fato não constitui crime mais grave.

Ademais, os livros comerciais são considerados **documentos públicos para fins penais**, sendo tipificada como crime a falsificação, no todo ou em parte, da escrituração comercial, como se vê no art. 297, § 2º, do Código Penal.

> Art. 297. Falsificar, no todo ou em parte, documento público, ou alterar documento público verdadeiro:
>
> Pena – reclusão, de dois a seis anos, e multa.

(...)

§ 2º Para os efeitos penais, equiparam-se a documento público o emanado de entidade paraestatal, o título ao portador ou transmissível por endosso, as ações de sociedade comercial, os livros mercantis e o testamento particular.

Noutro ponto, o escorreito preenchimento da escrituração, com atendimento dos requisitos legais, torna o livro hábil à prova documental em prol do empresário no processo civil, conforme art. 418 do CPC/2015.

> Art. 418. Os livros empresariais que preencham os requisitos exigidos por lei provam a favor de seu autor no litígio entre empresários.

De outro giro, contra o empresário, os livros provam independentemente de observância dos requisitos da lei, na forma do art. 417 do CPC.

Os **instrumentos de escrituração** são os seguintes:

a) livros;
b) conjunto de fichas e folhas soltas;
c) conjunto de folhas contínuas;
d) microfichas extraídas a partir de microfilmagem por computador.

Conforme preleciona o art. 1.182 do CC, a escrituração do empresário incube a um contabilista, o qual deve ser legalmente habilitado. Na ausência de contabilista habilitado na localidade, a escrituração será feita por outro profissional ou pelo próprio empresário.

Art. 1.182. Sem prejuízo do disposto no art. 1.174, a escrituração ficará sob a responsabilidade de contabilista legalmente habilitado, salvo se nenhum houver na localidade.

Dentre os livros comerciais, o único que é obrigatório é o Diário. Entretanto, ele poderá ser substituído por fichas no caso de ser adotada escrituração mecanizada ou eletrônica, de acordo com o art. 1.180 do CC.

Art. 1.180. Além dos demais livros exigidos por lei, é indispensável o Diário, que pode ser substituído por fichas no caso de escrituração mecanizada ou eletrônica.

Além disso, o Diário também poderá ser substituído por Balancetes Diários e Balanços, desde que o empresário adote o sistema de fichas de lançamento. É o que preleciona o art. 1.185 do CC.

Art. 1.185. O empresário ou sociedade empresária que adotar o sistema de fichas de lançamentos poderá substituir o livro Diário pelo livro Balancetes Diários e Balanços, observadas as mesmas formalidades extrínsecas exigidas para aquele.

O livro Diário representa todo o movimento financeiro da empresa, devendo ser feito de maneira regular, sendo lançados os dias seguidos, sem rasuras, borrões etc., conforme prevê o art. 1.183 do CC.

Art. 1.183. A escrituração será feita em idioma e moeda corrente nacionais e em forma contábil, por ordem cronológica de dia, mês e ano, sem intervalos em branco, nem entrelinhas, borrões, rasuras, emendas ou transportes para as margens.

O Diário deverá ser levado à Junta Comercial na qual a empresa está registrada, para que esta verifique sua autenticidade. Somente com tal autenticação é que o Diário, assim como os demais livros comerciais, apresentará força probatória.

Cumpre frisar, entretanto, que há casos nos quais os livros comerciais não poderão ser utilizados como provas. Isso decorre do fato de o Código Civil ter adotado o Princípio do Sigilo. Portanto, somente em casos especiais é que sua exibição poderá ser requerida e autorizada por uma autoridade judicial. É o que traz os arts. 1.190 e 1.191 do CC.

> Art. 1.190. Ressalvados os casos previstos em lei, nenhuma autoridade, juiz ou tribunal, sob qualquer pretexto, poderá fazer ou ordenar diligência para verificar se o empresário ou a sociedade empresária observam, ou não, em seus livros e fichas, as formalidades prescritas em lei.

> Art. 1.191. O juiz só poderá autorizar a exibição integral dos livros e papéis de escrituração quando necessária para resolver questões relativas à sucessão, comunhão ou sociedade, administração ou gestão à conta de outrem, ou em caso de falência.

Sobre esse assunto, o STF possui duas súmulas versando acerca do Princípio do Sigilo dos Livros Contábeis:

> Súmula nº 260. O exame de livros comerciais, em ação judicial, fica limitado às transações entre os litigantes.

> Súmula nº 390. A exibição judicial de livros comerciais pode ser requerida como medida preventiva.

Mais recentemente, o Código de Processo Civil editado em 2015 cuida da exibição de livros empresariais como prova documental, dispondo que o juiz pode determinar, de ofício ou a requerimento, a apresentação parcial deles, naquilo que interessar especificamente à controvérsia instaurada, mas a exibição integral apenas se dará a requerimento, nas taxativas hipóteses autorizadas pelo legislador. Traz-se à colação os textos respectivos:

> Art. 420. O juiz pode ordenar, a requerimento da parte, a exibição integral dos livros empresariais e dos documentos do arquivo:
>
> I – na liquidação de sociedade;
>
> II – na sucessão por morte de sócio;
>
> III – quando e como determinar a lei.
>
> Art. 421. O juiz pode, de ofício, ordenar à parte a exibição parcial dos livros e dos documentos, extraindo-se deles a suma que interessar ao litígio, bem como reproduções autenticadas.

Apesar dessas considerações, em virtude da função fiscal da escrituração contábil (já mencionada), o art. 1.193 do CC excepciona o Princípio do Sigilo, afirmando que

> Art. 1.193. As restrições estabelecidas neste Capítulo ao exame da escrituração, em parte ou por inteiro, não se aplicam às autoridades fazendárias, no exercício da fiscalização do pagamento de impostos, nos termos estritos das respectivas leis especiais.

Assim, os fiscais de fazendas, no ato de fiscalização de pagamento dos tributos, poderão exigir a apresentação dos livros, mas seguindo o devido procedimento administrativo que regulamenta o ato fiscalizatório.

No que diz respeito à escrituração contábil do pequeno empresário, o § 2º do art. 1.179 do CC a dispensa.

Primeiramente, cumpre entender quem vem a ser tal pequeno empresário. A Lei Complementar nº 123/2006 estabelece três figuras de pequeno empresário: o microempresário, o empresário de pequeno porte e o microempreendedor individual. O entendimento majoritário de que a expressão "pequeno empresário" do art. 1.179, § 2º, do CC abarca essas três figuras.

Apesar disso, o art. 68 da supracitada Lei Complementar afirma que

> Art. 68. Considera-se pequeno empresário, para efeito de aplicação do disposto nos arts. 970 e 1.179 da Lei nº 10.406, de 10 de janeiro de 2002 (Código Civil), o empresário individual caracterizado como microempresa na forma desta Lei Complementar que aufira receita bruta anual até o limite previsto no § 1º do art. 18-A.

Indo para o art. 18-A da mesma lei, nota-se que

> Art. 18-A. O Microempreendedor Individual – MEI poderá optar pelo recolhimento dos impostos e contribuições abrangidos pelo Simples Nacional em valores fixos mensais, independentemente da receita bruta por ele auferida no mês, na forma prevista neste artigo.
>
> § 1º Para os efeitos desta Lei Complementar, considera-se MEI quem tenha auferido receita bruta, no ano-calendário anterior, de até R$ 81.000,00 (oitenta e um mil reais), que seja optante pelo Simples Nacional e que não esteja impedido de optar pela sistemática prevista neste artigo, e seja empresário individual que se enquadre na

definição do art. 966 da Lei nº 10.406, de 10 de janeiro de 2002 (Código Civil), ou o empreendedor que exerça: (Redação dada pela Lei Complementar nº 188, de 2021.)

I – as atividades de que trata o § 4º-A deste artigo; (Incluído pela Lei Complementar nº 188, de 2021.)

II – as atividades de que trata o § 4º-B deste artigo estabelecidas pelo CGSN; e (Incluído pela Lei Complementar nº 188, de 2021.)

III – as atividades de industrialização, comercialização e prestação de serviços no âmbito rural. (Incluído pela Lei Complementar nº 188, de 2021.)

Diante de tais artigos, a doutrina defende que a lei somente dispensará a escrituração contábil do empresário individual que se enquadre como microempreendedor individual.

4

Noções gerais sobre o Direito Societário

4.1 Introdução

Nos termos do art. 982 do Código Civil, ressalvadas disposições em contrário, diz-se empresária a sociedade cujo objeto represente atividade própria de empresário, na forma do art. 967, e simples todas as demais.

> Art. 982. Salvo as exceções expressas, considera-se empresária a sociedade que tem por objeto o exercício de atividade própria de empresário sujeito a registro (art. 967); e, simples, as demais.

A ressalva precípua, sem prejuízo de outras existentes na legislação esparsa, fica por conta do parágrafo único do art. 982, que vincula a sociedade por ações à natureza empresária e a cooperativa à simples.

O registro da sociedade empresária se dará perante a Junta Comercial, ao passo que a sociedade simples deverá ser registrada no Registro Civil de Pessoas Jurídicas. Nesse sentido:

Art. 1.150. O empresário e a sociedade empresária vinculam-se ao Registro Público de Empresas Mercantis a cargo das Juntas Comerciais, e a sociedade simples ao Registro Civil das Pessoas Jurídicas, o qual deverá obedecer às normas fixadas para aquele registro, se a sociedade simples adotar um dos tipos de sociedade empresária.

Tais regras, no entanto, comportam as seguintes exceções:

- **Sociedade de advogados (sociedade simples):** é registrada na OAB para adquirir personalidade jurídica.
- **Cooperativa:** apesar de sempre ser sociedade simples (mesmo se desenvolver atividade empresária), deve ser registrada na Junta Comercial (Lei n° 8.934/1994, art. 32).

4.2 Classificação das sociedades personificadas

4.2.1 Quanto ao objeto

- **Sociedade empresária:** é aquela que tem por objeto o exercício de atividade própria de empresário, sujeito a registro.
- **Sociedade simples:** a que não contar com a prática de atividade empresária.

4.2.2 Quanto ao grau de dependência às qualidades dos sócios

- **Sociedade de pessoas:** os atributos dos sócios são indispensáveis ao desenvolvimento da sociedade. Ex.: empresa de massagem, o atributo pessoal do sócio é indispensável.
- **Sociedade de capital:** o que importa é o capital investido, e não a pessoa dos sócios. Ex.: compra de ações da Petrobras.

4.2.3 Quanto ao regime de constituição e de dissolução de vínculo societário

- Sociedade contratual: o regime de constituição se dá por contrato social.
- Sociedade institucional: o regime de constituição é estatuto social, incidindo a Lei n° 6.404/1976 (Lei das Sociedades Anônimas).

4.2.4 Quanto à responsabilidade dos sócios pelas obrigações sociais

- Sociedade de responsabilidade ilimitada: o sócio responde com patrimônio pessoal por dívidas da sociedade. Ex.: sociedade em nome coletivo.
- Sociedade de responsabilidade limitada: o sócio não responde com patrimônio pessoal por dívidas da sociedade. Ex.: sociedade anônima. Sociedade de responsabilidade mista: possui sócios com as duas responsabilidades. Ex.: sociedade em comandita simples.

4.2.5 Quanto à nacionalidade

Pouco importa a nacionalidade dos sócios ou a origem do capital. Para a sociedade ser considerada brasileira, deve preencher os dois requisitos do art. 1.126 do CC:

- A sociedade deve ser organizada de acordo com a lei brasileira.
- Sede da administração deve ser no Brasil.

> Art. 1.126. É nacional a sociedade organizada de conformidade com a lei brasileira e que tenha no País a sede de sua administração.

O CC não traz definição de sociedade estrangeira. Assim, faltando qualquer dos requisitos acima, a sociedade é considerada estrangeira.

Atenção!

O art. 1.134 do CC é importantíssimo, pois fala da sociedade estrangeira. Conforme o artigo, não importa que tipo de atividade a sociedade estrangeira exerça: somente poderá ser constituída no Brasil se o Poder Executivo federal autorizar.

4.3 Operações societárias: transformação, incorporação, fusão e cisão

Operações societárias são aquelas realizadas entre empresas, sendo concretizadas pela transformação, incorporação, fusão e cisão.

A matéria é disciplinada na Lei nº 6.404/1976 (arts. 220 a 234) e no CC (arts. 1.113 a 1.122).

Regra: se a operação contar com a participação de uma S/A, aplica-se a Lei das S/A, em razão do **princípio da especialidade**. Aplicam-se ainda as regras da LSA no que o CC for omisso.

Atenção!

Enunciado nº 70 da I Jornada de Direito Civil do CJF: As disposições sobre incorporação, fusão, cisão previstas no CC/2002 não se aplicam às S/A. As disposições da Lei nº 6.404/1976 sobre essa matéria aplicam-se, por analogia, às demais sociedades em que o CC for omisso.

Enunciado n° 230 da III Jornada de Direito Civil do CJF – art. 1.089: A fusão e a incorporação de sociedade anônima continuam reguladas pelas normas previstas na Lei n° 6.404/1976, não revogadas pelo Código Civil (art. 1.089), quanto a esse tipo societário.

Enunciado n° 232 da III Jornada de Direito Civil do CJF – arts. 1.116, 1.117 e 1.120: Nas fusões e incorporações entre sociedades reguladas pelo Código Civil, é facultativa a elaboração de protocolo firmado pelos sócios ou administradores das sociedades; havendo sociedade anônima ou comandita por ações envolvida na operação, a obrigatoriedade do protocolo e da justificação somente a ela se aplica.

4.3.1 Transformação

A transformação é a mera mudança no tipo societário, que ocorre, por exemplo, quando uma sociedade limitada se transforma em uma sociedade anônima, e vice-versa; quando uma sociedade em nome coletivo se transforma numa sociedade limitada; ou quando uma sociedade em comandita simples se transforma numa sociedade em comandita por ações:

> **Lei n° 6.404/1976:**
>
> Art. 220. A transformação é a operação pela qual a sociedade passa, independentemente de dissolução e liquidação, de um tipo para outro.
>
> **CC/2002:**
>
> Art. 1.113. O ato de transformação independe de dissolução ou liquidação da sociedade, e obedecerá aos preceitos reguladores da constituição e inscrição próprios do tipo em que vai converter-se.

> **Atenção!**
>
> Se uma sociedade anônima fechada é transmudada em sociedade anônima aberta, não há transformação, pois o tipo societário não foi alterado, mas apenas a espécie econômica.

- **Órgão competente para a transformação:**
  - ☐ Se for S/A, cabe à assembleia geral.
  - ☐ Se for Ltda., cabe à reunião ou à assembleia.

  Em suma, a decisão da transformação é dos acionistas ou dos sócios.

- **Quórum para a transformação** (art. 1.114, CC; art. 221, LSA):
  - ☐ **Regra:** unanimidade.
  - ☐ **Exceção:** não se exige unanimidade quando o estatuto ou contrato já possuir cláusula autorizando transformação por deliberação da maioria.

    CC/2002:

    Art. 1.114. A transformação depende do consentimento de todos os sócios, salvo se prevista no ato constitutivo, caso em que o dissidente poderá retirar-se da sociedade, aplicando-se, no silêncio do estatuto ou do contrato social, o disposto no art. 1.031.

    Lei nº 6.404/1976:

    Art. 221. A transformação exige o consentimento unânime dos sócios ou acionistas, salvo se prevista no estatuto ou no contrato social, caso em que o sócio dissidente terá o direito de retirar-se da sociedade.

A deliberação acerca da transformação exige, em regra, **votação unânime**, salvo nos casos em que o ato constitutivo (contrato social ou estatuto) da sociedade transformanda já contenha expressa disposição autorizando a operação. Nesse caso, aprovando-se a transformação por maioria, permite a lei que o sócio dissidente se retire da sociedade. É o que estabelece o art. 221 da LSA.

Complementando a regra do *caput*, o parágrafo único prevê que:

> Art. 221 (...)
>
> Parágrafo único. Os sócios podem renunciar, no contrato social, ao direito de retirada no caso de transformação em companhia.

No mesmo sentido, dispõe o Código Civil, em seu art. 1.114.

- **Direito de retirada.** O acionista ou sócio que discordar pode fazer uso do direito de retirada.
- **Credores.** A transformação não prejudicará direitos dos credores, pois se trata apenas de transformação societária. Eles continuam com os mesmos direitos e garantias contra a sociedade, como se não tivesse ocorrido a transformação (art. 1.115, CC; art. 222, LSA).
- **Falência da sociedade transformada.** A falência produz efeitos em relação aos sócios que, no tipo anterior, a eles estariam sujeitos. Deve ser requerida pelos titulares dos créditos anteriores à transformação e somente a estes beneficiará.
    Lei nº 6.404/1976:
    > Art. 222. A transformação não prejudicará, em caso algum, os direitos dos credores, que continuarão, até o pagamento integral dos seus créditos, com as mesmas

garantias que o tipo anterior de sociedade lhes oferecia.

Parágrafo único. A falência da sociedade transformada somente produzirá efeitos em relação aos sócios que, no tipo anterior, a eles estariam sujeitos, se o pedirem os titulares de créditos anteriores à transformação, e somente a estes beneficiará.

CC/ 2002:

Art. 1.122. Até noventa dias após publicados os atos relativos à incorporação, fusão ou cisão, o credor anterior, por ela prejudicado, poderá promover judicialmente a anulação deles.

§ 1º A consignação em pagamento prejudicará a anulação pleiteada.

§ 2º Sendo ilíquida a dívida, a sociedade poderá garantir-lhe a execução, suspendendo-se o processo de anulação.

§ 3º Ocorrendo, no prazo deste artigo, a falência da sociedade incorporadora, da sociedade nova ou da cindida, qualquer credor anterior terá direito a pedir a separação dos patrimônios, para o fim de serem os créditos pagos pelos bens das respectivas massas.

■ **Transformação do empresário individual em sociedade empresária e vice-versa.** De acordo com o Enunciado nº 465 da V Jornada de Direito Civil do CJF, tais operações não se confundem com a figura da transformação da pessoa jurídica ("a transformação do registro prevista no art. 968, § 3º, e no art. 1.033, parágrafo único, do CC não se confunde com a figura da transformação de pessoa jurídica").

Art. 968, § 3º, CC: caso venha a admitir sócios, o empresário individual poderá solicitar ao Registro Público de Empresas Mercantis a transformação de seu registro de empresário para registro de sociedade empresária, observado, no que couber, o disposto nos arts. 1.113 a 1.115 deste Código.

4.3.2 Incorporação

De acordo com o art. 227 da LSA, a incorporação se dá quando uma ou mais sociedades passam a integrar o espectro de outra, sucedendo-as esta em todas as suas relações.

> Art. 227. A incorporação é a operação pela qual uma ou mais sociedades são absorvidas por outra, que lhes sucede em todos os direitos e obrigações.

No mesmo sentido, dispõe o art. 1.116 do Código Civil que:

> Art. 1.116. Na incorporação, uma ou várias sociedades são absorvidas por outra, que lhes sucede em todos os direitos e obrigações, devendo todas aprová-la, na forma estabelecida para os respectivos tipos.

Dica de aprofundamento

O que é incorporação às avessas? Ocorre incorporação às avessas quando uma sociedade lucrativa é incorporada por uma sociedade deficitária.

O procedimento da operação em análise consiste em:

- **Protocolo:** é celebrado um protocolo (documento que contém as bases do negócio). Os administradores das companhias irão definir como será feita a incorporação e o que vai acontecer com os acionistas da sociedade que será incorporada. Como será a relação de substituição.

■ **Termo de justificação**: o protocolo deverá ser acompanhado da justificação da operação.

■ **Deliberação**: feitos o protocolo e a justificação, deverá haver deliberação da assembleia geral extraordinária. Haverá deliberação na sociedade incorporada e na sociedade incorporadora.

■ **Laudo e deliberação**: a incorporadora, ao aprovar a incorporação, deverá fazer um laudo para avaliar o patrimônio líquido da empresa incorporada. Isso porque tal patrimônio será a ela transferido, sofrendo ela um aumento do capital social correspondente, no mínimo, ao patrimônio líquido. Então, haverá uma segunda assembleia da sociedade incorporadora para aprovar o laudo. A partir dessa aprovação, está feita a incorporação. A incorporação, mesmo com o patrimônio líquido negativo, é possível, desde que haja aprovação do laudo.

■ **Quórum**: em regra, 50% do capital votante, salvo se maior quórum não for exigido pelo estatuto da companhia cujas ações não estejam admitidas à negociação em bolsa ou no mercado de balcão conforme o art. 136 da LSA.

> Art. 136. É necessária a aprovação de acionistas que representem metade, no mínimo, do total de votos conferidos pelas ações com direito a voto, se maior quórum não for exigido pelo estatuto da companhia cujas ações não estejam admitidas à negociação em bolsa ou no mercado de balcão, para deliberação sobre:
>
> (...)
>
> IV – fusão da companhia, ou sua incorporação em outra.

■ **Direito de retirada**: na incorporada, os dissidentes têm direito de retirada, exceto se a companhia for aberta e as ações tiverem liquidez e dispersão, podendo ser negociadas em bolsa.

Os acionistas da incorporada que não exercerem o direito de retirada passarão automaticamente a ser acionistas da incorporadora.

O direito de retirada pode ser exercido em 30 dias da publicação da ata que aprovar o protocolo ou a justificação. Uma vez exercido, deve-se aguardar 10 dias para verificar se o direito de retirada não piora a situação da empresa. Então, será definido se será desfeita a operação ou se será acolhido o pedido do credor dissidente (art. 230, LSA).

> Art. 230. Nos casos de incorporação ou fusão, o prazo para exercício do direito de retirada, previsto no art. 137, inciso II, será contado a partir da publicação da ata que aprovar o protocolo ou justificação, mas o pagamento do preço de reembolso somente será devido se a operação vier a efetivar-se.

Se o sócio dissidente não concordar com o valor, a companhia pagará imediatamente 80% do reembolso calculado no último balanço, devendo ser feito novo balanço (especial) para pagamento de eventual valor remanescente em até 120 dias (art. 45, § 2°, da LSA).

> Art. 45 (...)
>
> § 2° Se a deliberação da assembleia-geral ocorrer mais de 60 (sessenta) dias depois da data do último balanço aprovado, será facultado ao acionista dissidente pedir, juntamente com o reembolso, levantamento de balanço especial em data que atenda àquele prazo. Nesse caso, a companhia pagará imediatamente 80% (oitenta por cen-

to) do valor de reembolso calculado com base no último balanço e, levantado o balanço especial, pagará o saldo no prazo de 120 (cento e vinte), dias a contar da data da deliberação da assembleia-geral.

- **Credores da incorporada e da incorporadora:** todos serão credores apenas da sociedade incorporadora.
- **Anulação da incorporação:** com a incorporação, a empresa incorporadora, que era saudável, pode passar a ter patrimônio insuficiente para pagar os credores da incorporada e da incorporadora. Por isso, pode ser pleiteada a anulação da operação.

CC	LSA
O art. 1.122 do CC prevê que "até noventa dias após publicados os atos relativos à incorporação, fusão ou cisão, o credor anterior, por ela prejudicado, poderá promover judicialmente a anulação deles".	A LSA considera o risco de prejuízo aos credores anteriores e permite a eles, depois de publicados os atos de incorporação, que peçam em juízo a anulação da incorporação no prazo de 60 dias a contar da publicação do ato de incorporação. Para evitar essa anulação: a incorporadora pode consignar a importância devida em juízo.
	Art. 232. Até **60 (sessenta) dias depois de publicados os atos relativos à incorporação** ou à fusão, o **credor anterior** por ela prejudicado poderá **pleitear judicialmente a anulação da operação**; findo o prazo, decairá do direito o credor que não o tiver exercido.
	§ 1º A consignação da importância em pagamento prejudicará a anulação pleiteada.
	§ 2º Sendo ilíquida a dívida, a sociedade poderá garantir-lhe a execução, suspendendo-se o processo de anulação. (Grifos nossos.)

■ **Falência:**

CC	LSA
De acordo com o art. 1.122, § 3º, do CC: se ocorrer, no prazo de 90 dias, "a falência da sociedade incorporadora, da sociedade nova ou da cindida, qualquer credor anterior terá direito a pedir a separação dos patrimônios, para o fim de serem os créditos pagos pelos bens das respectivas massas".	Semelhante disposição traz o § 3º do art. 232 da LSA: "Ocorrendo, no prazo deste artigo [60 dias], a falência da sociedade incorporadora ou da sociedade nova, qualquer credor anterior terá o direito de pedir a separação dos patrimônios, para o fim de serem os créditos pagos pelos bens das respectivas massas".

A incorporação apresenta, em relação à fusão, uma significativa vantagem operacional. Como a lei considera a sociedade resultante da fusão uma nova pessoa jurídica, ela deve, concluída a operação, regularizar-se na Junta Comercial e nos diversos cadastros fiscais (CNPJ, FGTS, INSS, estado ou prefeitura). Ora, essas providências demandam tempo, durante o qual a nova sociedade não pode realizar nenhum negócio regular; como, por outro lado, as sociedades participantes da operação, com a fusão, deixam de existir, a empresa fica paralisada.

Na incorporação, a sociedade incorporadora sucede a incorporada, proporcionando, assim, o regular desenvolvimento dos negócios das duas, sem solução de continuidade. Em virtude dessa considerável diferença, a fusão praticamente não existe.

4.3.3 Fusão

É a operação de união de duas ou mais sociedades que irão gerar outra sociedade.

De acordo com o art. 228 da LSA, "a fusão é a operação pela qual se unem duas ou mais sociedades para formar sociedade nova, que lhes sucederá em todos os direitos e obrigações". No mesmo sentido, prevê o art. 1.119 do Código Civil que "a fusão determina a extinção das sociedades que se unem, para formar sociedade nova, que a elas sucederá nos direitos e obrigações".

- **Procedimento da operação:**
  - ☐ protocolo;
  - ☐ justificação;
  - ☐ aprovação na assembleia geral de ambas as sociedades;
  - ☐ realização de laudo para avaliar os patrimônios;
  - ☐ realização de assembleia geral nas sociedades para aprovação do laudo. Dependendo da aprovação ou não do laudo há a efetivação ou não da fusão.

CC	LSA
Art. 1.119. A fusão determina a extinção das sociedades que se unem, para formar sociedade nova, que a elas sucederá nos direitos e obrigações.	Art. 228. A fusão é a operação pela qual se unem duas ou mais sociedades para formar sociedade nova, que lhes sucederá em todos os direitos e obrigações.
Art. 1.120. A fusão será decidida, na forma estabelecida para os respectivos tipos, pelas sociedades que pretendam unir-se.	§ 1º A assembleia-geral de cada companhia, se aprovar o protocolo de fusão, deverá nomear os peritos que avaliarão os patrimônios líquidos das demais sociedades.
§ 1º Em reunião ou assembleia dos sócios de cada sociedade, deliberada a fusão e aprovado o projeto do ato constitutivo da nova sociedade, bem como o plano de distribuição do capital social, serão nomeados os peritos para a avaliação do patrimônio da sociedade.	
§ 2º Apresentados os laudos, os administradores convocarão reunião ou assembleia dos sócios para tomar conhecimento deles, decidindo sobre a constituição definitiva da nova sociedade.	§ 2º Apresentados os laudos, os administradores convocarão os sócios ou acionistas das sociedades para uma assembleia-geral, que deles tomará conhecimento e resolverá sobre a constituição definitiva da nova sociedade, vedado aos sócios ou acionistas votar o laudo de avaliação do patrimônio líquido da sociedade de que fazem parte.
§ 3º É vedado aos sócios votar o laudo de avaliação do patrimônio da sociedade de que façam parte.	
Art. 1.121. Constituída a nova sociedade, aos administradores incumbe fazer inscrever, no registro próprio da sede, os atos relativos à fusão.	§ 3º Constituída a nova companhia, incumbirá aos primeiros administradores promover o arquivamento e a publicação dos atos da fusão.

- **Quórum de aprovação:** em regra, 50% do capital votante, salvo se maior quórum não for exigido pelo estatuto da companhia cujas ações não estejam admitidas à negociação em bolsa ou no mercado de balcão conforme o art. 136 da LSA.
- **Anulação da fusão.**

CC	LSA
O CC dispõe que "até noventa dias após publicados os atos relativos à incorporação, fusão ou cisão, o credor anterior, por ela prejudicado, poderá promover judicialmente a anulação deles" (art. 1.122).	Pela LSA, os credores possuem o mesmo direito assegurado em caso de incorporação. Eles podem pedir a anulação no prazo de 60 dias (art. 232).

- **Direito de retirada:** os acionistas das sociedades que se fundem podem exercer o direito de retirada.

Lembrar que, se as sociedades que se fundem são abertas e com ações dotadas de liquidez, não cabe retirada, mas a venda das ações em bolsa.

- **Falência:**

CC	LSA
De acordo com o art. 1.122, § 3º, do CC: se ocorrer, no prazo de 90 dias, "a falência da sociedade incorporadora, da sociedade nova ou da cindida, qualquer credor anterior terá direito a pedir a separação dos patrimônios, para o fim de serem os créditos pagos pelos bens das respectivas massas".	Semelhante disposição traz o § 3º do art. 232 da LSA: "Ocorrendo, no prazo deste artigo [60 dias], a falência da sociedade incorporadora ou da sociedade nova, qualquer credor anterior terá o direito de pedir a separação dos patrimônios, para o fim de serem os créditos pagos pelos bens das respectivas massas".

4.3.4 Cisão

De acordo com o disposto no art. 229 da LSA, a cisão é a operação pela qual a companhia transfere parcelas do seu patrimônio para uma ou mais sociedades, constituídas para esse fim ou já existentes, extinguindo-se a companhia cindida, se houver versão de todo o seu patrimônio, ou dividindo-se o seu capital, se parcial a versão.

A cisão, portanto, pode ser total ou parcial.

A cisão total é a destinação de todo o patrimônio da sociedade para outras sociedades, o que resulta na extinção da cindida.

A cisão parcial é aquela em que apenas parte do patrimônio da cindida será transferido para outra sociedade. A sociedade cindida continua a existir com uma parte de seu patrimônio.

As sociedades que irão absorver o patrimônio da cindida podem já existir ou ser criadas com a cisão.

A doutrina confere à cisão a seguinte classificação:

- **Cisão pura**: a sociedade cindida sofre divisão do seu patrimônio em duas ou mais sociedades novas e se extingue.
- **Cisão-absorção**: a sociedade cindida divide seu patrimônio em duas ou mais parcelas, que serão incorporadas em sociedades já existentes, extinguindo-se em seguida.
- **Falsa cisão ou cisão parcial**: a sociedade divide seu patrimônio, destinando parte ou partes dele a uma ou mais sociedades existentes ou novas, sobrevivendo ao processo, ou seja, não se extingue.
- **Cisão-*holding***: a sociedade divide seu patrimônio entre duas ou mais sociedades, da quais se manterá controladora, mudando seu objeto para o de "*holding* pura", ou seja, sua atividade social consistirá tão somente no gozo das participações societárias de que é titular.

O quórum de aprovação da cisão corresponde a 50% do capital votante, se maior quórum não for exigido pelo estatuto da companhia cujas ações não estejam admitidas à negociação em bolsa ou no mercado de balcão (art. 136, inc. IX, LSA).

- **Procedimento da operação:**
  - protocolo;
  - justificativa;
  - aprovação na assembleia geral.

- **Direito de retirada:** cabe aos acionistas da cindida o direito de retirada. Contudo, se as ações tiverem liquidez, não cabe retirada, mas venda na bolsa. Também não tem o direito de retirada quando a atividade da sociedade que recepcionou parte da sociedade cindida tiver o mesmo objeto social ou semelhante.

  O direito de retirada pode ser exercido em 30 dias da publicação da ata do protocolo ou justificação. Deve-se aguardar 10 dias para verificar se o direito de retirada não piora a situação da empresa. Então, será definido se será desfeita a operação ou se será acolhido o pedido do credor dissidente.

  Se o sócio dissidente não concordar com o valor, a Cia. pagará imediatamente 80% do reembolso calculado no último balanço, devendo ser feito novo balanço (especial) para pagamento de eventual valor remanescente em até 120 dias (art. 45, § 2º).

- **Credores:** os credores não podem, em princípio, fazer nada porque a lei diz que as sociedades que participam da cisão são solidariamente responsáveis perante os credores anteriores. Ou seja, há certo aumento da garantia.

Na cisão total, os credores da empresa cindida podem demandar tanto a sociedade cindida como a sociedade que a incorporou ou que foi criada para tanto. Há responsabilidade solidária.

A LSA quis garantir os credores contra uma cisão fraudulenta.

No caso específico da cisão parcial, a lei permite a exclusão da responsabilidade solidária. É uma exclusão contratual. As empresas podem delimitar as respectivas obrigações, afastando a solidariedade.

Na cisão parcial, o credor anterior que se sentir lesado pode manifestar oposição e impedir a consumação da cisão, no prazo de 90 dias. Ou seja, a LSA estabeleceu diferença entre incorporação e fusão da cisão. Nas primeiras, há a anulação do negócio efetivado no prazo de 60 dias. Na cisão, antes da efetivação do negócio, os credores podem manifestar a sua oposição à cisão e a impedir. Para esse credor que apresenta a oposição é mantida a solidariedade. Para afastar essa solidariedade, pode ser consignado o valor devido ao credor.

O art. 1.122 do CC prevê que até 90 dias após publicados os atos relativos à incorporação, fusão ou cisão, o credor anterior, por ela prejudicado, poderá promover judicialmente a anulação deles.

■ **Falência**: de acordo com o art. 1.122, § 3º, do CC, se ocorrer, no prazo de 90 dias, a falência da sociedade incorporadora, da sociedade nova ou da cindida, qualquer credor anterior terá direito a pedir a separação dos patrimônios, para o fim de serem os créditos pagos pelos bens das respectivas massas.

4.4 Governança corporativa e *compliance* no Brasil

A governança corporativa é praticada há bastante tempo, mas seu estudo mais sistemático e técnico é um fenômeno mais recente. Atualmente, trata-se de assunto em voga nos concursos para Magistratura, diante da inclusão do ponto na disciplina de Humanística pela Resolução n° 423/2021 do CNJ. Segundo o Instituto Brasileiro de Governança Corporativa (IBGC), governança corporativa é:

> (...) o sistema pelo qual as empresas e demais organizações são dirigidas, monitoradas e incentivadas, envolvendo os relacionamentos entre sócios, conselho de administração, diretoria, órgãos de fiscalização e controle e demais partes interessadas.[1]

A governança corporativa é essencial para a iniciativa privada, e por isso se relaciona diretamente com o direito societário. Com efeito, grandes empresas, principalmente as de capital aberto com ações ofertadas em Bolsa de Valores, necessitam de ferramentas de governança corporativa para conferir confiabilidade a seus ativos.

O controle do exercício do poder gerencial público ou privado é, em essência, o objeto da governança corporativa. Partindo dessa premissa, sob coordenação do IBGC, o Grupo de Trabalho Interagentes (GT Interagentes), formado por onze das mais importantes entidades relacionadas ao mercado de capitais, elaborou o Código Brasileiro de Governança Corporativa, trazendo os Princípios, Fundamentos e Práticas Recomendadas de Governança Corporativa recomendados

---

[1]. Instituto Brasileiro de Governança Corporativa (IBGC). Disponível em: https://www.ibgc.org.br/conhecimento. Acesso em: 30 dez. 2021.

às companhias, pensando em seus acionistas; Conselho de Administração; Diretoria; e Órgãos de Fiscalização e Controle. Trata-se de orientações e recomendações, portanto, sem caráter cogente.

São princípios centrais do Código Brasileiro de Governança Corporativa do IBGC e do Grupo de Trabalho Interagentes (2016, p. 15):

> Transparência: consiste no desejo de disponibilizar para as partes interessadas as informações que sejam de seu interesse, e não apenas aquelas impostas por disposições de leis ou regulamentos. Não deve restringir-se ao desempenho econômico-financeiro, contemplando também os demais fatores (inclusive intangíveis) que norteiam a ação gerencial e que conduzem à preservação e à otimização do valor da companhia.
>
> Equidade: caracteriza-se pelo tratamento justo e isonômico de todos os sócios e demais partes interessadas (*stakeholders*), levando em consideração seus direitos, deveres, necessidades, interesses e expectativas.
>
> Prestação de contas (*accountability*): os agentes de governança devem prestar contas de sua atuação de modo claro, conciso, compreensível e tempestivo, assumindo integralmente as consequências de seus atos e omissões e atuando com diligência e responsabilidade no âmbito dos seus papéis.
>
> Responsabilidade corporativa: os agentes de governança devem zelar pela viabilidade econômico-financeira das companhias, reduzir as externalidades negativas de seus negócios e operações e aumentar as positivas, levando em consideração, no seu modelo de negócios, os diversos capitais (financeiro, manufaturado, intelectual, humano,

social, ambiental, reputacional etc.) no curto, médio e longo prazos.

A partir desses princípios básicos, a governança corporativa estabelece recomendações e boas práticas, sendo o *compliance* um dos principais exemplos.

Por *compliance*, que pode ser traduzido como **conformidade**, entende-se como sendo a adequação das organizações à legislação e aos princípios éticos da sociedade. O *compliance* ocorre em diversas dimensões, incluindo adequações à legislação criminal, antidiscriminatória, ambiental, trabalhista, previdenciária, tributária, administrativa, bem como aos princípios éticos sociais e internos da própria organização.

Como exemplo que visa à efetivação da governança corporativa no direito empresarial, tem-se o disposto no art. 116, parágrafo único, da Lei das Sociedades Anônimas (Lei n° 6.404/1976), que imputa responsabilidade ao acionista controlador para com os demais acionistas da empresa, os que nela trabalham e para com a comunidade em que atua, o que consubstancia o princípio da responsabilidade corporativa alhures citado. Além disso, a Lei n° 13.303/2016 (Lei das Estatais) trouxe um conceito amplo de governança corporativa, bem como alçou a transparência e o controle como pilares a serem observados pela empresa pública, sociedade de economia mista e suas subsidiárias.

5

Sociedade simples

5.1 Introdução

A sociedade simples é a que tem por objeto o exercício de atividade econômica não empresarial. O caso típico de sociedade simples é o das sociedades uniprofissionais – aquelas formadas por profissionais intelectuais (art. 966, parágrafo único, CC).

> Art. 982. Salvo as exceções expressas, considera-se empresária a sociedade que tem por objeto o exercício de atividade própria de empresário sujeito a registro (art. 967); e, simples, as demais.
>
> Parágrafo único. Independentemente de seu objeto, considera-se empresária a sociedade por ações; e, simples, a cooperativa.

A sociedade simples pode ser organizada de várias formas, conforme o art. 983 do CC. Da leitura desse dispositivo depreende-se que ela tem um modelo de organização básico (arts. 997 a 1.038), que chamamos de **"sociedade simples simples"**, mas pode organizar-se segundo alguns tipos societários típicos da sociedade empresária: sociedade limitada, em nome coletivo ou em comandita simples.

Neste tópico, porém, falaremos apenas do tipo puro, **simples simples**.

5.2 Contrato social

A sociedade simples **pura** é uma sociedade contratual, ou seja, caracteriza-se por ser constituída por meio de um contrato social e tem seu regime de constituição e dissolução no CC.

A teoria de Ascarelli defende ser o contrato social um contrato plurilateral que possui as seguintes características:

- O fato de que podem tomar parte do contrato várias pessoas.
- *Affectio societatis*: união dos esforços em torno de um objetivo comum.

O contrato social deve ser escrito, pois os sócios deverão levá-lo a registro no cartório de registro civil de pessoas jurídicas, conforme o art. 1.150. De acordo com o art. 998 do CC, o prazo para efetivação desse registro é de 30 (trinta) dias e deve ser feito no local de sua sede.

O tipo de sociedade em questão pode ter sócios pessoas físicas ou jurídicas. O art. 997, II, diz que o contrato deve prever sua "denominação", mas atenção: a sociedade simples pode usar firma ou denominação, conforme o Enunciado nº 213 da III Jornada de Direito Civil do CJF.

> Enunciado nº 213. O art. 997, inc. II, não exclui a possibilidade de sociedade simples utilizar firma ou razão social.

Quanto ao objeto social, é importante lembrar que a sociedade simples pura, embora exerça atividade econômica e possua finalidade lucrativa, não poderá explorar atividade empresarial, já que nesse caso a sociedade seria empresária.

Atenção!

O contrato social se faz por instrumento particular ou instrumento público, sendo que nas duas hipóteses, pelo Estatuto da Advocacia (art. 1º, § 2º, da Lei nº 8.906/1994), necessita do visto de advogados. Vale salientar que no caso de microempresa e empresa de pequeno porte, a LC nº 123/2006, art. 9º, § 2º, dispensa esse visto.

Para que a sociedade inicie sua respectiva atividade econômica, ou seja, para que ela cumpra seu objeto social, é necessário o aporte de recursos por parte dos sócios, os quais, então, precisam entregar-lhe determinadas importâncias, que corresponderão ao chamado capital social, podendo este ser definido como o montante de contribuições dos sócios para a sociedade, a fim de que ela possa cumprir seu objeto social.

Definido o capital social da sociedade, deve o contrato social mencionar ainda "a quota de cada sócio no capital social, e o modo de realizá-la" (art. 997, IV). Da leitura desse dispositivo percebe-se que numa sociedade simples o capital é dividido em quotas, e todos os sócios têm o dever de **subscrever** parcela do capital social e de **integralizar** essa parcela subscrita, sendo tal dever um verdadeiro requisito de validade do contrato social.

A contribuição do sócio pode ser feita de diversas formas: com bens móveis, imóveis, materiais, imateriais e até mesmo serviços, de acordo com o art. 997, V, e o Enunciado nº 206 da III Jornada de Direito Civil do CJF:

Enunciado nº 206. Arts. 981, 983, 997, 1.006, 1.007 e 1.094: A contribuição do sócio exclusivamente em prestação de serviços é permitida nas sociedades cooperativas (art. 1.094, I) e nas sociedades simples propriamente ditas (art. 983, 2ª parte).

Se o sócio integralizar sua quota com transferência de bens, estes devem ser suscetíveis de avaliação pecuniária, respondendo o sócio pela evicção; se integralizar com transferência de créditos, responde pela solvência do devedor (art. 1.005). Por outro lado, se integralizar por prestação de serviço, não pode o sócio, salvo convenção, empregar-se em atividade estranha à sociedade, sob pena de ser privado de seus lucros e dela ser excluído (art. 1.006).

Se o sócio não integralizar a quota no tempo estabelecido, será considerado remisso, podendo os sócios (arts. 1.004 e 1.031, § 1º, CC):

- cobrar indenização pela mora;
- reduzir a quota ao montante já realizado (obs.: nesse caso, as cotas faltantes devem ser integralizadas pelos outros sócios ou por um terceiro ou, ainda, pode ser reduzido o capital social da sociedade);
- excluir o sócio remisso por deliberação da maioria restante, devolvendo o montante que o sócio eventualmente já tenha contribuído.

5.3 Administração da sociedade simples

Embora seja uma pessoa jurídica, ente ao qual o ordenamento confere personalidade jurídica e, consequentemente, capacidade de ser sujeito de direitos e deveres, ela não possui vontade. Sendo assim, as sociedades atuam por intermédio de seus respectivos administradores, que são os seus legítimos representantes legais (para os adeptos da teoria da representação); ou, como preferem alguns, seus **presentantes legais** (para os adeptos da teoria orgânica).

As sociedades contratuais não podem ser administradas por pessoas jurídicas, pois o inciso VI do art. 997 do CC usa a expressão pessoas naturais para se referir aos administradores. Ressalte-se que a atividade do administrador é **personalíssima**, sendo permitida apenas a delegação de certas atividades a mandatários (art. 1.018), devendo o contrato social dispor explicitamente sobre poderes e atribuição do respectivo mandatário.

O art. 1.011, § 1º, do CC, traz rol de sujeitos impedidos de exercer a função de administrador, valendo sua integral reprodução:

> Art. 1.011 (...)
>
> § 1º Não podem ser administradores, além das pessoas impedidas por lei especial, os condenados à pena que vede, ainda que temporariamente, o acesso a cargos públicos; ou por crime falimentar, de prevaricação, peita ou suborno, concussão, peculato; ou contra a economia popular, contra o sistema financeiro nacional, contra as normas de defesa da concorrência, contra as relações de consumo, a fé pública ou a propriedade, enquanto perdurarem os efeitos da condenação.

O administrador pode ser nomeado no contrato social ou em ato fora dele. Os poderes daquele nomeado no bojo do contrato social, caso seja sócio, são, em princípio, irrevogáveis, salvo por decisão judicial que reconheça a ocorrência de justa causa para a revogação. Em contrapartida, os poderes do administrador não sócio ou de administrador designado em ato separado, sócio ou não, são revogáveis a qualquer tempo (art. 1.019, CC).

Destaca-se que não é mais necessária a previsão do contrato social possibilitando o não sócio como o administrador, bastando apenas a aprovação dos sócios. O quórum dependerá se o capital social está totalmente integralizado ou se ele não está totalmente integralizado (art. 1.061, CC):

- se o capital social estiver totalmente integralizado, exige-se o quórum de 2/3 para aprovar como administrador um não sócio;
- se o capital não estiver integralizado, depende da unanimidade dos sócios.

E se o contrato social não designar o administrador da sociedade? Nesse caso, a administração da sociedade caberá separadamente a cada um dos sócios: cada um pode impugnar a operação pretendida pelo outro, cabendo a decisão por maioria dos votos.

Atenção!

Responde por perdas e danos perante a sociedade o administrador que realizar operação sabendo ou devendo saber que estava agindo em desacordo com a maioria. É o que preleciona o art. 1.013, § 2º, do CC.

E se o contrato designar o administrador, mas não os poderes dele? Nada dispondo o contrato social, entende-se que os administradores podem praticar todos e quaisquer atos pertinentes à gestão da sociedade, **salvo** oneração ou alienação de bens imóveis, o que só poderão fazer se tais atos constituírem objeto da própria sociedade, segundo o art. 1.015 do CC.

Em princípio, os atos praticados pelo administrador são de responsabilidade da sociedade. Entretanto, se o administrador agir com dolo ou culpa no desempenho de suas funções, aplica-se o art. 1.016 do CC, *in verbis*:

> Art. 1.016. Os administradores respondem solidariamente perante a sociedade e os terceiros prejudicados, por culpa no desempenho de suas funções.

No caso de excesso de poder, a questão era resolvida segundo o disposto no art. 1.015, parágrafo único, do CC:

> Art. 1.015. (...)
>
> Parágrafo único. O excesso por parte dos administradores somente pode ser oposto a terceiros se ocorrer pelo menos uma das seguintes hipóteses:
>
> I – se a limitação de poderes estiver inscrita ou averbada no registro próprio a sociedade;
>
> II – provando-se que era conhecida do terceiro;
>
> III – tratando-se de operação evidentemente estranha aos negócios da sociedade.

O inciso III sustentava a **teoria *ultra vires*** (além das forças), surgida no direito inglês há bastante tempo. Segundo essa teoria, se o administrador celebra contrato assumindo obrigações, em nome da sociedade, em operações evidentemente estranhas ao seu objeto social, presume-se que houve excesso de poderes. Entende-se que bastaria ao credor diligente atentar para a compatibilidade entre a relação jurídica travada com determinada sociedade e o seu respectivo objeto social.

Ressalte-se, entretanto, que a teoria *ultra vires*, depois de surgir na Inglaterra e nos Estados Unidos, foi sendo gradativamente abandonada. Atualmente, adota-se na Europa a regra de que a sociedade responde perante terceiros de boa-fé ainda que o administrador da sociedade tenha agido com excesso de poderes, ficando ressalvado o direito de regresso contra o administrador.

Diante disso, o Brasil foi na contramão da evolução europeia ao adotar a teoria *ultra vires* no Código Civil de 2002.

Interpretando o art. 1.015, parágrafo único, III, do CC, foi editado o Enunciado nº 219 da III Jornada de Direito Civil do CJF, entendendo-se que o CC realmente adotou a teoria do ato *ultra vires*, mas com as seguintes ressalvas:

> (a) o ato *ultra vires* não produz efeito apenas em relação à sociedade; (b) sem embargo, a sociedade poderá, por meio de seu órgão deliberativo, ratificá-lo; (c) o Código Civil amenizou o rigor da teoria *ultra vires*, admitindo os poderes implícitos dos administradores para realizar negócios acessórios ou conexos ao objeto social, os quais não constituem operações evidentemente estranhas aos negócios da sociedade; (d) não se aplica o art. 1.015 às sociedades por ações, em virtude da existência de regra especial de responsabilidade dos administradores (art. 158, II, Lei nº 6.404/1976).

Já na I Jornada de Direito Comercial, foi editado o Enunciado nº 11 para determinar que:

> a regra do art. 1.015, parágrafo único, do Código Civil deve ser aplicada à luz da **teoria da aparência** e do **primado da boa-fé objetiva**, de modo a prestigiar a segurança do tráfego negocial. As sociedades se obrigam perante terceiros de boa-fé. (Grifos nossos.)

A Lei nº 14.195/2021, atendendo aos anseios da doutrina, revogou expressamente o parágrafo único do art. 1.015 do Código Civil, de modo que não mais subsiste em nosso ordenamento jurídico a teoria *ultra vires*.

5.4 Distribuição dos resultados

Já dissemos mais de uma vez que é característica de qualquer sociedade o exercício de atividade econômica, o escopo lucrativo e a partilha dos resultados. Assim, da mesma forma que todos os sócios devem contribuir para a formação do capital social, todos eles devem participar dos resultados sociais: é **vedada, e nula, portanto, a cláusula leonina que exclua o sócio de participar dos lucros e perdas da sociedade**.

O legislador, contudo, não estabeleceu como será feita essa divisão, deixando para os sócios. Se eles assim não o fizerem, o sócio participa dos lucros e das perdas "na proporção das respectivas quotas, mas aquele, cuja contribuição consiste em serviços, somente participa dos lucros na proporção média do valor das quotas" (art. 1.007).

Por derradeiro, *vide* o conclusivo art. 1.009:

> Art. 1.009. A distribuição de lucros ilícitos ou fictícios acarreta responsabilidade solidária dos administradores que a realizarem e dos sócios que os receberem, conhecendo ou devendo conhecer-lhes a ilegitimidade.

5.5 Responsabilidade dos sócios na Sociedade Simples

É o contrato social que define o tipo de responsabilidade (limitada ou ilimitada e solidária ou subsidiária):

Art. 997. A sociedade constitui-se mediante contrato escrito, particular ou público, que, além de cláusulas estipuladas pelas partes, mencionará:

(...)

VIII – se os sócios respondem, ou não, subsidiariamente, pelas obrigações sociais.

Estabelece o art. 1.023 do CC que "se os bens da sociedade não lhe cobrirem as dívidas, respondem os sócios pelo saldo, na proporção em que participem das perdas sociais, **salvo** cláusula de responsabilidade solidária" (grifos nossos).

E se o contrato social da sociedade simples for omisso e não disser nada acerca da responsabilidade dos sócios?

Quando o contrato social é omisso, a responsabilidade será subsidiária e ilimitada: subsidiária, pois primeiro se executa os bens sociais, e ilimitada, pois, ainda que seja apenas o saldo, as dívidas da sociedade podem recair sobre o patrimônio pessoal dos sócios (arts. 1.023 e 1.024, CC).

Por fim, destaque-se:

Art. 1.025. O sócio, admitido em sociedade já constituída, não se exime das dívidas sociais anteriores à admissão.

5.6 Alteração do contrato social

O contrato social não é imutável, podendo ser alterado conforme a vontade dos sócios. Caso a alteração seja referente a alguma matéria relacionada no art. 997 do CC (cláusulas obrigatórias em sociedade simples), a modificação do contrato dependerá de aprovação unânime; se forem outros temas, por exemplo, fixação de *pro labore* – que é a remuneração do administrador –, dependerá de maioria absoluta, salvo disposição em contrato.

5.7 Cessão de cotas

Cessão de cotas é a transferência da qualidade de sócio para um terceiro ou para outro sócio. Para se falar de transferência é necessário (art. 1.003):

- modificação do contrato social;
- aprovação da unanimidade dos sócios.

Não atendidas as regras, a cessão será ineficaz.

Cuidado especial com a regra do parágrafo único: "**até dois anos depois de averbada** a modificação do contrato, responde o cedente solidariamente com o cessionário, perante a sociedade e terceiros, pelas obrigações que tinha como sócio" (grifos nossos). A responsabilidade, contudo, restringe-se às obrigações sociais contraídas no período em que ele ainda ostentava a qualidade de sócio, ou seja, antes da sua retirada da sociedade (STJ, 3ª Turma, REsp 1.537.521/RJ, Rel. Min. Ricardo Villas Bôas Cueva, julgado em 05.02.2019).

Da mesma forma, a morte do sócio **não exime** seus herdeiros da responsabilidade pelas obrigações sociais anteriores, até dois anos após averbada a resolução da sociedade; nem nos dois casos pelas posteriores e em igual prazo, enquanto não se requerer a averbação (art. 1.032, CC).

> Art. 1.032. A retirada, exclusão ou morte do sócio, não o exime, ou a seus herdeiros, da responsabilidade pelas obrigações sociais anteriores, até dois anos após averbada a resolução da sociedade; nem nos dois primeiros casos, pelas posteriores e em igual prazo, enquanto não se requerer a averbação.

5.8 Direitos e deveres dos sócios

- Participação nos lucros e nas perdas da sociedade, podendo a distribuição, como já visto, ser proporcional ou não ao percentual de quotas.
- Direito de participar das deliberações sociais.

   Essas decisões podem ser tomadas em reunião e assembleia, devendo observar a regra do art. 1.010 do CC. O voto será tomado de acordo com o valor das quotas de cada um.

   E se houver empate? Atender-se-á, sucessivamente, aos seguintes critérios de desempate (§ 2°): 1. Número de sócios; 2. Decisão judicial.

   Cita-se aqui também o art. 1.010, § 3°, do CC:

   > Responde por perdas e danos o sócio que, tendo em alguma operação interesse contrário ao da sociedade, participar da deliberação que a aprove graças a seu voto.

- **Direito de retirada (recesso):** é a possibilidade que o sócio tem de sair da sociedade, de não figurar mais no respectivo quadro social. Esse assunto deve estar em consonância com o art. 1.029 do CC. Inicialmente tem-se que analisar se a sociedade tem prazo determinado ou indeterminado:
   - ☐ Se sociedade por prazo determinado: o sócio só pode sair se provar justa causa, e tal for provado judicialmente.
   - ☐ Se sociedade por prazo indeterminado: não precisa o sócio retirante de justa causa, todavia, deve fazer uma notificação da sua saída aos demais sócios com antecedência mínima de 60 (sessenta) dias.

   > Art. 1.029. Além dos casos previstos na lei ou no contrato, qualquer sócio pode retirar-se da sociedade; se de prazo

indeterminado, mediante notificação aos demais sócios, com antecedência mínima de sessenta dias; se de prazo determinado, provando judicialmente justa causa.

Parágrafo único. Nos trinta dias subsequentes à notificação, podem os demais sócios optar pela dissolução da sociedade.

STJ – Informativo nº 595 – dissolução parcial da sociedade: na hipótese em que o sócio de sociedade limitada constituída por tempo indeterminado exerce o direito de retirada por meio de inequívoca e incontroversa notificação aos demais sócios, a data-base para apuração de haveres é o termo final do prazo de 60 dias, estabelecido pelo art. 1.029 do CC/2002.

5.9 Exclusão de sócio

Art. 1.030. Ressalvado o disposto no art. 1.004 e seu parágrafo único, pode o sócio ser excluído judicialmente, mediante iniciativa da maioria dos demais sócios, por falta grave no cumprimento de suas obrigações, ou, ainda, por incapacidade superveniente.

Parágrafo único. Será de pleno direito excluído da sociedade o sócio declarado falido, ou aquele cuja quota tenha sido liquidada nos termos do parágrafo único do art. 1.026.

O art. 1.030 do CC fala em dois tipos de exclusão:

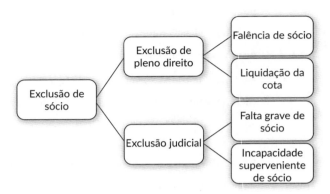

5.10 Apuração de haveres

Apuração de haveres é o pagamento da sociedade ao sócio excluído no tocante ao seu patrimônio social:

Art. 1.031. Nos casos em que a sociedade se resolver em relação a um sócio, o valor da sua quota, considerada pelo montante efetivamente realizado, liquidar-se-á, salvo disposição contratual em contrário, com base na situação patrimonial da sociedade, à data da resolução, verificada em balanço especialmente levantado.

§ 1º O capital social sofrerá a correspondente redução, salvo se os demais sócios suprirem o valor da quota.

§ 2º A quota liquidada será paga em dinheiro, no prazo de noventa dias, a partir da liquidação, salvo acordo, ou estipulação contratual em contrário.

Atenção!

A sociedade simples que instituir sucursal, filial ou agência na circunscrição de outro Registro Civil das Pessoas Jurídicas, neste deverá também inscrevê-la, com a prova da inscrição originária. Mas atenção: em qualquer caso, a constituição da sucursal, filial ou agência deverá ser averbada no Registro Civil da respectiva sede (art. 1.000).

5.11 Tentativa de unificar o tratamento entre sociedade simples e sociedade empresária

Ao aprovar a Medida Provisória nº 1.040/2021, que culminou na Lei nº 14.195/2021, o Congresso Nacional inseriu regras que acabavam com a sociedade simples, mas o trecho foi vetado pela Presidência da República, ficando mantidas as distinções entre as sociedades simples e as sociedades empresárias.

6

Sociedades não personificadas

6.1 Noções iniciais

O Código Civil trata de dois entes que, apesar de se aproximarem do modelo empresarial, jamais possuirão personalidade jurídica. Cuida-se do que o Código Civil convencionou denominar "sociedades não personificadas".

Trabalha o Código Civil com duas espécies de sociedades não personificadas: a sociedade em comum e a sociedade em conta de participação.

Antes de adentrarmos nas regras específicas de cada espécie, necessário lembrar o disposto no Enunciado nº 208 da III Jornada de Direito Civil, segundo o qual:

> as normas do Código Civil para as sociedades em comum e em conta de participação são aplicáveis independentemente de a atividade dos sócios, ou do sócio ostensivo, ser ou não própria de empresário sujeito a registro (distinção feita pelo art. 982 do Código Civil entre sociedade simples e empresária).

6.2 Sociedade em comum

É aquela que ainda não inscreveu seus atos constitutivos no respectivo registro, o que se extrai da redação do art. 986 do Código Civil, de acordo com a qual:

> [e]nquanto não inscritos os atos constitutivos, reger-se-á a sociedade, exceto por ações em organização, pelo disposto neste Capítulo, observadas, subsidiariamente e no que com ele forem compatíveis, as normas da sociedade simples.

Para André Santa Cruz (2021, p. 173), é necessária a seguinte distinção: **a)** sociedade em comum: aquela que ainda não inscreveu seus atos constitutivos no registro competente; **b)** sociedade de fato: sequer possui contrato escrito e já se encontra exercendo suas atividades, não havendo nenhum indício de que seus sócios pretendam realizar a inscrição; **c)** sociedade irregular: é aquela que detém contrato escrito e registrado, mas que apresenta irregularidade superveniente ao registro. Embora as regras do Código Civil se destinem prioritariamente às sociedades em comum, nada impede que haja a aplicação analógica de tais disposições às sociedades de fato e às sociedades irregulares (Enunciado n° 383 da IV Jornada de Direito Civil).

Nas relações entre si ou com terceiros, os sócios somente por escrito podem provar a existência da sociedade. Os terceiros, no entanto, podem provar a existência da sociedade de qualquer modo (art. 987).

De acordo com o art. 988 do CC, "os bens e dívidas sociais constituem patrimônio especial, do qual os sócios são titulares em comum". Por patrimônio especial, entende-se como sendo aquele afetado ao exercício da atividade, garantidor de terceiro, e de titularidade dos sócios em comum (Enunciado nº 210 da III Jornada de Direito Civil).

Os sócios respondem solidária e ilimitadamente pelas obrigações sociais, sendo excluído do benefício de ordem aquele que contratou pela sociedade (art. 990). Ou seja: primeiro se executam os bens do patrimônio especial, e somente após os credores poderão se voltar contra os bens pessoais dos sócios, exceto se em face do sócio que contratou pela sociedade, cujos bens pessoais já respondem de imediato.

Além disso, os bens sociais respondem pelos atos de gestão praticados por qualquer dos sócios, salvo pacto expresso limitativo de poderes, que somente terá eficácia contra o terceiro que o conheça ou deva conhecer (art. 989).

6.3 Sociedade em conta de participação

Na sociedade em conta de participação existem dois tipos de sócios: a) o sócio ostensivo, que é aquele quem de fato exerce a atividade perante terceiros; e b) o **sócio oculto** ou participante, que apenas participa dos resultados. Aliás, outra não é a redação do art. 991 do CC:

> na sociedade em conta de participação, a atividade constitutiva do objeto social é exercida unicamente pelo sócio ostensivo, em seu nome individual e sob sua própria e exclusiva responsabilidade, participando os demais dos resultados correspondentes.

Perante terceiros somente se obriga o sócio ostensivo. O sócio participante obriga-se apenas perante o ostensivo, nos termos do contrato social (art. 991, parágrafo único). Vale frisar que o sócio participante não pode tomar parte nas relações do sócio ostensivo com terceiros, sob pena de responder solidariamente com este pelas obrigações em que intervier. Cabe a ele, apenas, o direito de fiscalizar a gestão dos negócios sociais (art. 993, parágrafo único).

"A constituição da sociedade em conta de participação independe de qualquer formalidade e pode provar-se por todos os meios de direito" (art. 992), sendo que "o contrato social produz efeito somente entre os sócios, e a eventual inscrição de seu instrumento em qualquer registro não confere personalidade jurídica à sociedade" (art. 993). E, "salvo estipulação em contrário, o sócio ostensivo não pode admitir novo sócio sem o consentimento expresso dos demais" (art. 995).

"A contribuição do sócio participante constitui, com a do sócio ostensivo, patrimônio especial, objeto da conta de participação relativa aos negócios sociais" (art. 994, *caput*). Todavia, "a especialização patrimonial somente produz efeitos em relação aos sócios" (art. 994, § 1º). Em caso de falência do sócio ostensivo, a sociedade é dissolvida, com a liquidação da respectiva conta, cujo saldo constituirá crédito quirografário (art. 994, § 2º). Lado outro, "falindo o sócio participante, o contrato social fica sujeito às normas que regulam os efeitos da falência nos contratos bilaterais do falido" (art. 994, § 3º).

Nos termos do art. 996, "aplica-se à sociedade em conta de participação, subsidiariamente e no que com ela for compatível, o disposto para a sociedade simples, e a sua liquidação rege-se pelas normas relativas à prestação de contas, na forma da lei processual". E, "havendo mais de um sócio ostensivo, as respectivas contas serão prestadas e julgadas no mesmo processo" (art. 996, parágrafo único).

7

Tipos societários

7.1 Sociedade em nome coletivo

Pode ser simples ou empresária.

É uma sociedade contratual, ou seja, constituída na forma de contrato social, obedecendo às regras do CC.

Apenas pessoas físicas podem ser sócias, nos termos do art. 1.039 do CC.

A principal característica dessa sociedade é a responsabilidade ilimitada dos sócios que a compõem, ou seja, esgotado o patrimônio da sociedade, seus credores podem executar o restante das dívidas sociais no patrimônio pessoal dos sócios, conforme o art. 1.039 do CC:

> Art. 1.039. Somente pessoas físicas podem tomar parte na sociedade em nome coletivo, respondendo todos os sócios, solidária e ilimitadamente, pelas obrigações sociais.
>
> Parágrafo único. Sem prejuízo da responsabilidade perante terceiros, podem os sócios, no ato constitutivo, ou por unânime convenção posterior, limitar entre si a responsabilidade de cada um.

Atenção!

A limitação de responsabilidade que os sócios podem estabelecer produz efeitos somente entre eles, e não perante terceiros.

Sendo uma sociedade contratual, assim como a sociedade limitada, a sociedade em nome coletivo é regida, subsidiariamente, pelas normas da sociedade simples. Ademais, conforme disposto:

a) adota sempre firma social;

b) não se admite participação de incapazes, eis que os sócios têm contribuição não só pessoal como patrimonial e os incapazes não podem se obrigar;

c) o sócio tem ampla liberdade para disciplinar relações sociais;

d) é uma sociedade de pessoas, dependendo de consentimento dos demais sócios a entrada de estranhos ao capital social;

e) sua administração compete aos próprios sócios, não se admitindo a designação de não sócio para o desempenho de tal *mister*.

A administração da sociedade compete exclusivamente aos sócios, sendo o uso da firma, nos limites do contrato, privativo dos que tenham os necessários poderes (art. 1.042 do CC/2002). Qualquer sócio pode ser gerente ou administrador.

O quórum de deliberação é o mesmo da sociedade simples. A sociedade se dissolve pelas causas previstas no art. 1.033 do CC/2002 (a sociedade simples) e, se for empresária, também pela declaração de falência (art. 1.044 do CC/2002).

O credor particular de sócio não pode, antes de dissolver-se a sociedade, pretender a liquidação da quota do devedor; contudo, poderá fazê-lo quando (art. 1.043 do CC/2002):

■ A sociedade tiver sido prorrogada tacitamente (caso de sociedade por prazo determinado).

■ Se a prorrogação ocorreu mediante termo aditivo ao contrato social, o credor poderá, no prazo de 90 dias contado da publicação do termo, opor uma ação judicial.

7.2 Sociedade em comandita simples

Foi o primeiro tipo societário que trouxe responsabilidade mista para os sócios.

Existem dois tipos de sócios (art. 1.045 do CC/2002):

■ **Comanditado**: somente pessoas físicas, responsáveis solidária e ilimitadamente pelas obrigações sociais. Somente esse tipo pode ser administrador e integrar a firma ou razão social da sociedade.

■ **Comanditário**: obrigados somente pelo valor de sua quota (responsabilidade limitada). Pode ser pessoa física ou jurídica. Não pode praticar atos de gestão (art. 1.047, parágrafo único, do CC/2002) nem dar nome à sociedade, sob pena de a sua responsabilidade tornar-se ilimitada (art. 1.157, parágrafo único, do CC/2002). Pode fiscalizar a sociedade, participar nas deliberações e ser constituído procurador da sociedade para negócio determinado e com poderes especiais. Morrendo sócio comanditário, a sociedade continuará com os seus sucessores, que designarão quem os representará, salvo disposição em contrário no contrato social (art. 1.050 do CC/2002).

Atenção!

Sempre a responsabilidade dos sócios será subsidiária em relação à responsabilidade da sociedade.

Todos os sócios devem figurar no contrato social de forma discriminada (art. 1.045, parágrafo único, do CC/2002), mas somente o(s) sócio(s) comanditado(s) pode(m) integrar a firma ou razão social.

Pode optar por firma ou denominação.

Além das causas enumeradas no art. 1.033 do CC/2002 e da falência, "dissolve-se de pleno direito a sociedade: (...) II – quando por mais de cento e oitenta dias perdurar a falta de uma das categorias de sócios" (art. 1.051).

Em acréscimo, nos termos do art. 1.051, parágrafo único, do CC/2002, "Na falta de sócio comanditado, os comanditários nomearão administrador provisório para praticar, durante o período referido no inciso II [180 dias] e sem assumir a condição de sócio, os atos de administração".

Aplicam-se à sociedade em comandita simples as normas da sociedade em nome coletivo e, se esta for omissa, as normas referentes à sociedade simples (art. 1.046 c/c o art. 1.040 do CC/2002).

7.3 Sociedade em comandita por ações

Está prevista no CC/2002 (arts. 1.090 a 1.092 do CC/2002) e na Lei de Sociedade por ações (LSA, arts. 280 a 284), sendo que os dispositivos legais são compatíveis entre si.

É uma sociedade de capital e regida por estatuto (institucional) de responsabilidade mista. O seu capital está dividido em ações, regendo-se subsidiariamente pelas normas relativas à sociedade anônima (art. 1.090 do CC/2002 e art. 280 da LSA). Por força da Medida Provisória nº 1.085, de 27 de dezembro de 2021, que alterou o art. 1.161 do CC, poderá adotar como nome empresarial tanto a firma composta somente pelo nome dos diretores quanto denominação com indicação facultativa do objeto social, acompanhada da expressão "Comandita por ações", por extenso ou abreviadamente "C/A". Antes da MP nº 1.085, era obrigatória a indicação do objeto social.

Possuem dois tipos de **sócios** de acordo com a sua **responsabilidade:**

- **Acionista:** responsabilidade limitada ao preço da emissão das ações subscritas. Não pode ser administrador.
- **Diretor:** responsável pela administração da sociedade, respondendo de forma ilimitada e subsidiariamente. Se houver mais de um, serão solidariamente responsáveis pelas obrigações sociais (art. 1.091, § 1º, do CC/2002). Terceiro não pode ser administrador.

Os diretores devem ser nomeados no estatuto social, sem limitação de tempo, e só podem ser destituídos de seus cargos por voto de, no mínimo, 2/3 do capital social. Destituído ou exonerado, o diretor continua, por 2 anos, responsável pelas obrigações sociais contraídas sob sua administração (art. 1.091, §§ 2º e 3º, do CC/2002).

Ao contrário da sociedade anônima, "a assembleia geral não pode, sem o consentimento dos diretores, mudar o objeto essencial da sociedade, prorrogar-lhe o prazo de duração, aumentar ou diminuir o capital social, criar debêntures, ou partes beneficiárias" (art. 1.092 do CC/2002). Isto é, não pode agravar a situação do diretor.

7.4 Sociedade limitada

7.4.1 Características

Elenca-se como principais características da sociedade limitada as seguintes:

- sociedade simples ou empresária;
- sociedade contratual (ato constitutivo é um contrato social). É uma das três sociedades personificadas contratuais, junto com a sociedade em nome coletivo e sociedade em comandita simples;
- pode assumir feição personalista ou capitalista;
- legislação aplicável: CC, arts. 1.052 e seguintes. Quando o capítulo específico do CC for omisso, aplicam-se as regras de sociedade simples, salvo se no contrato social houver previsão de aplicação das normas da LSA (art. 1.053, parágrafo único, CC).

7.4.2 Constituição da sociedade limitada

É constituída, como visto, por meio de contrato social (sociedade contratual), que exige, para ter plena validade, o preenchimento de certos requisitos e pressupostos.

a) Requisitos comuns de validade do contrato:

- **Agente capaz**: a Lei nº 12.399/2011 incluiu no CC autorização para que o incapaz seja sócio de sociedade limitada, desde que atendidos de forma conjunta os seguintes pressupostos:

- o sócio incapaz não pode exercer a administração da sociedade;
- o capital social deve ser totalmente integralizado;
- o sócio relativamente incapaz deve ser assistido e o absolutamente incapaz deve ser representado por seus representantes legais.

■ **Objeto lícito.**
■ **Forma legal.**

b) Requisitos especiais (específicos):

■ **Contribuição dos sócios (art. 1.055)**: o capital social é dividido em quotas (cotas), que são as unidades do capital social. As quotas podem ser iguais ou desiguais, podendo ter valores diferentes. Essas cotas podem ser integralizadas com bens, dinheiro ou cheque, sendo vedada a contribuição ao capital social por meio de prestação de serviços (art. 1.055, § 2º).

Atenção!

"Pela exata estimação de bens conferidos ao capital social respondem solidariamente todos os sócios, até o prazo de cinco anos da data do registro da sociedade" (art. 1.055, § 1º, CC). Se integralizar com bem imóvel, será transferido para a sociedade e, por disposição constitucional, não haverá incidência do ITBI (art. 156, II c/c § 2º, I, CF/1988).

"Capital Aguado" surge quando os sócios integralizam com bens os supervalorizando, apresentando uma discrepância entre o valor real do patrimônio integralizado e o valor nominal do capital social.

■ **Distribuição dos lucros**: é nula a estipulação contratual que exclua qualquer sócio de participar dos lucros e das perdas.

c) Pressupostos de existência:

- **Pluralidade de sócios** (pressuposto clássico, mas superado): a sociedade limitada pode ser unipessoal. A Lei n° 13.874/2019 acrescentou o § 1° ao art. 1.052 do CC para permitir que a LTDA seja constituída por uma única pessoa.

Atenção!

É admitida a sociedade marital, exceto se o regime de bens for o de comunhão universal ou de separação obrigatória. A sociedade entre cônjuges era permitida antes do CC/2002. O parecer jurídico n° 125/2003 do DNRC (Departamento Nacional de Registro de Comércio), bem como o Enunciado n° 204 da III Jornada de Direito Civil, afirmam que a proibição prevista no art. 977 só se aplica a sociedades constituídas após a entrada em vigor do CC/2002. As sociedades já constituídas nessa forma podem assim permanecer, em razão da proteção ao ato jurídico perfeito e ao direito adquirido.

Minoria doutrinária dizia que a regra do art. 977 só se aplica à sociedade empresária, não se aplicando à sociedade simples. Isso porque o artigo estava dentro do capítulo do Direito de Empresa. Entretanto, no REsp 1.058.165/RS foi pacificado que se aplica a todas as sociedades.

- ***Affectio societatis***: consiste na disposição dos sócios em formar e manter a sociedade uns com os outros.

7.4.3 Responsabilidade dos sócios

De acordo com o art. 1.052 do CC, "na sociedade limitada, a responsabilidade de cada sócio é restrita ao valor de suas quotas, mas todos respondem solidariamente pela integralização do capital social".

O limite da responsabilidade do sócio, na sociedade limitada, é o total do capital subscrito e não integralizado. Ou seja, o sócio é responsável pela integralização. Uma vez integralizado o total do valor subscrito, a responsabilidade pessoal do sócio termina.

Atenção!

Capital subscrito é aquele em que o sócio se compromete a entregar à sociedade. Capital integralizado é o capital efetivamente entregue à sociedade.

Sócio remisso é aquele que não integraliza total ou parcialmente suas cotas sociais (aquele que não integraliza o total do capital subscrito).

Destarte, diante da remissão do sócio, podem os demais decidirem sobre a adoção de uma das seguintes providências:

- **Cobrança do valor não integralizado:** ação de execução, sendo o contrato social o título executivo, desde que assinado por duas testemunhas.
- **Exclusão do sócio.**
- **Redução da cota do sócio:** se o sócio "C" integraliza apenas 10 mil dos 24 mil subscritos, sua cota baixa de 24 para 10 mil. Nesse caso, podem os demais sócios integralizar a cota em substituição, repassá-la a terceiros ou reduzir o capital social.

Se um dos sócios deixa de integralizar suas cotas, os demais respondem solidariamente sobre o que foi subscrito e não integralizado pelo sócio remisso. Há direito de regresso contra o sócio remisso.

É por isso que o CC só permite que o incapaz seja sócio em sociedade limitada com capital totalmente integralizado, pois, do contrário, poderia ser cobrado pelo valor não integralizado pelo sócio remisso.

A regra da limitação da responsabilidade dos sócios da sociedade limitada comporta **exceções**, vale dizer, existem situações nas quais o sócio da limitada tem responsabilidade, em verdade, **ilimitada**, respondendo com seu patrimônio pela totalidade das dívidas sociais. São as seguintes situações:

- **Dívidas trabalhistas**: nesse caso, a dívida não se restringe ao valor da cota, mas também atinge o patrimônio pessoal dos sócios.
- **Dívidas com o INSS**.
- **Casos de desconsideração da personalidade jurídica**.
- **Quando a sociedade não for levada a registro ou este tiver sido cancelado**.
- **Violação da regra do art. 977 do CC (limitação da sociedade entre cônjuges)**.

Nessas hipóteses, **todos os sócios** respondem de forma subsidiária (benefício de ordem), mas ilimitadamente.

Em outras situações, também há mitigação da regra que limita a responsabilidade dos sócios. Entretanto, nesses casos a responsabilidade não recairá sobre a totalidade de sócios. Vejamos quais são essas situações:

- De acordo com o art. 1.080 do CC, a responsabilidade ilimitada não é de **todos** os sócios, mas só daqueles que deliberaram contra a lei ou contra o contrato.
- No caso de dívidas tributárias (art. 135, III, do CTN), a responsabilidade ilimitada recai pessoalmente sobre o Administrador da Sociedade (somente ele), em caso de ex-

cesso de poderes, infração à lei ou a contrato social. Não é tecnicamente um caso de desconsideração de pessoa jurídica, mas sim de imputação direta de responsabilidade.

A regra é a mesma para a dívida tributária resultante da Seguridade Social (a Lei nº 8.620/1993 tentou criar regra específica, ampliando a responsabilidade dos administradores etc., entretanto, o STJ a considerou desprovida de aplicabilidade).[1]

Mas a falta de pagamento de tributo não seria, por si só, uma infração à lei, de modo a sempre ensejar a responsabilidade ilimitada do administrador? Segundo o STJ, quando a sociedade deixa de pagar a dívida por não ter recursos suficientes, diz que há **inadimplência**. Nesse caso, o Administrador não responde pessoalmente pela dívida. Quando a sociedade tem recursos, mas não paga os tributos por outros motivos, diz que há **sonegação**. Nesse caso, o Administrador responde pessoalmente. Dessa forma, pode-se afirmar que o mero inadimplemento tributário **não** acarreta a responsabilidade do sócio.

Ressalta-se que a Súmula nº 435 do STJ acrescentou como mais uma hipótese **a dissolução irregular da sociedade**.

> Súmula nº 435, STJ. Presume-se dissolvida irregularmente a empresa que deixar de funcionar no seu domicílio sem comunicação aos órgãos competentes, legitimando o redirecionamento da execução fiscal para o sócio-gerente.

Se o nome do sócio consta também da CDA, não se trata de típico redirecionamento, e o ônus da prova de inexistência de infração de lei, contrato social ou estatuto é do sócio, eis que a CDA goza de presunção de liquidez e certeza.

---

[1] AgRg no REsp 1.153.333/SC, Rel. Min. Luiz Fux, 1ª Turma, julgado em 21.09.2010, DJe 05.10.2010.

- Art. 1.003, parágrafo único. Cessão de cotas.

    Art. 1.003. (...)

    Parágrafo único. Até dois anos depois de averbada a modificação do contrato, responde o cedente solidariamente com o cessionário, perante a sociedade e terceiros, pelas obrigações que tinha como sócio.

    Para o STJ, a correta interpretação dos arts. 1.003, parágrafo único, 1.032 e 1.057, parágrafo único, do Código Civil é a de que, na hipótese de cessão de quotas sociais, a responsabilidade do cedente pelo prazo de até dois anos após a averbação da respectiva modificação contratual restringe-se às obrigações sociais contraídas no período em que ele ainda ostentava a qualidade de sócio, ou seja, antes da sua retirada da sociedade (STJ, 3ª Turma, REsp 1.537.521/RJ, Rel. Min. Ricardo Villas Bôas Cueva, julgado em 05.02.2019).

- Art. 1.025. "O sócio, admitido em sociedade já constituída, não se exime das dívidas sociais anteriores à admissão".

    Quando o sujeito entra na sociedade, deve estar ciente das dívidas, pois certamente irá responder por elas, nos limites de suas cotas, obviamente.

7.4.4 Capital social

É dividido em quotas que podem ser iguais ou desiguais. Em relação à sociedade, ela é indivisível, salvo para efeito de transferência.

O capital social da sociedade limitada poderá ser aumentado ou reduzido, desde que observadas as prescrições legais e aquelas contidas no contrato social.

O aumento somente será possível após a integralização total do capital social. Em razão desse aumento, haverá uma alteração do contrato social, que deverá ser averbada no registro da empresa na Junta Comercial (art. 1.081 do CC).

Em caso de aumento, os sócios terão direito de preferência na subscrição de novas quotas, de modo que possam manter a participação societária que possuíam anteriormente. Esses sócios terão um prazo de trinta dias, a contar da deliberação, para o exercício dessa preferência, que será na proporção da sua participação no capital social.

Os sócios também poderão ceder o direito de preferência na subscrição de quotas. Essa cessão será livre para os demais sócios, e, para terceiros, somente poderá ser feita se não houver a oposição de mais de 1/4 do capital social.

O capital social também pode ser reduzido (art. 1.082 do CC), tanto antes quanto depois de sua integralização.

A redução pode ocorrer, depois da total integralização, quando houver perdas irreparáveis ou quando o capital estiver estipulado em valor superior ao objeto da sociedade.

Também ocorrerá redução no caso de retirada de um dos sócios, salvo se os demais suprirem o valor das cotas (art. 1.031, § 1°).

Dica de aprofundamento

Cotas em tesouraria/em secretaria: são adquiridas pela própria sociedade limitada. Antes do CC/2002 tais cotas tinham previsão no art. 8° do Decreto n° 3.708/1919. Condições para aquisição:

- tem que ser com recursos livres;
- sem redução do capital social;

- as cotas devem estar integralizadas;
- não haverá direito de voto.

A Lei das S.A. trata de hipótese semelhante com as ações em tesouraria (art. 30, § 1º). Contudo, a lei é de 1976, com isso, no período anterior à sua vigência, a S.A. buscava no Decreto nº 3.708/1919 a autorização para as ações em tesouraria.

A partir do CC/2002 o tema passa a ser controvertido. Uma parcela da doutrina vai dizer que o CC/2002 não é omisso sobre o tema, e, com isso, não haveria mais possibilidade de cotas em tesouraria. Há uma vedação implícita decorrente dos arts. 1.057 e 1.058.

Uma segunda corrente (majoritária) admite as cotas em tesouraria sob o fundamento de que houve omissão no CC/2002. Com isso, se pode recorrer à Lei das S.A. Mesmo aplicando a Lei das S.A., as cotas em tesouraria não terão direito a voto:

> **Enunciado nº 391, IV Jornada de Direito Civil do CJF:**
> A sociedade limitada pode adquirir suas próprias cotas, observadas as condições estabelecidas na Lei das Sociedades por ações.

O CPC prevê expressamente a possibilidade de a sociedade adquirir suas próprias cotas quando elas forem penhoradas e nenhum sócio deseje adquiri-las:

> Art. 861. Penhoradas as quotas ou as ações de sócio em sociedade simples ou empresária, o juiz assinará prazo razoável, não superior a 3 (três) meses, para que a sociedade:
>
> I – apresente balanço especial, na forma da lei;
>
> II – ofereça as quotas ou as ações aos demais sócios, observado o direito de preferência legal ou contratual;
>
> III – não havendo interesse dos sócios na aquisição das ações, proceda à liquidação das quotas ou das ações, depositando em juízo o valor apurado, em dinheiro.

§ 1º Para evitar a liquidação das quotas ou das ações, a sociedade poderá adquiri-las sem redução do capital social e com utilização de reservas, para manutenção em tesouraria.

No início de 2017, houve uma mudança de entendimento do DREI, o qual passou a admitir a aquisição de quotas pela própria sociedade limitada, nos seguintes termos (IN 81/2020):

> Se o contrato social contiver cláusula determinando a regência supletiva da Lei de Sociedades por Ações, a sociedade limitada pode adquirir suas próprias quotas, observadas as condições legalmente estabelecidas, fato que não lhe confere a condição de sócia (Enunciado nº 391 da IV Jornada de Direito Civil do Conselho da Justiça Federal).

Vale ainda registrar que quanto à possibilidade de penhora de cotas societárias e substituição por bem imóvel da pessoa jurídica, o STJ entendeu ser o procedimento plenamente possível nos casos de desconsideração inversa da pessoa jurídica (AgInt no AREsp 1.236.649/AM).

Também na hipótese de diminuição do capital social, ocorrerá a modificação do contrato social, que deverá ser aprovado em assembleia e averbado no registro da sociedade na Junta Comercial.

- Na redução do capital social em virtude de perdas irreparáveis haverá diminuição proporcional do valor nominal da cota dos sócios (art. 1.083).
- Se a redução se der em razão de o capital ser excessivo, a diminuição será feita restituindo-se parte do valor das cotas aos sócios, ou dispensando-se as prestações ainda devidas, com diminuição proporcional, em ambos os casos, do valor nominal das cotas.

O credor quirografário, por título líquido anterior à data da publicação da ata da assembleia que aprovar a redução, poderá opor-se ao deliberado no prazo de 90 dias, contados da publicação da ata da assembleia que modificou o contrato social.

Dessa forma, a redução somente será eficaz se, nesses 90 dias, não houver oposição de credor, ou se restar provado pagamento da dívida ou o depósito judicial do valor cobrado por eventual credor.

7.4.5 Deveres dos sócios

Basicamente dois deveres:

- **Dever de integralização do capital social.**
- **Dever de lealdade:** é o dever de o sócio colaborar com o desenvolvimento da sociedade, abstendo-se de praticar atos que possam prejudicá-la. Dever de portar-se com lealdade, não podendo, portanto, tumultuar o ambiente da sociedade ou concorrer com esta.

7.4.6 Direitos dos sócios

- Participação nos lucros sociais: que além de direito é um requisito específico de validade do contrato social.
- Fiscalização da Administração.
- Direito de retirada (CC, art. 1.029).

> Art. 1.029. Além dos casos previstos na lei ou no contrato, qualquer sócio pode retirar-se da sociedade; se de prazo indeterminado, mediante notificação aos demais sócios, com antecedência mínima de sessenta dias; se de prazo determinado, provando judicialmente justa causa.

Parágrafo único. Nos trinta dias subsequentes à notificação, podem os demais sócios optar pela dissolução da sociedade.

■ **Participação nas deliberações sociais.**

Art. 1.072. As deliberações dos sócios, obedecido o disposto no art. 1.010, serão tomadas em reunião ou em assembleia, conforme previsto no contrato social, devendo ser convocadas pelos administradores nos casos previstos em lei ou no contrato.

§ 1º A deliberação em assembleia será obrigatória se o número dos sócios for superior a dez.

Se a LTDA. for microempresa ou empresa de pequeno porte é o quórum do art. 70 da LC nº 123/2006.

Art. 70. As microempresas e as empresas de pequeno porte são desobrigadas da realização de reuniões e assembleias em qualquer das situações previstas na legislação civil, as quais serão substituídas por deliberação representativa do primeiro número inteiro superior à metade do capital social.

Atenção!

A Lei nº 14.030/2020 incluiu o art. 1.080-A no Código Civil, no sentido de permitir que o sócio participe e vote a distância em reunião ou assembleia.

Art. 1.080-A. O sócio poderá participar e votar a distância em reunião ou em assembleia, nos termos do regulamento do órgão competente do Poder Executivo federal.

Parágrafo único. A reunião ou a assembleia poderá ser realizada de forma digital, respeitados os direitos legalmente previstos de participação e de manifestação dos sócios e os demais requisitos regulamentares.

■ Direito de preferência.

7.4.7 Deliberações sociais

O art. 1.071 do CC enumera as matérias que dependem de deliberação social:

> Art. 1.071. Dependem da deliberação dos sócios, além de outras matérias indicadas na lei ou no contrato:
>
> I – a aprovação das contas da administração;
>
> II – a designação dos administradores, quando feita em ato separado;
>
> III – a destituição dos administradores;
>
> IV – o modo de sua remuneração, quando não estabelecido no contrato;
>
> V – a modificação do contrato social;
>
> VI – a incorporação, a fusão e a dissolução da sociedade, ou a cessação do estado de liquidação;
>
> VII – a nomeação e destituição dos liquidantes e o julgamento das suas contas;
>
> VIII – o pedido de concordata.

Conforme o art. 1.072 do CC, as deliberações dos sócios, obedecido o disposto no art. 1.010 (que traz as regras de votação), serão tomadas em reunião ou em assembleia, conforme previsto no contrato social, devendo ser convocadas pelos administradores nos casos previstos em lei (art. 1.071) ou no contrato.

Assim, a regra é que as deliberações **podem** ser tomadas em assembleia ou em reunião, conforme previsão contratual.

Excepcionalmente, se forem mais de 10 sócios, as deliberações só podem ser tomadas em assembleia (art. 1.072, § 1º).

Para a assembleia começar, é necessário um *quorum* mínimo de instalação (art. 1.074):

- Em primeira convocação – 3/4 do capital.
- Em segunda convocação – qualquer número.

> **Enunciado nº 226 da III Jornada de Direito Civil do CJF:** Art. 1.074. A exigência da presença de três quartos do capital social, como quórum mínimo de instalação em primeira convocação, pode ser alterada pelo contrato de sociedade limitada com até dez sócios, quando as deliberações sociais obedecerem à forma de reunião, sem prejuízo da observância das regras do art. 1.076 referentes ao quórum de deliberação.

7.4.7.1 Assembleia x reunião

A grande diferença entre assembleia e reunião diz respeito às disposições legais.

O CC, a partir do art. 1.074, dispõe sobre uma série de regras relativas às Assembleias. Doutro lado, o art. 1.079 permite que o contrato social disponha livremente sobre as reuniões, sendo-lhes aplicadas as regras das assembleias somente quando da omissão contratual (é o que mais acontece na prática).

Ademais, nos termos do art. 1.072, § 5°, do CC, "as deliberações tomadas de conformidade com a lei e o contrato vinculam todos os sócios, ainda que ausentes ou dissidentes".

7.4.7.2 Regras de votação nas deliberações

As regras de votação estão previstas no art. 1.010 (regras relativas às sociedades simples), *in verbis*:

> Art. 1.010. Quando, por lei ou pelo contrato social, competir aos sócios decidir sobre os negócios da sociedade, as deliberações serão tomadas por maioria de votos, contados segundo o valor das quotas de cada um.
>
> § 1° Para formação da maioria absoluta são necessários votos correspondentes a mais de metade do capital.
>
> § 2° Prevalece a decisão sufragada por maior número de sócios no caso de empate, e, se este persistir, decidirá o juiz.
>
> § 3° Responde por perdas e danos o sócio que, tendo em alguma operação interesse contrário ao da sociedade, participar da deliberação que a aprove graças a seu voto.

Na sociedade limitada, não pode haver voto conflitante, sob pena de serem aplicadas as consequências do art. 1.010, § 3° (aqui não se anula a assembleia), ou do art. 115, § 4°, da Lei das S.A. (aqui há anulação da assembleia), a depender da norma supletiva a ser aplicada à sociedade limitada.

> **Enunciado n° 229, III Jornada de Direito Civil do CJF:**
> Art. 1.080. A responsabilidade ilimitada dos sócios pelas deliberações infringentes da lei ou do contrato torna desnecessária a desconsideração da personalidade jurídica, por não constituir a autonomia patrimonial da pessoa jurídica escudo para a responsabilização pessoal e direta.

7.4.7.3 Quóruns de deliberação

Da leitura dos arts. 1.061, 1.063, 1.071 e 1.076, todos do CC, extraem-se os seguintes quóruns de deliberação:

Quórum	Matéria
Unanimidade	a) Designação de administradores não sócios enquanto o capital não estiver integralizado. b) Dissolução da sociedade, se por prazo determinado.
2/3 do capital social	Designação de administradores não sócios com o capital integralizado.
3/4 do capital social	a) a modificação do contrato social; b) a incorporação, a fusão, a cisão (Enunciado nº 227 da III Jornada de Direito Civil do CJF), e a dissolução da sociedade, ou a cessação do estado de liquidação.
Mais de metade do capital social	a) a designação dos administradores, quando feita em ato separado; b) a destituição dos administradores (nomeados no contrato ou não); c) o modo de sua remuneração, quando não estabelecido no contrato; d) o pedido de concordata [leia-se: recuperação judicial].
Maioria de votos dos presentes	a) a aprovação das contas da administração; b) a nomeação e destituição dos liquidantes e o julgamento das suas contas; c) Demais casos previstos na lei ou no contrato, se este não exigir maioria mais elevada.

7.4.7.4 Dispensa de assembleia ou reunião

Dois são os casos nos quais é dispensada a instituição de reunião social ou assembleia:

- A deliberação pode ser por escrito, quando subscrita por **todos** os sócios (CC, art. 1.072, § 3º).
- É dispensada a assembleia ou reunião nas deliberações das sociedades limitadas microempresárias ou empresárias de pequeno porte (LC 123/2006, art. 70).
- Exclusão de um sócio quando a sociedade limitada é formada por apenas dois sócios (alteração advinda da Lei nº 13.792/2019 – art. 1.085, parágrafo único).

Atenção!

As reuniões ou assembleias não poderão ser dispensadas quando o assunto a ser tratado for a exclusão extrajudicial do sócio minoritário por falta grave, pois este tem direito ao contraditório e à ampla defesa, que se desdobra em dois momentos: apresentação de defesa por escrito e, no dia da assembleia ou reunião, comparecer e fazer uso do direito de voz (art. 1.085, parágrafo único, CC).

A assembleia anual é obrigatória, não pode ser dispensada (art. 1.078, CC).

7.5 Direito de retirada (direito de recesso)

É a possibilidade que o sócio tem de retirar-se da sociedade. Esse direito deve estar diretamente relacionado com a regra do art. 1.029 do CC, ou seja, tudo depende do contrato:

- **Contrato com prazo determinado**: a saída só é possível com justa causa, que deve ser provada em juízo.

■ **Contrato com prazo indeterminado:** a saída pode ser imotivada. A lei só exige que ocorra a notificação dos demais sócios com antecedência mínima de sessenta dias. É uma forma de não pegar os demais sócios desprevenidos (manifestação da boa-fé objetiva).

> Art. 1.029. Além dos casos previstos na lei ou no contrato, qualquer sócio pode retirar-se da sociedade; se de prazo indeterminado, mediante notificação aos demais sócios, com antecedência mínima de sessenta dias; se de prazo determinado, provando judicialmente justa causa.
>
> Parágrafo único. Nos trinta dias subsequentes à notificação, podem os demais sócios optar pela dissolução da sociedade (especial importância em sociedades pessoais, contrariamente ao que ocorre nas sociedades de capital).

Destaca-se que, na hipótese em que o sócio de sociedade limitada constituída por tempo indeterminado exerce o direito de retirada por meio de inequívoca e incontroversa notificação aos demais sócios, a data-base para apuração de haveres é o termo final do prazo de sessenta dias, estabelecido pelo art. 1.029 do CC/2002, segundo decidiu o STJ no julgamento do REsp 1.602.240/MG (Rel. Min. Marco Aurélio Bellizze, por unanimidade, julgado em 06.12.2016, *DJe* 15.12.2016).

Em março de 2021, o STJ entendeu ser possível a retirada imotivada do sócio, sendo dispensável o ajuizamento de ação de dissolução parcial:

> RECURSO ESPECIAL. DIREITO EMPRESARIAL. DIREITO SOCIETÁRIO. SOCIEDADE LIMITADA. APLICAÇÃO SUPLETIVA DAS NORMAS RELATIVAS A SOCIEDADES ANÔNIMAS. ART. 1.053 DO CC. POSSIBILIDADE DE RETIRADA VOLUNTÁRIA

IMOTIVADA. APLICAÇÃO DO ART. 1.029 DO CC. LIBERDADE DE NÃO PERMANECER ASSOCIADO GARANTIDA CONSTITUCIONALMENTE. ART. 5º, XX, DA CF. OMISSÃO RELATIVA À RETIRADA IMOTIVADA NA LEI Nº 6.404/1976. OMISSÃO INCOMPATÍVEL COM A NATUREZA DAS SOCIEDADES LIMITADAS. APLICAÇÃO DO ART. 1.089 DO CC.

1. Entendimento firmado por este Superior Tribunal no sentido de ser a regra do art. 1.029 do CC aplicável às sociedades limitadas, possibilitando a retirada imotivada do sócio e mostrando-se despiciendo, para tanto, o ajuizamento de ação de dissolução parcial.

2. Direito de retirada imotivada que, por decorrer da liberdade constitucional de não permanecer associado, garantida pelo inciso XX do art. 5º da CF, deve ser observado ainda que a sociedade limitada tenha regência supletiva da Lei nº 6.404/1976 (Lei das Sociedades Anônimas).

3. A ausência de previsão na Lei nº 6.404/1976 acerca da retirada imotivada não implica sua proibição nas sociedades limitadas regidas supletivamente pelas normas relativas às sociedades anônimas, especialmente quando o art. 1.089 do CC determina a aplicação supletiva do próprio Código Civil nas hipóteses de omissão daquele diploma.

4. Caso concreto em que, ainda que o contrato social tenha optado pela regência supletiva da Lei nº 6.404/1976, há direito potestativo de retirada imotivada do sócio na sociedade limitada em questão.

5. Tendo sido devidamente exercido tal direito, conforme reconhecido na origem, não mais se mostra possível a convocação de reunião com a finalidade de deliberar sobre exclusão do sócio que já se retirou.

6. RECURSO ESPECIAL PROVIDO

(REsp 1.839.078/SP, Rel. Min. Paulo de Tarso Sanseverino, 3ª Turma, julgado em 09.03.2021, DJe 26.03.2021).

7.6 Direito de fiscalização

O sócio tem total direito de fiscalizar os atos praticados pela Administração da sociedade. Geralmente, é o contrato social que disciplina a forma que ocorre a fiscalização.

É possível na sociedade limitada a instituição de um Conselho Fiscal. Entretanto, não é um órgão obrigatório (como na S/A), conforme dispõe o art. 1.066 do CC, *in verbis*:

> Art. 1.066. Sem prejuízo dos poderes da assembleia dos sócios, pode o contrato instituir conselho fiscal composto de três ou mais membros e respectivos suplentes, sócios ou não, residentes no País, eleitos na assembleia anual prevista no art. 1.078.

Composição do Conselho Fiscal: três ou mais membros, com um número igual de suplentes. Não há necessidade de o membro ser sócio. A única exigência é a residência no Brasil do Conselheiro.

7.7 Direito de preferência

Em caso de aumento de capital social, surgem novas cotas sociais. Quem tem preferência para adquirir as novas cotas são os sócios (art. 1.081 do CC).

7.8 Administração

A sociedade limitada é administrada por uma ou mais pessoas designadas no contrato social ou em ato separado (art. 1.060).

> Art. 1.060. A sociedade limitada é administrada por uma ou mais pessoas designadas no contrato social ou em ato separado.
>
> Parágrafo único. A administração atribuída no contrato a todos os sócios não se estende de pleno direito aos que posteriormente adquiram essa qualidade.

O art. 1.061 do CC diz que o Administrador pode ser sócio ou não sócio, não precisando ter previsão no contrato social. Antes da Lei nº 12.375/2010, só o sócio poderia ser Administrador de sociedade limitada.

> Art. 1.061. A designação de administradores não sócios dependerá de aprovação da unanimidade dos sócios, enquanto o capital não estiver integralizado, e de 2/3 (dois terços), no mínimo, após a integralização.

A forma de nomeação do Administrador influencia no quórum de nomeação?

a) Administrador não sócio: pouco importa se foi nomeado no contrato social ou em ato separado, o quórum será sempre o do art. 1.061, CC:

- **se o capital estiver totalmente integralizado:** maioria de 2/3 do capital social;
- **se o capital não estiver totalmente integralizado:** unanimidade.

b) Administrador sócio:
- **ato separado**: mais da metade do capital social (art. 1.071, II, c/c art. 1.076, II, CC);
- **contrato social**: o quórum será de 3/4 do capital social (art. 1.071, V, c/c art. 1.076, I, CC), já que haverá modificação do contrato social.

A forma de nomeação do Administrador influencia a **destituição**? Após a Lei nº 13.792/2019, não há mais diferença do quórum para a destituição do administrador sócio e não sócio. Para ambos os casos, o quórum passou a ser mais da metade do capital social.

Atenção!

Antes da Lei nº 13.792/2019, existiam dois quóruns. Para o administrador não sócio exigia-se o voto de mais da metade do capital social, enquanto para o administrador sócio era exigido o voto de, no mínimo, 2/3 do capital social. O examinar poderá confundi-lo cobrando a diferença de quóruns que foi abolida.

O mandato do administrador pode ter prazo determinado ou indeterminado, a depender da previsão do ato que o designou (contrato ou ato separado).

Os poderes do Administrador possuem as seguintes características, que variam de acordo com a respectiva situação.

- Se o administrador for nomeado no contrato social e tratar-se de sócio, seus poderes são irrevogáveis, salvo justa causa, reconhecida judicialmente.
- Se, por outro lado, o administrador foi nomeado em contrato social, mas tratar-se de não sócio, seus poderes são revogáveis.

146 Direito Empresarial

■ Se for nomeado em ato separado, pouco importa se é sócio ou não sócio: seus poderes são revogáveis.

Dica de aprofundamento

Pessoa jurídica pode ser administrador de sociedade limitada?

■ **1ª Corrente (majoritária):** apenas pessoa natural pode ser Administrador, porque o art. 997, VI, diz que o contrato social deverá indicar a pessoa natural que exercerá a administração. Já o art. 1.062, § 2º, do CC diz que se deve indicar o estado civil do administrador.

Enunciado nº 66 da I Jornada de Direito Civil do CJF: Art. 1.062. A teor do § 2º do art. 1.062 do Código Civil, o administrador [sociedade limitada] só pode ser pessoa natural.

■ **2ª Corrente (minoritária):** admite a pessoa jurídica como administradora da LTDA., pois o art. 1.060 só faz menção à pessoa, sem especificar se é natural ou jurídica. Essa corrente defende que não será possível a aplicação do art. 997, VI, à LTDA., pois o art. 1.054 diz que nem tudo que está no art. 997 será aplicável à LTDA. Assim, o art. 1.060 será norma especial em relação ao art. 997.

7.9 Responsabilidade dos administradores

Em princípio, os atos praticados pelo Administrador são de responsabilidade da Sociedade. **Entretanto,** se o administrador agir com dolo ou culpa no desempenho de suas funções aplica-se o art. 1.016 do CC, *in verbis*:

> Art. 1.016. Os administradores respondem solidariamente perante a sociedade e os terceiros prejudicados, por culpa no desempenho de suas funções.

Portanto, se agir com culpa, responde solidariamente com a sociedade.

7.10 Dissolução da sociedade

Pode ser total ou parcial. A dissolução parcial ocorre quando um ou mais sócios saem da sociedade, porém ela é mantida, em razão do princípio da **preservação da empresa**.

7.10.1 Casos de dissolução parcial

a) Falecimento do sócio (arts. 1.027, 1.028 e 1.032, CC).

Tratando-se de sociedade de pessoa, o herdeiro poderá ingressar na sociedade se tiver autorização dos demais sócios. Em se tratando de sociedade de capital, o ingresso será livre.

b) **Falência do sócio**: em se tratando de pessoa jurídica.

c) **Direito de retirada**: por justa causa da data do trânsito em julgado da decisão que dissolver (art. 605, IV, CPC); retirada imotivada no sexagésimo dia do recebimento, pela sociedade da notificação do sócio retirante (art. 605, II, CPC).

d) **Exclusão do sócio**:

- sócio remisso (art. 1.004);
- falta grave ou incapacidade superveniente (art. 1.030, CC): a exclusão por incapacidade superveniente do sócio se dá nos casos de sociedades de pessoa.

No pedido de dissolução parcial de sociedade limitada, a alegação de quebra da *affectio societatis* não é suficiente para a exclusão de sócios (REsp 1.129.222, julgado em 28.06.2011).

A dissolução parcial de sociedade limitada por perda da *affectio societatis* pode ser requerida pelo sócio retirante, limitada a apuração de haveres às suas quotas livres de ônus reais (REsp 1.332.766/SP, Rel. Min. Luis Felipe Salomão, por unanimidade, julgado em 1º.06.2017, DJe 1º.08.2017).

Atenção!

O quórum deliberativo para exclusão judicial do sócio majoritário por falta grave no cumprimento de suas obrigações deve levar em conta a maioria do capital social de sociedade limitada, excluindo-se do cálculo o sócio que se pretende jubilar (REsp 1.653.421/MG, Rel. Min. Ricardo Villas Bôas Cueva, por unanimidade, julgado em 10.10.2017, DJe 13.11.2017).

- Exclusão do sócio minoritário (art. 1.085, CC):

O sócio minoritário pode ser excluído da sociedade, por simples alteração contratual, desde que:

- ☐ pratique atos de inegável gravidade;
- ☐ o contrato social preveja a exclusão por justa causa;
- ☐ seja feita simples alteração do contrato social;
- ☐ haja assembleia ou reunião especialmente convocada para esse fim, ciente o minoritário em tempo hábil para permitir seu comparecimento e o exercício do direito de defesa.

Enunciado nº 13 da I Jornada de Direito Comercial do CJF: A decisão que decretar a dissolução parcial da sociedade deverá indicar a data de desligamento do sócio e o critério de apuração de haveres.

Enunciado nº 17 da I Jornada de Direito Comercial do CJF: Na sociedade limitada com dois sócios, o sócio titular de mais da metade do capital social pode excluir extrajudicialmente o sócio minoritário desde que atendidas as exigências materiais e procedimentais previstas no art. 1.085, *caput* e parágrafo único, do CC.

Conforme o STJ, o fundo de comércio – também chamado de estabelecimento empresarial (art. 1.142 do CC/2002) – integra o patrimônio da sociedade e, por isso, deve ser considerado na apuração de haveres do sócio minoritário excluído de sociedade limitada. O fato de a sociedade ter apresentado resultados negativos nos anos anteriores à exclusão do sócio não significa que ela não tenha fundo de comércio (REsp 907.014/MS, Rel. Min. Antônio Carlos Ferreira, julgado em 11.10.2011).

Atenção!

É de três anos o prazo decadencial para que o sócio minoritário de sociedade limitada de administração coletiva exerça o direito à anulação da deliberação societária que o tenha excluído da sociedade, ainda que o contrato social preveja a regência supletiva pelas normas da sociedade anônima.

7.10.2 Casos de dissolução total

a) Vontade dos sócios:

- Sociedade com prazo determinado – Consenso unânime.
- Sociedade de prazo indeterminado – Maioria absoluta.

b) Decurso do prazo (tratando-se de sociedade com prazo determinado): chegado o fim do prazo, se a sociedade ou os sócios não providenciarem a dissolução, haverá prorrogação por prazo indeterminado.

c) Falência da sociedade.
d) Extinção de autorização de funcionamento (art. 1.033, V): Perdendo-se a autorização para funcionamento, a sociedade tem o prazo de trinta dias para proceder à dissolução. Se os administradores não o tiverem feito no prazo, o MP promoverá a liquidação judicial da sociedade.
e) Anulação do ato constitutivo.
f) Exaurimento/inexequibilidade do objeto social.

7.11 Sociedade anônima

As sociedades anônimas são espécies de sociedades estatutárias, também chamadas de "institucionais". Constituem-se, assim, por meio de um estatuto social e seu capital está dividido em frações denominadas ações. Cada sócio é titular de determinado número de ações, sendo chamado de acionista.

Está regulamentada por uma lei própria, a Lei nº 6.404/1976, aplicando-se-lhe, nos casos omissos, as disposições do Código Civil.

A LSA sofreu algumas alterações em sua redação que incorporaram em nossa legislação os ideais de governança corporativa, a qual cria padrões de gestão das companhias, com o intuito de harmonizar as relações entre controladores e minoritários e dar mais segurança aos investidores do mercado de capitais. A transparência e a prestação de contas confiável são suas principais marcas.

Sociedade Anônima é sempre empresária por força de lei, independentemente do seu objeto social (art. 982, parágrafo único, do CC: "Independentemente de seu objeto, considera-se empresária a sociedade por ações; e, simples, a cooperativa"). Por serem sociedades institucionais ou estatutárias, serão sempre sociedades de capital.

7.11.1 Nome empresarial

As sociedades anônimas devem adotar denominação como nome empresarial. Por força da redação original do art. 1.160 do Código Civil, era obrigatória a designação do objeto social no nome empresarial. Contudo, a Medida Provisória nº 1.085, de 27 de dezembro de 2021, alterou o citado artigo, de modo que a designação do objeto social passou a ser facultativa. Além disso, as denominações das sociedades anônimas devem vir integradas pelas expressões "sociedade anônima" ou "companhia", ou abreviadamente como "S.A" ou "Cia". O termo "sociedade anônima" ou sua abreviatura pode vir no início, meio ou fim da denominação. O termo "companhia" ou sua abreviatura não pode ser usado no fim (art. 3º da LSA).

Permite-se, excepcionalmente, que na denominação conste o nome do fundador, acionista ou pessoa que tenha concorrido para o bom êxito da formação da empresa.

Enunciado nº 71 da I Jornada de Direito Civil do CJF – Arts. 1.158 e 1.160: Suprimir o art. 1.160 do Código Civil por estar a matéria regulada mais adequadamente no art. 3º da Lei nº 6.404/1976 (disciplinadora das S.A.) e dar nova redação ao § 2º do art. 1.158 [Sociedade Limitada], de modo a retirar a exigência da designação do objeto da sociedade.

Enunciado nº 395 da IV Jornada de Direito Civil do CJF: A sociedade registrada antes da vigência do Código Civil não está obrigada a adaptar seu nome às novas disposições [em razão de se tratar de direito inerente à sua personalidade – Enunciado nº 79 do CJF].

7.11.2 Responsabilidade dos acionistas

Uma das principais características das sociedades anônimas é a limitação da responsabilidade dos acionistas. Como dispõe o art. 1º da LSA, "a companhia ou sociedade anônima terá o capital dividido em ações, e a responsabilidade dos sócios ou acionistas será limitada ao preço de emissão das ações subscritas ou adquiridas" (regra repetida pelo art. 1.088 do CC/2002).

> **Enunciado nº 16 da I Jornada de Direito Comercial do CJF:** O adquirente de cotas ou ações adere ao contrato social ou estatuto no que se refere à cláusula compromissória (cláusula de arbitragem) nele existente; assim, estará vinculado à previsão da opção da jurisdição arbitral, independentemente de assinatura e/ou manifestação específica a esse respeito.

7.11.3 Tipos de sociedades anônimas

7.11.3.1 Aberta

Aquela que negocia seus valores mobiliários no mercado de capitais (formado pela bolsa de valores e pelo Mercado de balcão). Para tanto, é necessária uma prévia autorização e registro perante a Comissão de Valores Mobiliários (CVM).

- **Bolsa de valores**: são entidades privadas constituídas sob a forma de associações civis ou sociedades anônimas, tendo por membros corretoras de valores mobiliários de uma mesma base territorial, autorizada pela CVM. Conquanto sejam privadas, atuam sob a supervisão da CVM (Comissão de Valores Mobiliários), pois atuam na prestação de serviço público, devendo fiscalizar seus membros e as operações realizadas por estes (organiza e mantém o pregão de ações e de outros valores mobiliários). A finalidade da bolsa de valores é aumentar o fluxo de negociação dos valores mobiliários.

■ **Mercado de balcão**: o mercado de balcão consiste nas operações realizadas fora da bolsa de valores, quando, por exemplo, se adquire ações junto a uma instituição financeira ou uma sociedade corretora.

■ **Mercado primário**: é aquele que se estabelece entre a companhia emissora do título/valor mobiliário e o investidor. Só há aqui mercado de balcão.

■ **Mercado secundário**: por outro lado, se um indivíduo já é investidor e vende seu valor mobiliário a outro investidor, trata-se de mercado secundário.

7.11.3.2 Fechada

Aquelas que não negociam seus valores mobiliários no mercado de capitais.

7.11.4 Constituição de uma sociedade anônima

Poderá ser de duas modalidades:

■ **Por subscrição pública**: impõe-se para as sociedades abertas.

■ **Por subscrição particular**: aplica-se às sociedades anônimas que não oferecerão ao público suas ações.

7.11.4.1 Requisitos preliminares para a constituição de uma sociedade anônima, independentemente da modalidade de constituição

a) Pluralidade de sócios: subscrição de pelo menos duas pessoas, de todas as ações em que se divide o seu capital social. A subscrição é irretratável.

A Sociedade Anônima poderá ser unipessoal em casos excepcionais:

- **Empresa pública.**
- **Subsidiária integral (art. 251, LSA**: é um tipo de sociedade anônima constituída mediante escritura pública, tendo como único acionista sociedade nacional).
- **Entre uma assembleia ordinária e outra.**

b) Realização, como entrada, em dinheiro, de 10%, no mínimo, do preço de emissão das ações subscritas. Nas instituições financeiras essa porcentagem é de 50%.

c) O fundador terá cinco dias, contados do recebimento das quantias, em nome do subscritor e a favor da sociedade, para fazer o depósito no estabelecimento bancário autorizado pela CVM.

d) Arquivamento do estatuto social da empresa na Junta Comercial e publicação pela imprensa de seus atos constitutivos.

e) Transferência para a companhia, por transcrição no registro público competente, dos bens com que o subscritor tenha contribuído para a formação do capital social.

7.11.5 Valores mobiliários

São títulos emitidos pelas sociedades anônimas:

a) **Ações:** são bens móveis que representam frações em que está dividido o capital social, concedendo ao seu titular um complexo de direitos e deveres.

Elas têm vários valores:

- **Valor nominal:** valor indicado no estatuto social.

■ **Valor ou preço de emissão:** é aquele pago por quem subscreve a ação e é fixado pelos fundadores no momento da constituição da empresa.
■ **Valores de mercado:** valor da negociação.
■ **Valor patrimonial:** valor da ação em relação ao patrimônio. Patrimônio dividido pelo número de ações. Esse valor será pago em caso de dissolução total ou parcial da sociedade.

De acordo com a forma como são transferidas para outros acionistas ou para terceiros, as ações podem ser:

■ **Nominativas:** são aquelas cujos titulares estão designados no Livro de Registro de Ações Nominativas. Para a transferência destas, bastará o termo lavrado no livro de Transferência de Ações Nominativas datado e assinado pelo cedente e pelo cessionário, ou por seus representantes. Em verdade, todas as ações de uma sociedade anônima devem ser nominais, haja vista que a Lei n° 8.021/1990 vedou a emissão de títulos ao portador.
■ **Escriturais:** não deixam de ser nominais, visto que são identificados seus titulares. Entretanto, diferenciam-se quanto à forma de transferência, uma vez que esta ocorre por contas de depósito. Aqui, uma instituição financeira autorizada pela CVM manterá contas de depósitos em nome dos titulares das ações.

As ações, conforme a natureza dos direitos ou vantagens conferidas aos seus titulares, poderão ser:

■ **Ordinárias ou em comum:** conferem aos acionistas os direitos comuns, como o direito a voto e de participação nos lucros. São ações de emissão obrigatória por todas as companhias.
■ **Preferenciais:** conferem aos acionistas certas vantagens, que podem consistir em: a) prioridade na distribuição de

dividendo fixo, garantia do recebimento de dividendos mínimo ou cumulativos (se a sociedade não divide os lucros, eles serão cumulados para o próximo ano); b) prioridade no reembolso do capital, com prêmio ou sem ele. O estatuto poderá deixar de conferir às ações preferenciais alguns dos direitos reconhecidos às ações ordinárias ou conferi-los com restrição. O número de ações preferenciais sem direito de voto ou sujeitas a restrições não poderá ultrapassar 50% do total das ações emitidas.

Atenção!

Se o acionista fica três exercícios consecutivos sem participar dos lucros (ou até mesmo um prazo menor, se assim dispuser o estatuto) passa a ter direito de voto. Esse direito perdura até que ele receba suas vantagens. Depois disso, volta a ser um mero acionista preferencial sem direito a voto.

> Art. 111, § 1º As ações preferenciais sem direito de voto adquirirão o exercício desse direito se a companhia, pelo prazo previsto no estatuto, não superior a 3 (três) exercícios consecutivos, deixar de pagar os dividendos fixos ou mínimos a que fizerem jus, direito que conservarão até o pagamento, se tais dividendos não forem cumulativos, ou até que sejam pagos os cumulativos em atraso.

- **Golden share**: são ações especiais titularizadas pelo ente desestatizante, sem direito de voto, mas com o poder especial de veto às deliberações da assembleia geral.
- **Gozo ou fruição**: são aquelas distribuídas aos acionistas titulares de ações ordinárias ou preferenciais em substituição dessas ações que já foram amortizadas. A amortização consiste na distribuição aos acionistas, a título de antecipação

e sem redução do capital social, da quantia a que teriam direito em caso de liquidação da companhia.

b) **Debêntures:** são valores mobiliários que conferem a seus titulares direito de crédito contra a companhia. São títulos emitidos pela S/A para negociar com o público, levantando capital para a sociedade, é como se fosse um empréstimo feito para a Sociedade (captação de recursos). É título executivo extrajudicial.

Existem quatro espécies de debêntures (art. 58):

- **debêntures com garantia real;**
- **debêntures com garantia flutuante: asseguram a seus titulares privilégio geral;**
- **debêntures quirografárias;**
- **debêntures subordinadas ou subquirografárias.**

As debêntures podem ser, tais como as ações, nominativas e escriturais, bem como conversíveis em ações.

É facultado à companhia adquirir debêntures de sua emissão (Lei nº 12.431/2011).

A partir da Lei nº 12.431/2011, não há o limite do valor do capital social para a emissão de debênture.

c) **Partes beneficiárias:** são emitidos para captar recursos ou remunerar serviço prestado. É um direito de crédito eventual, até um limite de 10% do lucro da empresa, dependendo da existência ou não de obtenção de lucro pela sociedade. Somente podem ser emitidas por sociedades fechadas (Lei nº 10.303/2001).

- Quem tem bônus prefere inclusive ao acionista sem bônus, mesmo que o possuidor do bônus não seja acionista.

- Diferença de uma ação para uma parte beneficiária: as ações são frações do capital social, enquanto a parte beneficiária é estranha ao capital social.
- Assim, participa dos lucros, mas não é acionista (não tem direito de voto, não tem direito de retirada).
- É vedado às companhias **abertas** emitir partes beneficiárias. Somente as **fechadas**.
- Prazo máximo de participação é de 10 anos.

d) **Bônus de subscrição:** são valores mobiliários que conferem ao titular, nas condições constantes do certificado, o direito de preferência para subscrever novas ações por ocasião do aumento do capital social autorizado no estatuto, antes de qualquer outro.

e) *Commercial paper*: são valores mobiliários que conferem a seu titular direito de crédito contra a empresa. Servem para a captação de recursos no mercado de capital, sendo restituídos aos investidores em curto prazo.

7.11.6 Órgãos da companhia

São órgãos principais das sociedades anônimas:

a) Assembleia.
b) Conselho de administração.
c) Diretoria.
d) Conselho fiscal.

7.11.6.1 Assembleias

É órgão mais importante, possuindo caráter exclusivamente deliberativo. É onde são tomadas as principais decisões da S/A.

A assembleia geral pode ser:

- **Ordinária**: competência privativa da AGO (art. 132 da LSA):
  - deliberar sobre a destinação dos lucros;
  - tomar as contas dos administradores (prestação de contas);
  - eleger os administradores e membros do Conselho Fiscal;
  - aprovar a correção da expressão monetária do capital social.

  > Art. 132. Anualmente, nos 4 (quatro) primeiros meses seguintes ao término do exercício social, deverá haver 1 (uma) assembleia-geral para:
  >
  > I – tomar as contas dos administradores, examinar, discutir e votar as demonstrações financeiras;
  >
  > II – deliberar sobre a destinação do lucro líquido do exercício e a distribuição de dividendos;
  >
  > III – eleger os administradores e os membros do conselho fiscal, quando for o caso;
  >
  > IV – aprovar a correção da expressão monetária do capital social (art. 167).

  Todo e qualquer tema que não seja esses quatro só poderá ser objeto de assembleia geral extraordinária.

- **Extraordinária**: todo e qualquer tema que não seja um dos quatro acima de interesse da sociedade. Ex.: Destituição de administrador (art. 122 da LSA).

  > **Enunciado nº 14 da I Jornada de Direito Comercial do CJF:** É vedado aos administradores de sociedades anônimas votarem para aprovação/rejeição de suas próprias contas, mesmo que o façam por interposta pessoa.

> **Atenção!**
>
> Não é possível anular as deliberações para aumento de capital da companhia quando elas causam diluição injustificada da participação acionária dos sócios na sociedade, mesmo considerando que tal diluição não é permitida em face do § 1º do art. 170 da Lei nº 6.404/1976 (Lei das Sociedades Anônimas – S/A). Isso porque o referido dispositivo não prevê como consequência de sua violação a nulidade da assembleia, sendo hipótese de responsabilidade civil dos controladores, que se resolve em perdas e danos, e não em declaração de nulidade de assembleia (art. 117 da mesma lei). (REsp 1.190.755/RJ, Rel. Min. Luis Felipe Salomão, julgado em 21.06.2011.)

A Lei nº 14.030/2020 alterou o art. 121 da LSA, no sentido de permitir que o sócio participe e vote a distância em assembleia:

> Art. 121. A assembleia-geral, convocada e instalada de acordo com a lei e o estatuto, tem poderes para decidir todos os negócios relativos ao objeto da companhia e tomar as resoluções que julgar convenientes à sua defesa e desenvolvimento.
>
> Parágrafo único. Nas companhias, abertas e fechadas, o acionista poderá participar e votar a distância em assembleia geral, nos termos do regulamento da Comissão de Valores Mobiliários e do órgão competente do Poder Executivo federal, respectivamente.

Além disso, a mesma lei alterou o § 2º e incluiu § 2º-A no art. 124 da LSA, passando a determinar o local de realização das mencionadas assembleias. E, ainda, a Lei nº 14.195/2021 alterou o prazo mínimo de antecedência para a primeira convocação de 15 para 21 dias, bem como deu nova redação ao inciso I do § 5º do art. 124:

> Art. 124. A convocação far-se-á mediante anúncio publicado por 3 (três) vezes, no mínimo, contendo, além do local, data e hora da assembleia, a ordem do dia, e, no caso de reforma do estatuto, a indicação da matéria.
>
> § 1º A primeira convocação da assembleia-geral deverá ser feita: (Redação dada pela Lei nº 10.303, de 2001)
>
> I – na companhia fechada, com 8 (oito) dias de antecedência, no mínimo, contado o prazo da publicação do primeiro anúncio; não se realizando a assembleia, será publicado novo anúncio, de segunda convocação, com antecedência mínima de 5 (cinco) dias; (Incluído pela Lei nº 10.303, de 2001)
>
> II – na companhia aberta, com 21 (vinte e um) dias de antecedência, e a segunda convocação com 8 (oito) dias de antecedência. (Redação dada pela Lei nº 14.195, de 2021)
>
> § 2º A assembleia geral deverá ser realizada, preferencialmente, no edifício onde a companhia tiver sede ou, por motivo de força maior, em outro lugar, desde que seja no mesmo Município da sede e seja indicado com clareza nos anúncios. (Redação dada pela Lei nº 14.030, de 2020)
>
> § 2º-A. Sem prejuízo do disposto no § 2º deste artigo, as companhias, abertas e fechadas, poderão realizar assembleia digital, nos termos do regulamento da Comissão de Valores Mobiliários e do órgão competente do Poder Executivo federal, respectivamente. (Incluído pela Lei nº 14.030, de 2020)
>
> § 3º Nas companhias fechadas, o acionista que representar 5% (cinco por cento), ou mais, do capital social, será

convocado por telegrama ou carta registrada, expedidos com a antecedência prevista no § 1º, desde que o tenha solicitado, por escrito, à companhia, com a indicação do endereço completo e do prazo de vigência do pedido, não superior a 2 (dois) exercícios sociais, e renovável; essa convocação não dispensa a publicação do aviso previsto no § 1º, e sua inobservância dará ao acionista direito de haver, dos administradores da companhia, indenização pelos prejuízos sofridos.

§ 4º Independentemente das formalidades previstas neste artigo, será considerada regular a assembleia-geral a que comparecerem todos os acionistas.

§ 5º A Comissão de Valores Mobiliários poderá, a seu exclusivo critério, mediante decisão fundamentada de seu Colegiado, a pedido de qualquer acionista, e ouvida a companhia: (Incluído pela Lei nº 10.303, de 2001)

I – determinar, fundamentadamente, o adiamento de assembleia geral por até 30 (trinta) dias, em caso de insuficiência de informações necessárias para a deliberação, contado o prazo da data em que as informações completas forem colocadas à disposição dos acionistas; e (Redação dada pela Lei nº 14.195, de 2021)

II – interromper, por até 15 (quinze) dias, o curso do prazo de antecedência da convocação de assembleia-geral extraordinária de companhia aberta, a fim de conhecer e analisar as propostas a serem submetidas à assembleia e, se for o caso, informar à companhia, até o término da interrupção, as razões pelas quais entende que a deliberação proposta à assembleia viola dispositivos legais ou regulamentares. (Incluído pela Lei nº 10.303, de 2001)

§ 6º As companhias abertas com ações admitidas à negociação em bolsa de valores deverão remeter, na data da publicação do anúncio de convocação da assembleia, à bolsa de valores em que suas ações forem mais negociadas, os documentos postos à disposição dos acionistas para deliberação na assembleia-geral. (Incluído pela Lei nº 10.303, de 2001)

7.11.6.2 Conselho de administração

É um órgão de deliberação colegiada a quem compete fixar a orientação geral dos negócios da companhia e fiscalizar a gestão dos diretores.

É composto por, no mínimo, três membros, acionistas, eleitos pela AGE e por ela destituíveis a qualquer tempo, com mandato de no máximo três anos, permitida a reeleição.

Somente é obrigatório nas sociedades anônimas abertas (que negociam suas ações na bolsa ou no mercado de capitais), nas de capital autorizado (têm autorização de aumento de capital no estatuto, sem necessidade de assembleia para deliberação) e nas sociedades de economia mista.

Na companhia aberta, o conselho de administração pode deliberar sobre a emissão de debêntures: 1. não conversíveis em ações, salvo disposição estatutária em contrário; 2. conversíveis em ação, se o estatuto permitir.

Conforme recente modificação da Lei nº 14.195/2021 "É vedada, nas companhias abertas, a acumulação do cargo de presidente do conselho de administração e do cargo de diretor-presidente ou de principal executivo da companhia" (art. 138, § 3º), mas a Comissão de Valores Mobiliários poderá editar ato normativo que excepcione as companhias de menor porte previstas no art. 294-B da LSA da aludida vedação.

Além disso, na composição do conselho de administração das companhias abertas, é obrigatória a participação de conselheiros independentes, nos termos e nos prazos definidos pela Comissão de Valores Mobiliários, conforme parágrafo acrescido pela Lei nº 14.195/2021 (art. 140, § 2º).

7.11.6.3 Diretoria

É a responsável pela representação da companhia e pela prática dos atos necessários ao seu funcionamento regular. É obrigatória em todas as sociedades anônimas.

Os diretores podem ou não ser acionistas. A LSA, em sua redação original, exigia que os diretores fossem residentes no país. A Lei nº 14.195/2021, no entanto, modificou a redação do *caput* do art. 146, de modo que, agora, não há mais a exigência de que os diretores da companhia sejam residentes no Brasil. Exige-se, tão somente, que sejam pessoas naturais. Contudo, segundo o § 2º do art. 146, também com redação dada pela nova lei,

> a posse de administrador residente ou domiciliado no exterior fica condicionada à constituição de representante residente no País, com poderes para, até, no mínimo, 3 (três) anos após o término do prazo de gestão do administrador, receber:
>
> I – citações em ações contra ele propostas com base na legislação societária; e
>
> II – citações e intimações em processos administrativos instaurados pela Comissão de Valores Mobiliários, no caso de exercício de cargo de administração em companhia aberta.

A diretoria é composta por dois ou mais diretores, eleitos e destituíveis a qualquer tempo pelo Conselho de

Administração, ou se, inexistente, pela assembleia geral, com mandato nunca superior a três anos, permitida a reeleição.

Atenção!

A CIA aberta pode ser composta por dois acionistas?

Não, pois a CIA Aberta tem que ter Conselho de Administração que deve ter uma composição mínima de três acionistas.

No art. 155, § 1º, temos a proibição do *insider trading* = proibição do trânsito de informações por parte daqueles que ocupam lugar na diretoria.

> Art. 155. O administrador deve servir com lealdade à companhia e manter reserva sobre os seus negócios, sendo-lhe vedado:
>
> (...)
>
> § 1º Cumpre, ademais, ao administrador de companhia **aberta**, guardar sigilo sobre qualquer informação que ainda não tenha sido divulgada para conhecimento do mercado, obtida em razão do cargo e capaz de influir de modo ponderável na cotação de valores mobiliários, sendo-lhe vedado valer-se da informação para obter, para si ou para outrem, vantagem mediante compra ou venda de valores mobiliários. (Grifo nosso.)

No art. 157 encontramos o dever de *desclosure* – dever da administração de informar ao mercado financeiro da saúde financeira da sua empresa. Transparecer e informar todas as informações econômicas e financeiras da sociedade com veracidade.

> Art. 157. O administrador de companhia aberta deve declarar, ao firmar o termo de posse, o número de ações,

bônus de subscrição, opções de compra de ações e debêntures conversíveis em ações, de emissão da companhia e de sociedades controladas ou do mesmo grupo, de que seja titular.

A teoria *ultra vires*, antes mesmo de sua revogação pela Lei n° 14.195/2021, já não se aplicava à sociedade anônima, diante do regramento próprio do art. 158 da LSA:

> Art. 158. O administrador não é pessoalmente responsável pelas obrigações que contrair em nome da sociedade e em virtude de ato regular de gestão; responde, porém, civilmente, pelos prejuízos que causar, quando proceder:
>
> I – dentro de suas atribuições ou poderes, com culpa ou dolo;
>
> II – com violação da lei ou do estatuto.

7.11.6.4 Conselho fiscal

É de existência obrigatória nas sociedades anônimas, mas o seu funcionamento pode não ser permanente, restringindo-se aos exercícios sociais em que for instalado a pedido dos acionistas. Sua atribuição é a fiscalização dos atos de administração da sociedade. Os conselheiros podem ou não ser acionistas. Serão, no mínimo, três e, no máximo, cinco conselheiros.

7.11.7 Direitos e deveres dos acionistas

a) **Dever de integralizar as ações:** é o principal dever do acionista, que tem que integralizar as ações subscritas, sob pena de tornar-se acionista **remisso**, com a consequência de ser executado ou ter suas ações negociadas em bolsa. O título executivo pode ser: Boletim de Subscrição ou Aviso de Chamada de Capital (são títulos executivos extrajudiciais por força de lei).

A execução e a negociação das ações são medidas que podem ser adotadas simultaneamente pela sociedade. Mesmo a S/A fechada pode negociar as ações do remisso na bolsa, cujos valores serão suportados pelo remisso.

b) **Direitos podem ser: essenciais** (não podem ser retirados do acionista) ou **não essenciais** (direito de voto é dessa natureza, tanto que existem ações sem esse direito garantido). Os direitos essenciais são:

- **Participação nos lucros** (qualquer cláusula que retire esse direito é nula, sendo chamada de cláusula leonina; entretanto esse direito pode ser reduzido ou ampliado).
- **Preferência** (a subscrição de novas ações).
- **Fiscalização** (podem os acionistas por meio do Conselho Fiscal e da assembleia geral, que é responsável pela aprovação das contas da sociedade, fiscalizar a administração da sociedade).
- **Participação no acervo societário** (em caso de liquidação da sociedade, que consiste na apuração do ativo para pagar o passivo, o que resta deve ser dividido entre todos os acionistas, com base no valor patrimonial das suas ações).
- **Retirada**.

7.11.8 Direito de retirada

Possibilidade que o acionista tem de retirar-se da S/A, recebendo o reembolso de suas ações (art. 45), baseado no valor patrimonial delas.

Art. 45. O reembolso é a operação pela qual, nos casos previstos em lei, a companhia paga aos acionistas dissidentes de deliberação da assembleia geral o valor de suas ações.

Há quem entenda na doutrina que o reembolso possa ser feito com base no valor econômico das ações (valor técnico, pericial).

É bom destacar que na sociedade anônima, dada a facilidade de alienação da participação societária, as hipóteses de exercício do direito de retirada são limitadas, estando disciplinadas especificamente em lei.

A Lei nº 13.129/2015 alterou a LSA para dispor sobre a possibilidade de retirada/recesso em favor do acionista dissidente de deliberação de inserção de convenção de arbitragem quando de alteração estatutária. Mas esse direito de retirada não é absoluto, sendo vedada a retirada se a convenção de arbitragem for condição para negociabilidade de ações com dispersão acionária, no mínimo, de 25%, caso as ações sejam todas de liquidez e dispersão.

> **Enunciado nº 16 da I Jornada de Direito Civil do CJF:** O adquirente de cotas ou ações adere ao contrato social ou estatuto no que se refere à cláusula compromissória (cláusula de arbitragem) nele existente; assim, estará vinculado à previsão da opção da jurisdição arbitral, independentemente de assinatura e/ou manifestação específica a esse respeito.

7.11.9 Administradores da S.A.

São os membros do Conselho de Administração e da Diretoria.

Eles têm três deveres: Diligência (art. 153): cuidar do negócio como se fosse seu; Lealdade (art. 155): não pode utilizar as informações privilegiadas em benefício próprio ou alheio; Informação (art. 157): desde a nomeação deve informar a sua participação no capital social da sociedade administrativa e em outras sociedades por ela controladas.

A aprovação das contas sem reservas pela assembleia geral ordinária (AGO), salvo se anulada, exonera os administradores e diretores de quaisquer responsabilidades (art. 134, § 3°, da Lei n° 6.404/1976 – Lei das Sociedades Anônimas), não bastando a prévia deliberação da assembleia geral para a propositura da ação de responsabilidade civil, sendo mister, antes de tal propositura ou concomitantemente a ela, o ajuizamento da ação de anulação da assembleia (REsp 1.313.725/SP, Rel. Min. Ricardo Villas Bôas Cueva, julgado em 26.06.2012).

7.11.10 Acionista controlador

Vide o que rege o art. 116 da LSA, que define a figura do acionista controlador e estabelece seus poderes e deveres:

> Art. 116. Entende-se por acionista controlador a pessoa, natural ou jurídica, ou o grupo de pessoas vinculadas por acordo de voto, ou sob controle comum, que:
>
> a) é titular de direitos de sócio que lhe assegurem, de modo permanente, a maioria dos votos nas deliberações da assembleia-geral e o poder de eleger a maioria dos administradores da companhia; e
>
> b) usa efetivamente seu poder para dirigir as atividades sociais e orientar o funcionamento dos órgãos da companhia.
>
> Parágrafo único. O acionista controlador deve usar o poder com o fim de fazer a companhia realizar o seu objeto e cumprir sua função social, e tem deveres e responsabilidades para com os demais acionistas da empresa, os que nela

trabalham e para com a comunidade em que atua, cujos direitos e interesses deve lealmente respeitar e atender.

Os requisitos para ser acionista controlador são:

- maioria de votos da CIA;
- poder de eleger a maioria dos Administradores da CIA;
- uso efetivo desse poder.

É possível que um bloco de acionistas seja controlador. Para isso, no entanto, é necessário que exista um "acordo de voto" que vincule esses acionistas.

Não basta que eles cheguem à Assembleia e resolvam votar no mesmo sentido. O "Acordo de voto" é uma das matérias objeto do famoso acordo de acionistas, previsto no art. 118 da LSA.

O acordo de acionistas nada mais é que um **contrato** celebrado entre os acionistas, que deve tratar de uma das matérias previstas no art. 118:

> Art. 118. Os acordos de acionistas, sobre a compra e venda de suas ações, preferência para adquiri-las, exercício do direito a voto, ou do poder de controle deverão ser observados pela companhia quando arquivados na sua sede.

Assim, quando o acordo versar sobre um dos quatro temas acima, tais acordos estarão sujeitos a uma proteção especificamente liberada pela legislação do anonimato e o seu registro na companhia implicará as seguintes modalidades de tutela:

- a sociedade anônima não poderá praticar atos que contrariem o conteúdo próprio do acordo;
- poderá ser obtida a execução específica do avençado, mediante ação judicial.

Dessa forma, se um acionista fez um contrato e concedeu o direito de preferência a outro, porém vendeu suas ações a um terceiro acionista, descumprindo o acordo, a companhia não poderá registrar a transferência de titularidade das ações, caso o acordo se encontre averbado.

Art. 118 (...)

§ 8º O presidente da assembleia ou do órgão colegiado de deliberação da companhia não computará o voto proferido com infração de acordo de acionistas devidamente arquivado.

Frisa-se que esse acordo de acionistas, para produzir efeitos perante a S/A, deve ser arquivado na sede da CIA. É chamado de contrato parassocial.

O não comparecimento à assembleia ou às reuniões dos órgãos de administração da companhia, bem como as abstenções de voto de qualquer parte de acordo de acionistas, assegura à parte prejudicada o direito de votar com as ações pertencentes ao acionista ausente ou omisso (art. 118, § 9º).

Art. 118 (...)

§ 9º O não comparecimento à assembleia ou às reuniões dos órgãos de administração da companhia, bem como as abstenções de voto de qualquer parte de acordo de acionistas ou de membros do conselho de administração eleitos nos termos de acordo de acionistas, assegura à parte prejudicada o direito de votar com as ações pertencentes ao acionista ausente ou omisso e, no caso de membro do conselho de administração, pelo conselheiro eleito com os votos da parte prejudicada.

7.11.11 Voto plural

O art. 110 da LSA dispõe que "A cada ação ordinária corresponde 1 (um) voto nas deliberações da assembleia-geral". Assim, estaria vedado o voto plural, o que era expressamente previsto no § 2º do aludido artigo.

A Lei nº 14.195/2021, contudo, revogou a proibição atinente ao voto plural, passando a permitir a prática, desde que respeitadas as diversas regras previstas no recém-incluído art. 110-A.

7.12 Dissolução, liquidação e extinção das sociedades institucionais

A dissolução poderá ocorrer:

a) **De pleno direito**, nas seguintes hipóteses:
- término do prazo de duração;
- em qualquer caso específico previsto no estatuto;
- por deliberação da assembleia geral;
- pela existência de um único acionista, se no mínimo de dois não for reconstituído até a assembleia do ano seguinte; e
- pela extinção, na forma da lei, da autorização para funcionar.

b) **Por decisão judicial**, quando:
- for anulada a sua constituição em ação proposta por qualquer acionista;
- for provado que não poderá alcançar o seu objetivo em ação proposta por acionistas que representem 5% ou mais do capital social; e
- for decretada a falência, na forma da respectiva lei.

c) **Por decisão da autoridade administrativa competente**, nos casos e na forma prevista em lei especial, tal como na falta de autorização devida para a negociação de ações no mercado de capitais.

Após a dissolução terá início a liquidação, que poderá ser extrajudicial (competindo à assembleia geral deliberar o seu modo e nomear o liquidante) ou judicial.

A companhia dissolvida conserva a sua personalidade jurídica até a sua extinção, para que possa ser efetuada a liquidação.

O liquidante tem os mesmos deveres e responsabilidades do administrador.

A liquidação é conduzida com a finalidade de atingir dois objetivos básicos:

- realização do ativo, com a venda dos bens da sociedade e a cobrança de seus devedores; e
- satisfação do passivo, com o pagamento de todos os seus credores.

Feitos os pagamentos aos credores, entra-se então na fase da partilha do acervo líquido da sociedade entre os seus sócios. Claro que se a sociedade tiver um passivo maior do que o ativo, não haverá o que partilhar. Nesse caso, aliás, caberá ao liquidante confessar a insolvência da sociedade e requerer a sua falência. Pode ser extrajudicial ou judicial.

Dissolução parcial: a jurisprudência foi mudando seu entendimento, passando a permitir a dissolução parcial das sociedades anônimas fechadas organizadas como grupos familiares, porque nessas é patente a presença da *affectio societatis*.

7.13 Publicações

Em 2019 houve uma mudança legislativa com o objetivo de simplificar as publicações que a lei impõe às sociedades anônimas (ex.: convocação de assembleia geral, demonstrações financeiras etc.). Em razão de ser mudança recente, sempre é provável a sua cobrança. Conforme tabelas elaboradas pelo professor Márcio André Lopes Cavalcante (2019):

COMO DEVEM OCORRER AS PUBLICAÇÕES	
Antes da Lei nº 13.818/2019	**Depois da Lei nº 13.818/2019** (aqui, entrou em vigor em 1º.01.2022)
O inteiro teor do documento/ato deveria ser publicado no *Diário Oficial* e também em um jornal de grande circulação.	O resumo do documento/ato será publicado no jornal impresso e o seu inteiro teor será divulgado no *site* deste jornal. Não será mais necessária a publicação no *Diário Oficial*.
Art. 289. As publicações ordenadas pela presente Lei serão feitas no órgão oficial da União ou do Estado ou do Distrito Federal, conforme o lugar em que esteja situada a sede da companhia, e em outro jornal de grande circulação editado na localidade em que está situada a sede da companhia.	Art. 289. As publicações ordenadas por esta Lei obedecerão às seguintes condições: I – deverão ser efetuadas em jornal de grande circulação editado na localidade em que esteja situada a sede da companhia, **de forma resumida e com divulgação simultânea da íntegra dos documentos na página do mesmo jornal na internet**, que deverá providenciar certificação digital da autenticidade dos documentos mantidos na página própria emitida por autoridade certificadora credenciada no âmbito da Infraestrutura de Chaves Públicas Brasileiras (ICP-Brasil); II – no caso de demonstrações financeiras, a publicação de forma resumida deverá conter, no mínimo, em comparação com os dados do exercício social anterior, informações ou valores globais relativos a cada grupo e a respectiva classificação de contas ou registros, assim como extratos das informações relevantes contempladas nas notas explicativas e nos pareceres dos auditores independentes e do conselho fiscal, se houver. (Grifos nossos.)

REGIME SIMPLIFICADO DE PUBLICIDADE DOS ATOS SOCIETÁRIOS	
Antes da Lei nº 13.818/2019	**Depois da Lei Complementar nº 182/2021**
Art. 294. A companhia fechada que tiver menos de vinte acionistas, com patrimônio líquido inferior a R$ 1.000.000,00 (um milhão de reais), poderá: I – convocar assembleia-geral por anúncio entregue a todos os acionistas, contra-recibo, com a antecedência prevista no art. 124; e II – deixar de publicar os documentos de que trata o art. 133, desde que sejam, por cópias autenticadas, arquivados no registro de comércio juntamente com a ata da assembleia que sobre eles deliberar. (Grifos nossos.)	Art. 294. A companhia fechada que tiver receita bruta anual de até R$ 78.000.000,00 (setenta e oito milhões de reais) poderá: I – (revogado); II – (revogado); III – realizar as publicações ordenadas por esta Lei de forma eletrônica, em exceção ao disposto no art. 289 desta Lei; e IV – substituir os livros de que trata o art. 100 desta Lei por registros mecanizados ou eletrônicos.

7.14 Sociedade anônima de futebol (SAF)[2-3]

Desde a Lei Zico (Lei nº 8.672/1993), revogada posteriormente pela Lei Pelé (Lei nº 9.615/1998), era facultado aos clubes de futebol "manter a gestão de suas atividades sob a responsabilidade de sociedade com fins lucrativos" (art. 11). A Lei Pelé, por sua vez, a partir das alterações promovidas pela Lei nº 10.672/2003, também facultou "às entidades desportivas profissionais constituírem-se regularmente em sociedade

---

[2.] MARIOTTO, Gabriel. *Como a nova Lei da Sociedade Anônima do Futebol pode impactar o seu clube?* Disponível em: https://www.migalhas.com.br/depeso/355862/como-nova-lei-da-sociedade-anonima-do-futebol-pode-impactar-seu-clube. Acesso em: 5 dez. 2021.

[3.] DIAS, Giovanna; ROCHA, Rafael. *Os desafios da Sociedade Anônima de Futebol.* Disponível em: https://www.migalhas.com.br/depeso/352632/os-desafios-da-sociedade-anonima-de-futebol. Acesso em: 5 dez. 2021.

empresária", segundo um dos tipos regulados nos arts. 1.039 a 1.092 do Código Civil.

Não obstante, a ausência de um regime jurídico próprio, especialmente as desvantagens no âmbito tributário, fez com que os clubes de futebol brasileiros continuassem a adotar, majoritariamente, a constituição sob a forma de associação civil.

Contudo, a gestão dos clubes no formato de associações civis não tem se mostrado satisfatória em relação aos indicadores de responsabilidade financeira e governança, o que levou tradicionais times brasileiros a um cenário de crise sem precedentes.

Na busca por uma alternativa viável, nasceu a Lei nº 14.193/2021, que:

> [i]nstitui a Sociedade Anônima do Futebol e dispõe sobre normas de constituição, governança, controle e transparência, meios de financiamento da atividade futebolística, tratamento dos passivos das entidades de práticas desportivas e regime tributário específico.

A denominação da Sociedade Anônima do Futebol deve conter a expressão "Sociedade Anônima do Futebol" ou a abreviatura "S.A.F." (art. 1º, § 3º).

Criou-se, destarte, um tipo societário com estrutura específica para os clubes de futebol, a qual poderá ser constituída (art. 2º): **a)** pela transformação do clube ou pessoa jurídica original em Sociedade Anônima do Futebol; **b)** pela cisão do departamento de futebol do clube ou pessoa jurídica original e transferência do seu patrimônio relacionado à atividade futebol; **c)** pela iniciativa de pessoa natural ou jurídica ou de fundo de investimento. Na hipótese prevista no item b, ocorre a cisão do departamento de futebol e a transferência do patrimônio atinente à atividade de futebol à SAF, criando-se um clube-empresa para o departamento de futebol e separando-o do clube social. Neste caso (art. 2º, §§ 1º e 2º):

- a Sociedade Anônima do Futebol sucede obrigatoriamente o clube ou pessoa jurídica original nas relações com as entidades de administração, bem como nas relações contratuais, de qualquer natureza, com atletas profissionais do futebol;
- a Sociedade Anônima do Futebol terá o direito de participar de campeonatos, copas ou torneios em substituição ao clube ou pessoa jurídica original, nas mesmas condições em que se encontravam no momento da sucessão, competindo às entidades de administração a devida substituição sem quaisquer prejuízos de ordem desportiva;
- os direitos e deveres decorrentes de relações, de qualquer natureza, estabelecidos com o clube, pessoa jurídica original e entidades de administração, inclusive direitos de participação em competições profissionais, bem como contratos de trabalho, de uso de imagem ou quaisquer outros contratos vinculados à atividade do futebol serão obrigatoriamente transferidos à Sociedade Anônima do Futebol;
- o clube ou pessoa jurídica original e a Sociedade Anônima do Futebol deverão contratar, na data de constituição desta, a utilização e o pagamento de remuneração decorrente da exploração pela Sociedade Anônima do Futebol de direitos de propriedade intelectual de titularidade do clube ou pessoa jurídica original;
- os bens e direitos serão transferidos à Sociedade Anônima do Futebol em definitivo ou a termo, conforme estabelecido em contrato;
- a transferência dos direitos e do patrimônio para a Sociedade Anônima do Futebol independe de autorização ou consenti-

mento de credores ou partes interessadas, inclusive aqueles de natureza pública, salvo se disposto de modo diverso em contrato ou outro negócio jurídico;
- se as instalações desportivas, como estádio, arena e centro de treinamento, não forem transferidas para a Sociedade Anônima do Futebol, o clube ou pessoa jurídica original e a Sociedade Anônima do Futebol deverão celebrar, na data de constituição desta, contrato no qual se estabelecerão as condições para utilização das instalações;
- o clube ou pessoa jurídica original não poderá participar, direta ou indiretamente, de competições profissionais do futebol, sendo a participação prerrogativa da Sociedade Anônima do Futebol por ele constituída; e
- a Sociedade Anônima do Futebol emitirá obrigatoriamente ações ordinárias da classe A para subscrição exclusivamente pelo clube ou pessoa jurídica original que a constituiu.

Importante assinalar que a SAF responderá somente pelas dívidas trabalhistas no que tange às atividades específicas do seu objeto social (art. 9º), ou seja, referente às atividades do futebol profissional, já que o parágrafo único do art. 9º aduz que integrarão o rol de credores trabalhistas "os atletas, membros da comissão técnica e funcionários cuja atividade principal seja vinculada diretamente ao departamento de futebol". Conclui-se, assim, que não há sucessão trabalhista quanto aos trabalhadores que não atuavam diretamente no departamento de futebol, que serão de responsabilidade do clube original. No entanto, determina o art. 10 a vinculação de determinadas receitas para fins de pagamento das obrigações anteriores à constituição da Sociedade Anônima do Futebol, sendo que:

> enquanto a Sociedade Anônima do Futebol cumprir os pagamentos previstos nesta Seção, é vedada qualquer forma de constrição ao patrimônio ou às receitas, por

penhora ou ordem de bloqueio de valores de qualquer natureza ou espécie sobre as suas receitas, com relação às obrigações anteriores à constituição da Sociedade Anônima do Futebol (art. 12).

Foram previstas, ainda, regras acerca da governança da sociedade (arts. 4º a 8º), com destaque para a proibição de que o controlador da Sociedade Anônima do Futebol, individual ou integrante de acordo de controle, participe, direta ou indiretamente, de outra Sociedade Anônima do Futebol (art. 4º). Além disso, o conselho de administração e o conselho fiscal são órgãos de existência obrigatória e funcionamento permanente (art. 5º), havendo vedações expressas à composição de tais órgãos (art. 5º, § 1º).

Preocupa-se a lei, ainda, com a transparência na gestão, sendo obrigatória a manutenção de determinadas informações no sítio eletrônico da S.A.F. (art. 8º).

Quanto ao modo de quitação das obrigações (art. 13), permite-se que o clube ou pessoa jurídica original efetue o pagamento das obrigações diretamente aos seus credores, ou a seu exclusivo critério: **a)** pelo concurso de credores, por intermédio do Regime Centralizado de Execuções previsto nos arts. 14 a 24 da lei, que consiste em concentrar no juízo centralizador as execuções, as suas receitas e os valores arrecadados na forma do art. 10 da lei, bem como a distribuição desses valores aos credores em concurso e de forma ordenada; ou **b)** por meio de recuperação judicial ou extrajudicial, nos termos da Lei nº 11.101, de 9 de fevereiro de 2005.

Em relação ao financiamento, a Sociedade Anônima do Futebol poderá emitir debêntures, que serão denominadas "debêntures-fut", as quais terão características próprias (art. 26), bem como deverão instituir Programa de Desenvolvimento

Educacional e Social (PDE), para, em convênio com instituição pública de ensino, promover medidas em prol do desenvolvimento da educação, por meio do futebol, e do futebol, por meio da educação (art. 28).

Por fim, de modo a tornar a SAF atrativa aos clubes brasileiros, foi previsto um Regime de Tributação Específica do Futebol (TEF) nos arts. 31 e 32, com o recolhimento mensal, mediante documento único de arrecadação, dos impostos e contribuições previstos no art. 31, § 1º.

A Lei nº 14.193/2021 entrou em vigor na data de sua publicação, tendo a Presidência da República vetado as regras atinentes ao regime de tributação específica, tendo o Congresso Nacional, posteriormente, derrubado o veto e promulgado as partes respectivas.

7.15 Jurisprudência do Superior Tribunal de Justiça

- "A ação social reparatória (*ut universi*) ajuizada pela sociedade empresária contra ex-administradores, na forma do art. 159 da Lei nº 6.404/1976, depende de autorização da assembleia geral ordinária ou extraordinária, que poderá ser comprovada após o ajuizamento da ação" (REsp 1.778.629/RS, Rel. Min. Paulo de Tarso Sanseverino, 3ª Turma, por maioria, julgado em 06.08.2019, *DJe* 14.08.2019. Informativo nº 653).

- "A pretensão do titular de ações de exigir contas da sociedade anônima referente ao pagamento de dividendos, juros sobre capital próprio e demais rendimentos inerentes às respectivas ações prescreve em três anos" (REsp 1.608.048/SP, Rel. Min. Marco Aurélio Bellizze, por unanimidade, julgado em 22.05.2018, *DJe* 1º.06.2018. Informativo nº 627).

- "Não configura o fechamento em branco ou indireto de capital a hipótese de incorporação de ações de sociedade controlada para fins de transformação em subsidiária integral (art. 252 da Lei das S/A), realizada entre sociedades de capital aberto, desde que se mantenha a liquidez e a possibilidade de os acionistas alienarem as suas ações" (REsp 1.642.327/SP, Rel. Min. Paulo de Tarso Sanseverino, por unanimidade, julgado em 19.09.2017, DJe 26.09.2017. Informativo n° 612).

■ "A definição do valor justo de mercado como critério a ser utilizado para o cálculo do valor de reembolso das ações do acionista dissidente retirante, por ocasião da incorporação da companhia controlada, não infringe o disposto no art. 45, § 1°, da Lei n° 6.404/1976 (Lei das Sociedades por Ações)" (REsp 1.572.648/RJ, Rel. Min. Ricardo Villas Bôas Cueva, por unanimidade, julgado em 12.09.2017, DJe 20.09.2017. Informativo n° 611).

■ "É possível que sociedade anônima de capital fechado, ainda que não formada por grupos familiares, seja dissolvida parcialmente quando, a despeito de não atingir seu fim – consubstanciado no auferimento de lucros e na distribuição de dividendos aos acionistas –, restar configurada a viabilidade da continuação dos negócios da companhia" (REsp 1.321.263/PR, Rel. Min. Moura Ribeiro, por unanimidade, julgado em 06.12.2016, DJe 15.12.2016. Informativo n° 595).

■ "Não faz jus ao recebimento de dividendos o sócio que manteve essa condição durante o exercício financeiro sobre o qual é apurado o lucro, mas se desliga da empresa, por alienação de suas ações, em data anterior ao ato de declaração do benefício" (REsp 1.326.281/RS, Rel. Min. Luis Felipe Salomão, por unanimidade, julgado em 03.08.2017, DJe 1°.09.2017. Informativo n° 610).

■ "O inventariante, representando o espólio, não tem poder de voto em assembleia de sociedade anônima da qual o falecido era sócio, com a pretensão de alterar o controle da companhia e vender bens do acervo patrimonial, cujo benefício não se reverterá a todos os herdeiros" (REsp 1.627.286/GO, Rel. Min. Ricardo Villas Bôas Cueva, por maioria, julgado em 20.06.2017, DJe 03.10.2017. Informativo nº 612).

■ "Não se aplica o Código de Defesa do Consumidor às relações entre acionistas investidores e a sociedade anônima de capital aberto com ações negociadas no mercado de valores mobiliários" (REsp 1.685.098/SP, Rel. Min. Moura Ribeiro, rel. p/ acórdão Min. Ricardo Villas Bôas Cueva, 3ª Turma, julgado em 10.03.2020, DJe 07.05.2020. Informativo nº 671).

8

Falência

8.1 Noções introdutórias

Falência é a execução concursal do devedor empresário. Assim, falência é um processo de execução coletiva, no qual todo o patrimônio de um empresário declarado "falido" (pessoa física ou jurídica) é arrecadado, visando ao pagamento da universalidade de seus credores, de forma completa ou proporcional. É um processo judicial complexo que compreende a arrecadação dos bens, sua administração e conservação, bem como a verificação e o acertamento dos créditos, para posterior liquidação dos bens e rateio entre os credores. Compreende também a punição de atos criminosos praticados pelo devedor falido.

O pagamento dos credores deve necessariamente seguir uma ordem de classificação dos créditos. Pode acontecer de o próprio credor que ingressou com a ação não ter seu crédito satisfeito, por não ser bem classificado na ordem de pagamento.

8.2 Natureza jurídica da falência

Há três correntes acerca da natureza jurídica da falência. Segundo elas, a falência é um:

- instituto de direito processual;
- instituto de direito material;
- natureza híbrida, diante da confluência de normas processuais e materiais.

8.3 Princípios

Tais princípios podem ser encontrados no art. 75 da Lei de Falência, que, recentemente, foi objeto de grande alteração pela Lei nº 14.112, de 2020:

> Art. 75. A falência, ao promover o afastamento do devedor de suas atividades, visa a: (Redação dada pela Lei nº 14.112, de 2020.)
>
> I – preservar e a otimizar a utilização produtiva dos bens, dos ativos e dos recursos produtivos, inclusive os intangíveis, da empresa; (Incluído pela Lei nº 14.112, de 2020.)
>
> II – permitir a liquidação célere das empresas inviáveis, com vistas à realocação eficiente de recursos na economia; e (Incluído pela Lei nº 14.112, de 2020.)
>
> III – fomentar o empreendedorismo, inclusive por meio da viabilização do retorno célere do empreendedor falido à atividade econômica. (Incluído pela Lei nº 14.112, de 2020.)
>
> § 1º O processo de falência atenderá aos princípios da celeridade e da economia processual, sem prejuízo do con-

traditório, da ampla defesa e dos demais princípios previstos na Lei nº 13.105, de 16 de março de 2015 (Código de Processo Civil). (Incluído pela Lei nº 14.112, de 2020.)

§ 2º A falência é mecanismo de preservação de benefícios econômicos e sociais decorrentes da atividade empresarial, por meio da liquidação imediata do devedor e da rápida realocação útil de ativos na economia. (Incluído pela Lei nº 14.112, de 2020.)

Nesses termos, podem ser encontrados como princípios da Falência alguns bastante conhecidos, como o contraditório e a ampla defesa etc., mas destacam-se como princípios específicos sobre o tema: **a) da preservação da empresa; b) celeridade; c) maximização dos ativos economia processual:**

a) **Da preservação da empresa**: a decretação da falência do devedor não implica, necessariamente, o fim da atividade empresarial, que pode continuar sob a responsabilidade de outro empresário, caso, por exemplo, ocorra a venda do estabelecimento empresarial. Isso impede que seus ativos, sobretudo os intangíveis, como a marca, desvalorizem-se. Dessa forma, assegura-se preços melhores no momento de sua venda. Nesses termos, o § 2º afirma que a falência é mecanismo de preservação de benefícios econômicos e sociais decorrentes da atividade empresarial, por meio da liquidação imediata do devedor e da rápida realocação útil de ativos na economia.

b) **Celeridade**: a falência deve se desenvolver com a máxima rapidez possível para a liquidação das empresas inviáveis, permitindo assim a realocação eficiente de recursos na economia.

c) **Da maximização dos ativos**: deve buscar assegurar, no momento da venda, o preço justo, por via indireta, assegurada a maximização dos ativos, o que interessa também aos credores.

Um ponto importante é que a Lei n° 14.112, de 2020, também incentiva fortemente as conciliações e mediações:

Art. 20-A. A conciliação e a mediação deverão ser incentivadas em qualquer grau de jurisdição, inclusive no âmbito de recursos em segundo grau de jurisdição e nos Tribunais Superiores, e não implicarão a suspensão dos prazos previstos nesta Lei, salvo se houver consenso entre as partes em sentido contrário ou determinação judicial. (Incluído pela Lei n° 14.112, de 2020.)

Art. 20-B. Serão admitidas conciliações e mediações antecedentes ou incidentais aos processos de recuperação judicial, notadamente: (Incluído pela Lei n° 14.112, de 2020.)

I – nas fases pré-processual e processual de disputas entre os sócios e acionistas de sociedade em dificuldade ou em recuperação judicial, bem como nos litígios que envolverem credores não sujeitos à recuperação judicial, nos termos dos §§ 3° e 4° do art. 49 desta Lei, ou credores extraconcursais; (Incluído pela Lei n° 14.112, de 2020.)

II – em conflitos que envolverem concessionárias ou permissionárias de serviços públicos em recuperação judicial e órgãos reguladores ou entes públicos municipais, distritais, estaduais ou federais; (Incluído pela Lei n° 14.112, de 2020.)

III – na hipótese de haver créditos extraconcursais contra empresas em recuperação judicial durante período de vigência de estado de calamidade pública, a fim de permitir a continuidade da prestação de serviços essenciais; (Incluído pela Lei n° 14.112, de 2020.)

IV – na hipótese de negociação de dívidas e respectivas formas de pagamento entre a empresa em dificuldade e seus credores, em caráter antecedente ao ajuizamento de pedido de recuperação judicial. (Incluído pela Lei nº 14.112, de 2020.)

§ 1º Na hipótese prevista no inciso IV do *caput* deste artigo, será facultado às empresas em dificuldade que preencham os requisitos legais para requerer recuperação judicial obter tutela de urgência cautelar, nos termos do art. 305 e seguintes da Lei nº 13.105, de 16 de março de 2015 (Código de Processo Civil), a fim de que sejam suspensas as execuções contra elas propostas pelo prazo de até 60 (sessenta) dias, para tentativa de composição com seus credores, em procedimento de mediação ou conciliação já instaurado perante o Centro Judiciário de Solução de Conflitos e Cidadania (Cejusc) do tribunal competente ou da câmara especializada, observados, no que couber, os arts. 16 e 17 da Lei nº 13.140, de 26 de junho de 2015. (Incluído pela Lei nº 14.112, de 2020.)

§ 2º São vedadas a conciliação e a mediação sobre a natureza jurídica e a classificação de créditos, bem como sobre critérios de votação em assembleia-geral de credores. (Incluído pela Lei nº 14.112, de 2020.)

§ 3º Se houver pedido de recuperação judicial ou extrajudicial, observados os critérios desta Lei, o período de suspensão previsto no § 1º deste artigo será deduzido do período de suspensão previsto no art. 6º desta Lei. (Incluído pela Lei nº 14.112, de 2020.)

Art. 20-C. O acordo obtido por meio de conciliação ou de mediação com fundamento nesta Seção deverá ser homologado pelo juiz competente conforme o disposto no art. 3º desta Lei. (Incluído pela Lei nº 14.112, de 2020.)

Parágrafo único. Requerida a recuperação judicial ou extrajudicial em até 360 (trezentos e sessenta) dias contados do acordo firmado durante o período da conciliação ou de mediação pré-processual, o credor terá reconstituídos seus direitos e garantias nas condições originalmente contratadas, deduzidos os valores eventualmente pagos e ressalvados os atos validamente praticados no âmbito dos procedimentos previstos nesta Seção. (Incluído pela Lei nº 14.112, de 2020.)

Art. 20-D. As sessões de conciliação e de mediação de que trata esta Seção poderão ser realizadas por meio virtual, desde que o Cejusc do tribunal competente ou a câmara especializada responsável disponham de meios para a sua realização. (Incluído pela Lei nº 14.112, de 2020.)

8.4 Pressupostos da falência

A falência possui três pressupostos:

- **pressuposto material subjetivo**: qualidade de empresário do devedor;
- **pressuposto material objetivo**: insolvência (jurídica) do devedor;
- **pressuposto formal**: sentença declaratória de falência.

8.5 Fases do processo falimentar

O processo falimentar possui três fases:

- **Fase pré-falimentar**: tem início com o pedido de falência e perdura até a sentença declaratória de falência.
- **Fase falimentar**: tem início com a sentença declaratória de falência e vai até a sentença de encerramento que põe fim ao processo falimentar.

■ **Fase de reabilitação:** tem início com a sentença de extinção das obrigações do falido.

8.6 Incidência da lei

A Lei de Falências, analisando-se o art. 1°, apenas incidirá sobre o **empresário individual e a sociedade empresária**. Observa-se que é imprescindível a natureza empresária. Estes, portanto, são os sujeitos passivos sobre os quais incide a lei de regência.

Importante notar que as cooperativas, por serem sociedades simples, independentemente do seu objeto social (art. 982, parágrafo único, do CC), não podem requerer recuperação nem ter sua falência requerida. Nesse sentido, já decidiu o STJ (AgRg no REsp 999.134/PR).

Não obstante o caráter empresarial de incidência da lei, é expressamente ressalvada a aplicação aos seguintes **excluídos** (art. 2°):

■ **Totalmente excluídos:** empresa pública e sociedade de economia mista. Estes entes em hipótese alguma podem falir. Note-se que a LRE no artigo em comento não faz distinção se a EP ou a SEM é prestadora de serviço público ou se atua no mercado. Ambas não se submetem ao regime falimentar previsto na LRE.

■ **Parcialmente excluídos:** instituição financeira pública ou privada, cooperativa de crédito, consórcio, entidade de previdência complementar, sociedade operadora de plano de assistência à saúde, sociedade seguradora, sociedade de capitalização e outras entidades legalmente equiparadas às anteriores (agentes econômicos). Estes entes, a princípio, não podem sofrer falência. **Excepcionalmente poderão so-**

frer falência, pois todos estes entes podem passar por uma liquidação extrajudicial, onde será nomeado um liquidante extrajudicial e este, por sua vez, poderá requerer a falência. Assim, **a falência nestes casos é possível como consequência da liquidação extrajudicial.**

Não é demais registrar que os profissionais liberais (profissionais intelectuais – art. 966, parágrafo único, CC) por não serem, como regra, empresários, não podem requerer a recuperação ou a falência.

8.7 Legitimidade ativa

Pode ser autor de uma ação de falência (art. 97 da Lei nº 11.101/2005):

- **Autofalência (art. 105):** é a falência requerida pelo próprio devedor. O devedor em crise econômico-financeira que julgue não atender aos requisitos para pleitear sua recuperação judicial **deverá** requerer ao juízo sua falência, expondo as razões da impossibilidade de prosseguimento da atividade empresarial, acompanhadas dos documentos exigidos pela lei. Trata-se de uma obrigação, e não uma faculdade do empresário, muito embora não exista nenhuma sanção ou controle para aquele que não pediu a autofalência.

- **Cônjuge, herdeiro ou inventariante do empresário individual:** esta regra é aplicável ao empresário individual, não à sociedade empresária. Se o empresário individual falecer, seus sucessores podem ter interesse em dar continuidade à sua atividade ou não. Se os sucessores notarem, todavia, que o empresário individual estava em situação de insolvência, podem pedir a sua falência.

- **Sócio ou acionista:** na prática é mais comum a dissolução parcial da sociedade, quando não há consenso a respeito do pedido de falência entre os sócios.

- **Qualquer credor:** se o credor que for ajuizar a ação for empresário individual, sociedade empresária ou EIRELI, só poderá pedir a falência se estiver devidamente registrado na junta comercial; se não possuir registro na junta comercial **não** poderá ajuizar a ação contra terceiro empresário.

A sociedade em comum está prevista no art. 986, CC, ou seja, é aquela sociedade que não foi levada a registro. Logo, sociedade em comum **não** pode pedir falência de terceiro. E a autofalência, poderá ser requerida pela sociedade em comum? O art. 105, IV, exige como documento anexo da petição inicial da autofalência a prova da condição de empresário com o contrato social ou estatuto em vigor ou, se não houver, a indicação de todos os sócios, seus endereços e a relação de seus bens pessoais. Assim, é perfeitamente possível que a sociedade em comum requeira sua autofalência.

Se o credor que ajuíza a ação não tem domicílio no país, terá que prestar **caução** (art. 97, § 2º). O objetivo é prevenir danos à empresa (art. 101).

Fazenda Pública pode ajuizar ação de falência?

Há duas correntes sobre o tema:

- **1ª Corrente:** sim, é perfeitamente possível o ajuizamento da ação de falência pela Fazenda Pública, uma vez que a lei não exclui essa possibilidade. Além disso, vigora a supremacia do interesse público sobre o interesse privado. **Corrente minoritária.**

- **2ª Corrente:** não, a corrente majoritária usa como principal argumento o **princípio da preservação da empresa** que deverá prevalecer sobre o interesse arrecadatório do Estado. Ademais, a Fazenda Pública **pode se utilizar da execução fiscal** para satisfação do crédito tributário (STJ, RE 363.206/MG). No mesmo sentido, Enunciado nº 56 da I Jornada de Direito Comercial: "A Fazenda Pública não possui legitimidade ou interesse de agir para requerer a falência do devedor empresário".

O Ministério Público pode requerer a falência do empresário?

O autor Sérgio Campinho defende essa possibilidade, entendendo ser perfeitamente possível o pedido do Ministério Público de falência do empresário em apenas **uma hipótese**: havendo o descumprimento do Termo de Ajustamento de Conduta que venha a gerar uma obrigação pecuniária. Trata-se, todavia, de tema não muito bem recepcionado pelo restante da doutrina (**minoritário**).

Acerca da falência do empresário individual, havendo a morte do empresário, é possível o pedido de falência pelo espólio do empresário individual. Nesse caso, a legitimidade ativa para o pedido de falência será do cônjuge sobrevivente, herdeiros e do inventariante. O prazo é de um ano, contado da morte.

8.8 Legitimidade passiva

Poderá figurar no polo passivo de uma ação de falência:

- empresário individual;
- sociedade empresária.

8.9 Juízo competente

A ação será sempre proposta na Justiça Comum Estadual (art. 109, I, CF, traz a competência da Justiça Federal, de modo que em nenhuma das alíneas se encontra menção ao julgamento de causas de falência, aliás, faz menção expressa à exceção das causas de falência).

O local do juízo competente é o do principal estabelecimento e, se a sede for fora do Brasil, será competente o juiz do local da filial. Havendo mais de um estabelecimento, deve-se determinar qual o local do principal estabelecimento. Para tanto existem três teorias:

- **1ª Corrente:** determina que o local do principal estabelecimento é aquele indicado no contrato ou no estatuto.
- **2ª Corrente:** entende que o local do estabelecimento principal é a sede administrativa, ou seja, o centro vital das atividades, de onde emanam as ordens e estão concentradas as atividades da empresa. Posição majoritária (STJ, CC nº 37.736/SP). Para o STJ a natureza da competência territorial nos processos de falência é de competência absoluta (competência territorial absoluta).
- **3ª Corrente:** adota um critério econômico, de modo a considerar o principal estabelecimento como aquele que possui o maior volume de bens.

Sobre o tema, o STJ já se manifestou no seguinte sentido:

> Compete ao Juízo falimentar decidir sobre os bens do falido dados em garantia em favor de sociedade empresária em recuperação judicial ainda que pendente decisão no juízo arbitral sobre eventual descumprimento de obrigações entre as partes (STJ, 2ª Seção, CC 166.591/SP, Rel.

Min. Antonio Carlos Ferreira, julgado em 23.10.2019. Informativo nº 659).

Compete à Justiça Federal processar e julgar ação que envolva concessionárias de serviço de telefonia e a Anatel a respeito da precificação do VU-M (Valor de Uso de Rede Móvel) ainda que um dos litigantes se encontre em recuperação judicial (STJ, 1ª Seção, CC 156.064/DF, Rel. Min. Napoleão Nunes Maia Filho, Rel. Acórdão Herman Benjamin, julgado em 14.11.2018. Informativo nº 649).

Reserva-se ao Juízo Estadual da Falência apenas aquilo que é relacionado com a recuperação judicial. Não se pode admitir que o Juízo da Falência decida sobre questões que são de competência da esfera federal.

8.10 Insolvência

A insolvência pode ser confessada (decorre da autofalência) ou presumida.

A insolvência presumida pode ocorrer de três hipóteses:

■ **Impontualidade injustificada:**

Art. 94, I. Sem relevante razão de direito, não paga, no vencimento, obrigação líquida materializada em título ou títulos executivos protestados cuja soma ultrapasse **o equivalente a 40 (quarenta) salários mínimos na data do pedido de falência.** (Grifos nossos.)

Quem deixa de pagar no vencimento está sendo impontual, mas é necessário que a impontualidade se dê **sem** relevante razão de direito (ex.: nulidade, título prescrito, dívida já paga). Pode ser de dívida proveniente de título executivo judicial ou extrajudicial.

A Súmula nº 248 STJ determina que, "comprovada a prestação dos serviços, a duplicata não aceita, mas protestada, é título hábil para instruir pedido de falência". Isso porque a duplicata sem aceite não se aperfeiçoa como título executivo, todavia, nos termos da súmula, pode ser objeto de pedido de falência.

O protesto é fundamental para possibilitar o pedido de falência. O art. 94, § 3º, diz que "o pedido de falência será instruído com os títulos executivos na forma do parágrafo único do art. 9º desta Lei, acompanhados, em qualquer caso, dos respectivos instrumentos de **protesto para fim falimentar** nos termos da legislação específica" (Lei nº 9.492/1997 – grifos nossos). Trata-se, pois, de um **protesto com finalidade especial, para fins falimentares**, já notificando o devedor que não havendo o adimplemento, o credor procederá ao requerimento de falência.

O protesto, portanto, é a única forma de demonstrar a impontualidade injustificada. Frise-se que até mesmo os títulos executivos não sujeitos a protesto, como as sentenças e os contratos, devem ser protestados (protesto especial para fins de falência) para dar ensejo ao processo falimentar. Nesse sentido, já decidiu o STJ (AgRg no REsp 1.124.763/PR).

O art. 14 da Lei nº 9.492/1997 diz que se considera cumprida a intimação do devedor quando comprovada a sua entrega no endereço indicado, não se exigindo a intimação pessoal do devedor. O STJ, por sua vez, acrescentou outro critério, explicado na **Súmula nº 361 do STJ** que exige que "**a notificação do protesto, para requerimento de falência da empre-**

sa devedora, exige a identificação da pessoa que a recebeu" (grifos nossos).

Tratando-se de cheque, o protesto é indispensável, mesmo que nele conste a declaração de devolução da instituição financeira. É que essa declaração substitui o protesto para fins cambiais, mas não substitui o protesto para fins de falência.

Com relação à **duplicata**, pelo teor da Súmula n° 248 do STJ, **além do protesto, exige-se ainda a comprovação da entrega da mercadoria**: "comprovada a prestação dos serviços, a duplicata não aceita, mas protestada, é título hábil para instruir pedido de falência".

Se o crédito é inferior ou igual a 40 salários mínimos, **não** caberá pedido de falência, pois a lei exige valor **superior** a 40 salários mínimos. Todavia, o art. 94, § 1°, estabelece que os "credores podem reunir-se em litisconsórcio a fim de perfazer o limite mínimo para o pedido de falência". Assim, é perfeitamente possível o litisconsórcio entre os credores.

- **Execução frustrada**: art. 94, II: "Executado por qualquer quantia líquida, não paga, não deposita e não nomeia à penhora bens suficientes dentro do prazo legal". Neste caso, não há limite de valor; o processo de falência poderá se dar por qualquer quantia.

Exige-se que seja **comprovada a execução frustrada por certidão do juízo em que tramita o processo executório** – que não necessariamente é mesmo do processo falimentar; ambos são autônomos e possuem regras próprias de competência.

Já decidiu o STJ que não se caracteriza a execução frustrada quando o devedor apresenta bens à penhora intempestivamente (REsp 741.053/SP).

■ **Atos de falência:** conforme o art. 94, III, da Lei de Falência, será decretada a falência daquele que pratica qualquer dos seguintes atos, exceto se fizer parte de plano de recuperação judicial:

☐ **Liquidação precipitada:** é a análise da situação fática, quando o devedor já está agindo como se estivesse liquidando a empresa. É hipótese de difícil observância da prática, em face da dificuldade de sua prova.

☐ **Realiza ou,** por atos inequívocos, **tenta realizar,** com o objetivo de retardar pagamentos ou fraudar credores, **negócio simulado ou alienação de parte ou da totalidade de seu ativo** a terceiro, credor ou não.

☐ **Transfere estabelecimento a terceiro,** credor ou não, **sem o consentimento de todos os credores e sem ficar com bens suficientes para solver seu passivo** – há inobservância nas regras de trespasse (art. 1.145, CC).

☐ **Simula a transferência de seu principal estabelecimento** com o objetivo de burlar a legislação ou a fiscalização ou para prejudicar credor.

☐ **Dá ou reforça garantia a credor por dívida contraída anteriormente sem ficar com bens livres** e desembaraçados suficientes para saldar seu passivo – caso específico em que o devedor viola frontalmente o princípio da *par conditio creditorum*.

☐ **Ausenta-se sem deixar representante habilitado e com recursos suficientes para pagar os credores,** abandona estabelecimento **ou tenta ocultar-se de seu domicílio,** do local de sua sede ou de seu principal estabelecimento.

☐ **Deixa de cumprir, no prazo estabelecido, obrigação assumida no plano de recuperação judicial** – não há antinomia entre esta alínea e o disposto no art. 61 da LRE. Se o descumprimento do plano de recuperação judicial ocorrer durante os dois primeiros anos o juiz convola a recuperação em falência (art. 61), não havendo, pois, necessidade de pedido de falência. Logo, só ocorrerá o pedido de falência com base na alínea g quando o descumprimento do plano de recuperação judicial ocorrer após o prazo de dois anos, quando não mais haverá seu acompanhamento judicial.

8.11 Posturas do devedor

São possibilidades do devedor após o ingresso do processo de falência:

a) **Contestação (art. 98)**

Citado, o devedor poderá apresentar contestação no prazo de 10 (dez) dias. Na contestação, o devedor poderá alegar qualquer das matérias previstas no art. 96:

- falsidade de título;
- prescrição;
- nulidade de obrigação ou de título;
- pagamento da dívida;
- qualquer outro fato que extinga ou suspenda obrigação ou não legitime a cobrança de título;
- vício em protesto ou em seu instrumento;
- apresentação de pedido de recuperação judicial no prazo da contestação, observados os requisitos do art. 51 da lei;
- cessação das atividades empresariais mais de 2 (dois) anos antes do pedido de falência, comprovada por documento hábil do registro público de empresas, o qual não prevalecerá contra prova de exercício posterior ao ato registrado.

Tratando-se de sociedade anônima, o art. 96, § 1°, prescreve que:

Art. 96 (...)

§ 1º Não será decretada a falência de sociedade anônima após liquidado e partilhado seu ativo nem do espólio após 1 (um) ano da morte do devedor.

b) **Depósito elisivo (art. 98, parágrafo único)**

A lei diz que o depósito elisivo deve ser efetuado dentro do prazo de contestação. O valor a ser depositado é a soma do valor principal, mais os juros e correção monetária e ainda os honorários advocatícios.

Esse dispositivo impõe que o magistrado, ao despachar determinando a citação do devedor, arbitre preliminarmente os honorários, a fim de que o devedor possa incluí-lo no valor a ser depositado.

Em que pese o art. 98, parágrafo único, indicar que o depósito elisivo é cabível apenas nas hipóteses dos incisos I e II do art. 94, doutrina e jurisprudência fazem uma interpretação extensiva no sentido de admiti-la também nos casos dos atos de falência regulados no inciso III.

c) **Depósito elisivo somado à contestação**

É o mais comum na prática, perfeitamente possível que o devedor efetue o depósito e ao mesmo tempo conteste a ação. A um só tempo ilide o pedido falimentar e opõe-se à pretensão obrigacional veiculada.

d) **Pedido incidental de recuperação judicial (art. 95)**

Dentro do prazo de contestação o devedor pode pedir recuperação judicial, momento em que haverá **suspensão do processo de falência até a decisão final da recuperação judicial.**

8.12 Sentença

Dentro do processo de falência a **sentença declaratória** pode ser procedente ou improcedente. A **sentença procedente** é também chamada de **sentença declaratória**, pois está declarando o estado de insolvência do devedor e decretando a quebra da empresa. Por seu turno, a **sentença de improcedência** é chamada de **sentença denegatória**, pois nega o pedido de falência.

Quanto aos meios impugnativos destas sentenças, o art. 100 traz as seguintes disposições:

- **Sentença declaratória**
  Ocorrerá quando o pedido de falência for julgado procedente e não tenha sido realizado o depósito elisivo.

  Comporta o recurso de **Agravo de Instrumento**. A sentença declaratória não põe fim ao processo (muito embora denominada de "sentença"), que prosseguirá com a liquidação e o pagamento dos credores. Ao final, existirá outra sentença de encerramento, pondo fim ao processo falimentar, e recorrível por meio de apelação.

- **Sentença denegatória**
  Pode se dar por dois motivos:

  a) Improcedência do pedido de falência (quando o juiz, por exemplo, acolhe alguma alegação de defesa constante do art. 96).

  Comporta o recurso de **Apelação**. Podem apelar o credor, o MP e o devedor (quando se tratar de autofalência, poderá recorrer objetivando a concessão da falência).

b) A realização do depósito elisivo.

Caso faça o devedor a opção de contestar e fazer o depósito elisivo, o que é o mais comum na prática, e o juiz não acolher os argumentos do devedor, deveria, em tese, decretar a sua falência. Mas, como foi feito o depósito elisivo, ele a denegará, mandando o autor levantar a importância depositada.

Nesse caso, o pedido do autor foi julgado procedente, mas ainda assim a falência será denegada, em obediência ao disposto no art. 98, parágrafo único, da LRE. Como nessa situação o pedido do autor foi julgado procedente pelo juiz, a parte derrotada na ação foi o devedor – ainda que sua falência tenha sido denegada –, razão pela qual é ele quem deve arcar com o ônus da sucumbência.

8.13 Natureza jurídica da sentença declaratória de falência

Muito embora possua o nome de "declaratória", tem natureza jurídica constitutiva. A sentença declaratória tem caráter predominantemente constitutivo, afinal, a partir da decretação da quebra incidirá o regime falimentar sobre o empresário ou sociedade empresária, colocando-os em uma situação jurídica diversa da anterior, tendo como efeitos, dentre outros, o afastamento da administração dos bens, o vencimento antecipado das dívidas, a constituição da massa falida e a nomeação do administrador judicial.

8.14 Requisitos da sentença declaratória de falência

O art. 99 da lei prevê os requisitos da sentença:

- **Fixar o termo legal** (inciso II): termo legal é o lapso temporal (espaço de tempo) que **antecede a falência**, no qual passa a considerar que os atos praticados neste período serão investigados (auditados), pois poderão ser considerados ineficazes (art. 129).

Esse período é chamado de **período suspeito**, que **não pode retrotrair por mais de 90 dias**, contados do pedido de falência (quando a ação de falência é fundada no art. 94, II ou III), ou do primeiro protesto por falta de pagamento (quando a ação de falência é fundada no art. 94, I), ou do pedido de recuperação judicial (quando se tem uma recuperação judicial que se transforma em falência).

Da sentença declaratória de falência cabe agravo de instrumento. **E quem pode recorrer?** O devedor, o MP e o **credor** podem agravar. Neste último caso, o credor pode recorrer objetivando **reformar o termo legal** da sentença que declarar a falência, visando atingir determinado ato praticado pelo devedor e declará-lo ineficaz.

- Ordenar que o falido apresente relação completa de devedores no prazo de cinco dias, sob pena de desobediência (inciso III).
- **Nomeará o administrador judicial (inciso IX)**: é a pessoa que servirá de auxiliar do juízo na administração da falência. Deve o juiz atentar ao art. 21, que determina que será profissional idôneo, preferencialmente advogado, economista, administrador de empresas ou contador, ou **pessoa jurídica especializada** (estabelece uma ordem).
- Nos termos da Lei nº 14.112, de 2020, "ordenará ao Registro Público de Empresas e à Secretaria Especial da Receita Federal do Brasil que procedam à anotação da falência no registro do devedor, para que dele constem a expressão 'falido', a data da decretação da falência e a inabilitação de que trata o art. 102" (inciso VIII).

- Nos termos da Lei nº 14.112, de 2020, "ordenará a intimação eletrônica, nos termos da legislação vigente e respeitadas as prerrogativas funcionais, respectivamente, do Ministério Público e das Fazendas Públicas federal e de todos os Estados, Distrito Federal e Municípios em que o devedor tiver estabelecimento, para que tomem conhecimento da falência" (inciso XIII).
- A Lei nº 14.112, de 2020, ainda transformou o parágrafo único nos seguintes parágrafos:

> § 1º O juiz ordenará a publicação de edital eletrônico com a íntegra da decisão que decreta a falência e a relação de credores apresentada pelo falido. (Incluído pela Lei nº 14.112, de 2020.)
>
> § 2º A intimação eletrônica das pessoas jurídicas de direito público integrantes da administração pública indireta dos entes federativos referidos no inciso XIII do *caput* deste artigo será direcionada: (Incluído pela Lei nº 14.112, de 2020.)
>
> I – no âmbito federal, à Procuradoria-Geral Federal e à Procuradoria-Geral do Banco Central do Brasil; (Incluído pela Lei nº 14.112, de 2020.)
>
> II – no âmbito dos Estados e do Distrito Federal, à respectiva Procuradoria-Geral, à qual competirá dar ciência a eventual órgão de representação judicial específico das entidades interessadas; e
>
> III – no âmbito dos Municípios, à respectiva Procuradoria-Geral ou, se inexistir, ao gabinete do Prefeito, à qual competirá dar ciência a eventual órgão de representação judicial específico das entidades interessadas. (Incluído pela Lei nº 14.112, de 2020.)
>
> § 3º Após decretada a quebra ou convolada a recuperação judicial em falência, o administrador deverá, no prazo de

até 60 (sessenta) dias, contado do termo de nomeação, apresentar, para apreciação do juiz, plano detalhado de realização dos ativos, inclusive com a estimativa de tempo não superior a 180 (cento e oitenta) dias a partir da juntada de cada auto de arrecadação, na forma do inciso III do *caput* do art. 22 desta Lei. (Incluído pela Lei nº 14.112, de 2020.)

8.15 Efeitos da sentença declaratória

- **Inabilitação (art. 102):** quando o juiz decreta a falência, o empresário fica inabilitado a exercer a atividade empresária. Havendo continuação provisória, ao administrador judicial incumbe a administração da empresa em falência. A inabilitação tem início com a sentença declaratória e término quando o falido consegue sua **reabilitação** (resultado da **sentença de extinção das obrigações** do falido, art. 158).

Ressalte-se que essa inabilitação é automática, iniciando-se com a decretação da falência e terminando com a sentença de encerramento do processo falimentar (art. 156 da LRE). No entanto, deve-se ressalvar a hipótese de o falido ser condenado por crime falimentar, caso em que referida condenação também lhe impõe a pena acessória de inabilitação empresarial, e nesse caso essa inabilitação só cessará cinco anos após a extinção da punibilidade, nos termos do art. 181, § 1º, da LRE.

- **Perda da disponibilidade de seus bens (art. 103):** "desde a decretação da falência ou do sequestro, o devedor perde o direito de administrar os seus bens ou deles dispor". O falido poderá, contudo, fiscalizar a administração da falência, requerer as providências necessárias para a conservação de seus direitos ou dos bens arrecadados e intervir nos processos em que a massa falida seja parte ou interessada, requerendo o que for de direito e interpondo os recursos cabíveis. Afinal, caso a falência não esteja sendo bem administrada, não são apenas os credores que serão prejudicados, mas também o próprio devedor, que tem a legítima expectativa de ver suas dívidas rapidamente honradas, na medida do possível, para que possa pedir no futuro a extinção de suas obrigações e voltar, eventualmente, a exercer atividade empresarial.

- **Extinção da concessão em caso de falência de concessionária de serviço público (art. 195)**: "a decretação da falência das **concessionárias de serviços públicos** implica **extinção da concessão**, na forma da lei" (grifos nossos). A extinção da concessionária opera **automaticamente**, decorre da lei, não depende de requerimento ou manifestação do MP nem mesmo de decisão judicial.
- **Sócio com responsabilidade ilimitada (art. 81)**: os efeitos da falência não se estendem para seus sócios. Quem está falida é a pessoa jurídica, e não seus sócios. Todavia, nada impede que seja requerida a desconsideração da personalidade jurídica. Se os sócios da sociedade possuíam **responsabilidade ilimitada**, os efeitos da falência também irão atingi-los.

> A decisão que decreta a falência da sociedade com sócios ilimitadamente responsáveis também acarreta a falência destes, que ficam sujeitos aos mesmos efeitos jurídicos produzidos em relação à sociedade falida e, por isso, deverão ser citados para apresentar contestação, se assim o desejarem (art. 81).

O mesmo se aplica:

> ao sócio que tenha se retirado voluntariamente ou que tenha sido excluído da sociedade, **há menos de 2 (dois)**

anos, quanto às dívidas existentes na data do arquivamento da alteração do contrato, no caso de não terem sido solvidas até a data da decretação da falência (art. 81, § 1º).

As sociedades falidas serão representadas na falência por seus administradores ou liquidantes, os quais terão os mesmos direitos e, sob as mesmas penas, ficarão sujeitos às obrigações que cabem ao falido (art. 81, § 2º).

Atenção!

De acordo com entendimento manifestado em julgado noticiado no Informativo nº 513 do STJ, se uma sociedade jurídica tem vínculo com outras sociedades (grupo econômico) e se utiliza disso para praticar atos de fraude à lei ou prejudiciais a terceiro, caberá desconsideração da personalidade jurídica para alcançar outras empresas do mesmo grupo econômico (AgRg no REsp 1.229.579/MG, Rel. Min. Raul Araújo, julgado em 18.12.2012).

8.16 Efeitos da sentença declaratória em relação aos credores

A reunião dos credores forma a denominada massa falida subjetiva (*corpus creditorum*), que concorrerá ao produto da venda dos bens do falido segundo a ordem de classificação estabelecida na própria lei, em obediência ao **princípio da** *par conditio creditorum*. Assim, um dos efeitos da falência é, justamente, a instauração do juízo universal e a consequente, como regra, suspensão do curso de todas as ações e execuções em face do devedor.

Pode-se verificar os seguintes efeitos em face dos credores:

- **Constituição da massa falida:** significa que apenas há "massa falida" depois de uma sentença declaratória de falência.
- **Suspensão do curso da prescrição das obrigações do falido** (art. 6º, I).
- **Vencimento antecipado da dívida** (art. 77).
- **Suspensão da fluência de juros** (art. 124).
- **Suspensão de todas as ações/execuções contra o devedor:** o juízo da falência é chamado de **juízo universal** (art. 76) já que atrai para si todas as ações e execuções contra o devedor sobre bens, interesses e negócios do falido.

Algumas ações não serão suspensas e não tramitarão no juízo falimentar. O próprio art. 76 ressalva as "**causas trabalhistas, fiscais e aquelas não reguladas nesta Lei em que o falido figurar como autor ou litisconsorte ativo**" (grifos nossos). Todavia, todas as ações, inclusive as excetuadas, terão prosseguimento com o administrador judicial, que deverá ser intimado para representar a massa falida, sob pena de nulidade do processo.

No caso das ações trabalhistas, esta terá normal prosseguimento, pois possui sua competência prevista na própria Constituição Federal. Todavia, apenas quando se encontrar na fase de execução o processo será suspenso, obedecendo-se assim à ordem de créditos.

Vale lembrar que, de acordo com o art. 76, parágrafo único, da LRE, todas as ações do devedor falido, inclusive as que correm fora do juízo universal da falência, "terão prosseguimento com o administrador judicial, que deverá ser intimado para representar a massa falida, sob pena de nulidade do processo". O administrador judicial passa a ser, pois, o representante legal da massa falida, atuando em juízo na defesa de seus interesses em todos os processos nos quais ela seja parte ou interessada.

8.17 Arrecadação dos bens do falido

Depois de proferida a sentença declaratória, o **falido deve apresentar a relação de credores** determinada pelo juiz. Após isso, o juiz publicará um **edital** contendo o teor da sentença declaratória e a relação de credores do devedor. Em sequência será realizada a verificação dos créditos, e em paralelo, ocorrerá a arrecadação e venda dos bens do falido. Finalizada a fase de conhecimento dos créditos, será feito o quadro geral de credores e, com o dinheiro obtido das vendas, serão pagos em sua ordem.

A arrecadação dos bens do falido é ato contínuo à assinatura do termo de compromisso, quando o administrador judicial (nomeado na sentença declaratória) providenciará a arrecadação de todos os bens e documentos do falido.

"O proprietário de bem arrecadado no processo de falência ou que se encontre em poder do devedor na data da decretação da falência poderá pedir sua restituição" (art. 85). "Também pode ser pedida a restituição de coisa vendida a crédito e entregue ao devedor nos 15 (quinze) dias anteriores ao requerimento de sua falência, se ainda não alienada" (art. 85, parágrafo único).

Esta restituição envolve também a possibilidade de ser em dinheiro – "Pode ser objeto de restituição, na falência, dinheiro em poder do falido, recebido em nome de outrem, ou do qual, por lei ou contrato, não tivesse ele a disponibilidade" (Súmula nº 417, STF) – isto pode ocorrer quando o falido faz o desconto do INSS do empregado e não efetua o pagamento do imposto. Assim, neste caso, ao invés de habilitar crédito na falência, os Procuradores Federais podem fazer o pedido de restituição, que não respeita a ordem de credores.

8.18 Recomposição judicial

A medida de recomposição judicial se dá por meio da **ação revocatória**, cabível quando se tem a ocorrência das hipóteses previstas nos arts. 129 (ineficácia objetiva) e 130 (ineficácia subjetiva) da lei, que tratam da ineficácia e da revogação de atos praticados antes da falência.

Na ineficácia objetiva, não há apuração de intenção do agente; o *animus* do devedor é indiferente para a ineficácia do ato em relação à massa falida, tenha ou não o contratante conhecimento do estado de crise econômico-financeira do devedor, seja ou não intenção deste fraudar credores.

São hipóteses de ineficácia objetiva:

- O pagamento de dívidas **não vencidas** realizado pelo **devedor dentro do termo legal**, por qualquer meio extintivo do direito de crédito, ainda que pelo desconto do próprio título.
- O pagamento de dívidas **vencidas e exigíveis** realizado **dentro do termo legal**, por qualquer **forma que não seja a prevista pelo contrato**.
- A **constituição de direito real de garantia**, inclusive a retenção, **dentro do termo legal**, tratando-se de dívida contraída anteriormente; se os bens dados em hipoteca forem objeto de outras posteriores, a massa falida receberá a parte que devia caber ao credor da hipoteca revogada.
- A prática de **atos a título gratuito**, desde 2 (dois) anos antes da decretação da falência.
- A **renúncia à herança ou a legado**, até 2 (dois) anos antes da decretação da falência.
- A **venda ou transferência de estabelecimento** feita sem o consentimento expresso ou o pagamento de todos os cre-

dores, a esse tempo existentes, não tendo restado ao devedor bens suficientes para solver o seu passivo, salvo se, no prazo de 30 (trinta) dias, não houver oposição dos credores, após serem devidamente notificados, judicialmente ou pelo oficial do registro de títulos e documentos.

- Os registros de direitos reais e de transferência de propriedade entre vivos, por título oneroso ou gratuito, ou a averbação relativa a imóveis **realizados após a decretação da falência**, salvo se tiver havido prenotação anterior.

A finalidade é a **ineficácia ou revogação do ato**. O art. 136 trata do tema e diz que, "reconhecida a ineficácia ou julgada procedente a ação revocatória, **as partes retornarão ao estado anterior**, e o contratante de boa-fé terá direito à restituição dos bens ou valores entregues ao devedor" (grifos nossos).

A **ineficácia objetiva** "poderá ser declarada de **ofício pelo juiz, alegada em defesa** ou **pleiteada mediante ação própria** ou **incidentalmente** no curso do processo" (art. 129, parágrafo único – grifos nossos). **A desnecessidade de produção probatória possibilita que o juiz declare a ineficácia de ofício.**

Na **ineficácia subjetiva** (ou subjetivamente ineficazes) "são revogáveis os atos praticados com a **intenção de prejudicar credores, provando-se** o conluio fraudulento entre o devedor e o terceiro que com ele contratar e o efetivo prejuízo sofrido pela massa falida" (art. 130 – grifos nossos). é preciso a prova da intenção de prejudicar credores, do conluio e do prejuízo. Assim, fora das hipóteses de ineficácia objetiva, aplica-se de forma residual a possibilidade de ineficácia subjetiva, onde a prova é indispensável. **Não é possível que o juiz declare de ofício a ineficácia subjetiva, a qual só poderá ser reconhecida por meio de ação revocatória.**

Perceba-se ainda que, no caso dos atos subjetivamente ineficazes, não há a previsão específica de condutas típicas do devedor nem a utilização de nenhum marco temporal como referência. Em princípio, portanto, qualquer ato do devedor que os credores julguem encaixar-se na previsão do art. 130 da LRE, independentemente da época de sua prática, pode ser questionado com o requerimento de declaração da sua ineficácia perante a massa.

Poderá ser autor da ação revocatória, nos termos do art. 132:

- administrador judicial;
- qualquer credor do falido;
- Ministério Público.

O prazo para ingressar com a ação revocatória é de **três anos**, contados da decretação da falência. O juiz julgará por sentença a ação revocatória, recorrível por **apelação**.

8.19 Realização do ativo

É a venda judicial dos bens arrecadados. Veja-se que a LRE, em seu art. 140, § 2º, determina que a venda dos bens deve ser iniciada antes mesmo de formado o quadro-geral de credores, e a determinação é realmente correta. Afinal, a demora na venda dos bens é extremamente prejudicial ao atingimento das finalidades do processo falimentar.

8.20 Modalidades

Este ponto foi severamente alterado pela Lei nº 14.112, de 2020. Antes da lei, as modalidades de realização dos ativos eram: **leilão** pelo qual se dá o melhor lance; **proposta fechada** em que o juiz publicava um edital com os bens a vender, e antes da audiência pública o interessado apresenta envelope lacrado com sua proposta, na audiência, o juiz abria as propostas e dava como vencedora a melhor; **pregão**, modalidade híbrida, que misturava as regras do leilão (2ª fase) e da proposta fechada (1ª fase).

Com a Lei n° 14.112, de 2020, as novas modalidades são:

> Art. 142. A alienação de bens dar-se-á por uma das seguintes modalidades:
>
> I – leilão eletrônico, presencial ou híbrido;
>
> II – (revogado);
>
> III – (revogado);
>
> IV – processo competitivo organizado promovido por agente especializado e de reputação ilibada, cujo procedimento deverá ser detalhado em relatório anexo ao plano de realização do ativo ou ao plano de recuperação judicial, conforme o caso;
>
> V – qualquer outra modalidade, desde que aprovada nos termos desta Lei.
>
> § 1° (Revogado).
>
> § 2° (Revogado).
>
> § 2°-A. A alienação de que trata o *caput* deste artigo:
>
> I – dar-se-á independentemente de a conjuntura do mercado no momento da venda ser favorável ou desfavorável, dado o caráter forçado da venda;
>
> II – independerá da consolidação do quadro-geral de credores;
>
> III – poderá contar com serviços de terceiros como consultores, corretores e leiloeiros;

IV - deverá ocorrer no prazo máximo de 180 (cento e oitenta) dias, contado da data da lavratura do auto de arrecadação, no caso de falência;

V - não estará sujeita à aplicação do conceito de preço vil.

§ 3º Ao leilão eletrônico, presencial ou híbrido aplicam-se, no que couber, as regras da Lei nº 13.105, de 16 de março de 2015 (Código de Processo Civil).

§ 3º-A. A alienação por leilão eletrônico, presencial ou híbrido dar-se-á:

I - em primeira chamada, no mínimo pelo valor de avaliação do bem;

II - em segunda chamada, dentro de 15 (quinze) dias, contados da primeira chamada, por no mínimo 50% (cinquenta por cento) do valor de avaliação; e

III - em terceira chamada, dentro de 15 (quinze) dias, contados da segunda chamada, por qualquer preço.

§ 3º-B. A alienação prevista nos incisos IV e V do *caput* deste artigo, conforme disposições específicas desta Lei, observará o seguinte:

I - será aprovada pela assembleia-geral de credores;

II - decorrerá de disposição de plano de recuperação judicial aprovado; ou

III - deverá ser aprovada pelo juiz, considerada a manifestação do administrador judicial e do Comitê de Credores, se existente.

§ 4º (Revogado).

§ 5º (Revogado).

§ 6º (Revogado).

§ 7º Em qualquer modalidade de alienação, o Ministério Público e as Fazendas Públicas serão intimados por meio eletrônico, nos termos da legislação vigente e respeitadas as respectivas prerrogativas funcionais, sob pena de nulidade.

§ 8º Todas as formas de alienação de bens realizadas de acordo com esta Lei serão consideradas, para todos os fins e efeitos, alienações judiciais.

Para garantir a segurança do comprador, a lei estabelece que "o objeto da alienação estará livre de qualquer ônus e não haverá sucessão do arrematante nas obrigações do devedor, inclusive as de natureza tributária, as derivadas da legislação do trabalho e as decorrentes de acidentes de trabalho" (art. 141, II).

Além das modalidades típicas de venda dos bens, vistas acima, a LRE permite ainda que a venda seja realizada por meios atípicos, desde que isso, é óbvio, seja mais interessante sob o ponto de vista da maximização dos ativos do devedor falido. Nesse sentido, prevê o art. 144 da LRE:

> Art. 144. Havendo motivos justificados, o juiz poderá autorizar, mediante requerimento fundamentado do administrador judicial ou do Comitê, modalidades de alienação judicial diversas das previstas no art. 142 desta Lei.

Além disso, a Lei nº 14.112, de 2020, incluiu o art. 144-A na Lei de Falência:

> Art. 144-A. Frustrada a tentativa de venda dos bens da massa falida e não havendo proposta concreta dos credores para assumi-los, os bens poderão ser considerados sem valor de mercado e destinados à doação.
>
> Parágrafo único. Se não houver interessados na doação referida no *caput* deste artigo, os bens serão devolvidos ao falido.

8.21 Verificação dos créditos

Como visto, o edital é publicado com a sentença declaratória e com a relação de credores apresentada pelo próprio devedor falido. Pode acontecer de o credor ver a relação e não encontrar seu nome, se isso ocorrer, o credor deverá realizar a **habilitação de crédito**.

8.22 Habilitação de crédito

Ela deve ser encaminhada para o **administrador judicial** (e não para o juiz). Trata-se, portanto, de uma **medida administrativa**. **Não é necessária a atuação de advogado** para realizar o pedido de habilitação de crédito. Como não se trata de um processo, não há custas a serem pagas.

O art. 7º, § 1º, da lei afirma que **prazo** para pedir a habilitação de crédito é de **15 dias, a contar da publicação do edital**.

Ultrapassado esse tempo, inicia-se a contagem do prazo de 45 dias para que o administrador judicial faça uma nova relação de credores (art. 7º, § 2º). Por diversas vezes na Lei de Falência, o legislador dá a esta nova relação de credor o nome de "relação do art. 7º, § 2º da lei". Esta nova relação é formada pelos credores já existentes e os novos credores.

Além disso, a Lei nº 14.112, de 2020, incluiu o art. 7º-A na Lei de Falência:

> Art. 7º-A. Na falência, após realizadas as intimações e publicado o edital, conforme previsto, respectivamente, no inciso XIII do caput e no § 1º do art. 99 desta Lei, o juiz instaurará, de ofício, para cada Fazenda Pública credora, incidente de classificação de crédito público e determinará a sua intimação eletrônica para que, no prazo de 30

(trinta) dias, apresente diretamente ao administrador judicial ou em juízo, a depender do momento processual, a relação completa de seus créditos inscritos em dívida ativa, acompanhada dos cálculos, da classificação e das informações sobre a situação atual.

§ 1º Para efeito do disposto no *caput* deste artigo, considera-se Fazenda Pública credora aquela que conste da relação do edital previsto no § 1º do art. 99 desta Lei, ou que, após a intimação prevista no inciso XIII do *caput* do art. 99 desta Lei, alegue nos autos, no prazo de 15 (quinze) dias, possuir crédito contra o falido.

§ 2º Os créditos não definitivamente constituídos, não inscritos em dívida ativa ou com exigibilidade suspensa poderão ser informados em momento posterior.

§ 3º Encerrado o prazo de que trata o *caput* deste artigo:

I – o falido, os demais credores e o administrador judicial disporão do prazo de 15 (quinze) dias para manifestar objeções, limitadamente, sobre os cálculos e a classificação para os fins desta Lei;

II – a Fazenda Pública, ultrapassado o prazo de que trata o inciso I deste parágrafo, será intimada para prestar, no prazo de 10 (dez) dias, eventuais esclarecimentos a respeito das manifestações previstas no referido inciso;

III – os créditos serão objeto de reserva integral até o julgamento definitivo quando rejeitados os argumentos apresentados de acordo com o inciso II deste parágrafo;

IV – os créditos incontroversos, desde que exigíveis, serão imediatamente incluídos no quadro-geral de credores, observada a sua classificação;

V – o juiz, anteriormente à homologação do quadro-geral de credores, concederá prazo comum de 10 (dez) dias para que o administrador judicial e a Fazenda Pública titular de crédito objeto de reserva manifestem-se sobre a situação atual desses créditos e, ao final do referido prazo, decidirá acerca da necessidade de mantê-la.

§ 4º Com relação à aplicação do disposto neste artigo, serão observadas as seguintes disposições:

I – a decisão sobre os cálculos e a classificação dos créditos para os fins do disposto nesta Lei, bem como sobre a arrecadação dos bens, a realização do ativo e o pagamento aos credores, competirá ao juízo falimentar;

II – a decisão sobre a existência, a exigibilidade e o valor do crédito, observado o disposto no inciso II do *caput* do art. 9º desta Lei e as demais regras do processo de falência, bem como sobre o eventual prosseguimento da cobrança contra os corresponsáveis, competirá ao juízo da execução fiscal;

III – a ressalva prevista no art. 76 desta Lei, ainda que o crédito reconhecido não esteja em cobrança judicial mediante execução fiscal, aplicar-se-á, no que couber, ao disposto no inciso II deste parágrafo;

IV – o administrador judicial e o juízo falimentar deverão respeitar a presunção de certeza e liquidez de que trata o art. 3º da Lei nº 6.830, de 22 de setembro de 1980, sem prejuízo do disposto nos incisos II e III deste parágrafo;

V – as execuções fiscais permanecerão suspensas até o encerramento da falência, sem prejuízo da possibilidade de prosseguimento contra os corresponsáveis;

VI – a restituição em dinheiro e a compensação serão preservadas, nos termos dos arts. 86 e 122 desta Lei; e

VII – o disposto no art. 10 desta Lei será aplicado, no que couber, aos créditos retardatários.

§ 5º Na hipótese de não apresentação da relação referida no *caput* deste artigo no prazo nele estipulado, o incidente será arquivado e a Fazenda Pública credora poderá requerer o desarquivamento, observado, no que couber, o disposto no art. 10 desta Lei.

§ 6º As disposições deste artigo aplicam-se, no que couber, às execuções fiscais e às execuções de ofício que se enquadrem no disposto nos incisos VII e VIII do *caput* do art. 114 da Constituição Federal.

§ 7º O disposto neste artigo aplica-se, no que couber, aos créditos do Fundo de Garantia do Tempo de Serviço (FGTS).

§ 8º Não haverá condenação em honorários de sucumbência no incidente de que trata este artigo.

Caso o devedor falido não concorde com os créditos habilitados, poderá impugnar por meio da **Ação de Impugnação** no prazo de 10 dias (ação de rito ordinário, prevista no art. 8º da lei). Nos termos do art. 8º, **pode inclusive o Ministério Público ajuizar esta ação de impugnação**, bem como o devedor, qualquer credor e o comitê.

Se alguém apresentar a ação de impugnação deverá se aguardar o trânsito em julgado da última ação de impugnação para poder formar o quadro geral de credores. Após a formação, o quadro geral de credores elaborado pelo administrador judicial deverá ser levado ao juiz para homologação.

Se não houver impugnação à habilitação de créditos, ultrapassado o prazo de 10 dias, a nova relação de credores passa a ser o quadro geral de credores, após homologação do juiz.

8.23 Habilitação retardatária

É aquela habilitação realizada fora do prazo. A habilitação retardatária é possível, mas **é considerada como uma ação de impugnação**, ou seja, nos termos do art. 10, § 5°.

> Art. 10 (...)
>
> § 5° As habilitações de crédito retardatárias, se apresentadas antes da homologação do quadro-geral de credores, serão recebidas como impugnação e processadas na forma dos arts. 13 a 15 desta lei.

Assim, será encaminhada ao juiz; há a necessidade de recolhimento de custas e é necessário a representação por advogado, dado seu caráter de ação de impugnação.

Ressalte-se que apenas será equiparada a uma ação de impugnação se a habilitação retardatária for apresentada no máximo até o momento da **homologação do quadro geral de credores**.

Se a habilitação ocorrer **depois** da homologação do quadro geral de credores pelo juiz, não será mais considerada como ação de impugnação, mas sim uma **ação rescisória/ação retificatória**, nos termos do Código de Processo Civil.

Sobre o tema, destaca-se a seguinte decisão do STJ:

> EMENTA. RECURSO ESPECIAL. AGRAVO DE INSTRUMENTO. CUMPRIMENTO DE SENTENÇA. CRÉDITO CONCURSAL. NECESSIDADE DE HABILITAÇÃO DO CRÉDITO NO QUADRO GERAL DE CREDORES DA SOCIEDADE EM RECUPERAÇÃO JUDICIAL. FACULDADE DO CREDOR PRETERIDO.
>
> 1. O titular do crédito que for voluntariamente excluído do plano recuperacional, detém a prerrogativa de decidir

entre habilitar o seu crédito ou promover a execução individual após finda a recuperação.

2. De fato, se a obrigação não for abrangida pelo acordo recuperacional, ficando suprimida do plano, não haverá falar em novação, excluindo-se o crédito da recuperação, o qual, por conseguinte, poderá ser satisfeito pelas vias ordinárias (execução ou cumprimento de sentença).

3. Caso o credor excluído tenha optado pela execução individual, ficará obrigado a aguardar o encerramento da recuperação judicial e assumir as consequências jurídicas (processuais e materiais) de sua escolha para só então dar prosseguimento ao feito, em consonância com o procedimento estabelecido pelo CPC.

4. Na hipótese, tendo o credor sido excluído do plano recuperacional e optado por prosseguir com o processo executivo, não poderá ser ele obrigado a habilitar o seu crédito.

5. Recurso especial provido (REsp 1.851.692/RS).

8.24 Ordem de classificação dos créditos

8.24.1 Créditos extraconcursais

Este é outro ponto que foi severamente alterado pela Lei n° 14.112, de 2020. Antes da lei, eram considerados créditos extraconcursais (art. 84):

I – remunerações devidas ao administrador judicial e seus auxiliares, e créditos derivados da legislação do trabalho ou decorrentes de acidentes de trabalho relativos a serviços prestados após a decretação da falência;

II – quantias fornecidas à massa pelos credores;

III – despesas com arrecadação, administração, realização do ativo e distribuição do seu produto, bem como custas do processo de falência;

IV – custas judiciais relativas às ações e execuções em que a massa falida tenha sido vencida;

V – obrigações resultantes de atos jurídicos válidos praticados durante a recuperação judicial, nos termos do art. 67 desta Lei, ou após a decretação da falência, e tributos relativos a fatos geradores ocorridos após a decretação da falência, respeitada a ordem estabelecida no art. 83 desta Lei.

Agora, com a Lei nº 14.112, de 2020, serão considerados créditos extraconcursais e serão pagos com precedência sobre os mencionados no art. 83 da Lei de Falência, na ordem a seguir, aqueles relativos:

I-A – às quantias referidas nos arts. 150 e 151 desta Lei; (Incluído pela Lei nº 14.112, de 2020.)

I-B – ao valor efetivamente entregue ao devedor em recuperação judicial pelo financiador, em conformidade com o disposto na Seção IV-A do Capítulo III desta Lei; (Incluído pela Lei nº 14.112, de 2020.)

I-C – aos créditos em dinheiro objeto de restituição, conforme previsto no art. 86 desta Lei; (Incluído pela Lei nº 14.112, de 2020.)

I-D – às remunerações devidas ao administrador judicial e aos seus auxiliares, aos reembolsos devidos a membros do Comitê de Credores, e aos créditos derivados da legislação trabalhista ou decorrentes de acidentes de trabalho relativos a serviços prestados após a decretação da falência; (Incluído pela Lei nº 14.112, de 2020.)

I-E – às obrigações resultantes de atos jurídicos válidos praticados durante a recuperação judicial, nos termos do art. 67 desta Lei, ou após a decretação da falência; (Incluído pela Lei nº 14.112, de 2020.)

II – às quantias fornecidas à massa falida pelos credores; (Redação dada pela Lei nº 14.112, de 2020.)

III – às despesas com arrecadação, administração, realização do ativo, distribuição do seu produto e custas do processo de falência; (Redação dada pela Lei nº 14.112, de 2020.)

IV – às custas judiciais relativas às ações e às execuções em que a massa falida tenha sido vencida; (Redação dada pela Lei nº 14.112, de 2020.)

V – aos tributos relativos a fatos geradores ocorridos após a decretação da falência, respeitada a ordem estabelecida no art. 83 desta Lei. (Redação dada pela Lei nº 14.112, de 2020.)

§ 1º As despesas referidas no inciso I-A do *caput* deste artigo serão pagas pelo administrador judicial com os recursos disponíveis em caixa. (Incluído pela Lei nº 14.112, de 2020.)

§ 2º O disposto neste artigo não afasta a hipótese prevista no art. 122 desta Lei. (Incluído pela Lei nº 14.112, de 2020.)

Nos créditos extraconcursais, **quem está devendo não é o devedor, mas sim a massa falida**, ou seja, estão fora do concurso de créditos do devedor. Com relação ao inciso I-A, as quantias referidas nos arts. 150 e 151 são:

Art. 150. As despesas cujo pagamento antecipado seja indispensável à administração da falência, inclusive na hipótese de continuação provisória das atividades previstas no inciso XI do *caput* do art. 99 desta Lei, serão pagas pelo administrador judicial com os recursos disponíveis em caixa.

Art. 151. Os créditos trabalhistas de natureza estritamente salarial vencidos nos 3 (três) meses anteriores à decretação da falência, até o limite de 5 (cinco) salários mínimos por trabalhador, serão pagos tão logo haja disponibilidade em caixa.

Atente-se que nesse caso o crédito trabalhista e o de acidente de trabalho são aqueles decorrentes do serviço prestado **após** a decretação da falência. Nesse contexto **não há limitação de valores para o crédito trabalhista**.

8.24.2 Créditos concursais

Apenas depois de pagos os créditos extraconcursais, serão pagos os créditos concursais. Esse ponto também foi severamente alterado pela Lei nº 14.112, de 2020. Previstos no art. 83 da lei, são em ordem os seguintes:

- **1º: os créditos derivados da legislação trabalhista, limitados a 150 (cento e cinquenta) salários-mínimos por credor, e aqueles decorrentes de acidentes de trabalho:** atenção que a limitação de valor só se refere ao crédito trabalhista, uma vez que o acidente de trabalho não possui nenhuma limitação.

Atenção!

No Informativo nº 1013, de 23.04.2021, o STF afirmou:

São constitucionais o estabelecimento de um limite máximo de 150 (cento e cinquenta) salários mínimos aos créditos de natureza trabalhista, bem como a definição de

> créditos com privilégio especial, conforme previsto no art. 83, I, e IV, c, da Lei nº 11.101/2005 (1). É constitucional a precedência conferida aos créditos "extraconcursais" decorrentes de obrigações resultantes de atos jurídicos válidos praticados durante a recuperação judicial, ou após a decretação da falência, e de tributos relativos a fatos geradores ocorridos após a decretação da falência (2). É legítima a restituição em dinheiro de valor adiantado ao devedor-falido, oriundo de adiantamento de contrato de câmbio para exportação (3) (ADI nº 3.424/DF, relator Min. Edson Fachin, redator do acórdão Min. Alexandre de Moraes, julgamento virtual finalizado em 16.04.2021 e ADPF nº 312/DF, relator Min. Edson Fachin, redator do acórdão Min. Gilmar Mendes, julgamento virtual finalizado em 16.04.2021. Informativo nº 1013).

Se o crédito trabalhista ultrapassar o limite, a quantia excedente será considerada **crédito quirografário**.

- **2º: os créditos gravados com direito real de garantia até o limite do valor do bem gravado:** na maioria das vezes o crédito com garantia real é aquele com hipoteca ou penhor. Neste caso, o privilégio do crédito só atinge aqueles com garantia real até o limite do bem gravado, ou seja, se a dívida é de um milhão, mas a garantia real tem o valor de oitocentos mil, apenas este será crédito com privilégio nos termos deste inciso. O valor restante de duzentos mil será classificado como crédito quirografário.
- **3º: os créditos tributários, independentemente da sua natureza e do tempo de constituição, exceto os créditos extraconcursais e as multas tributárias:** agora, as multas tributárias também possuem privilégio. Deve-se atentar também à ordem de preferência do art. 29 da Lei de Execução Fiscal.

- **4°: créditos quirografários:** antes eram o sexto na ordem de preferência, agora são o quarto. São os mais comuns. São eles:

    a) aqueles não previstos nos demais incisos deste artigo;

    b) os saldos dos créditos não cobertos pelo produto da alienação dos bens vinculados ao seu pagamento; e (Redação dada pela Lei n° 14.112, de 2020.)

    c) os saldos dos créditos derivados da legislação trabalhista que excederem o limite estabelecido no inciso I do *caput* deste artigo; (Redação dada pela Lei n° 14.112, de 2020.)

- **5°: as multas contratuais e as penas pecuniárias por infração das leis penais ou administrativas, incluídas as multas tributárias:** antes eram o sétimo na ordem de preferência, agora, são o quinto.

- **6°: os créditos subordinados:** antes eram o oitavo na ordem de preferência, agora são o sexto. São eles:

    a) os previstos em lei ou em contrato; e (Redação dada pela Lei n° 14.112, de 2020.)

    b) os créditos dos sócios e dos administradores sem vínculo empregatício cuja contratação não tenha observado as condições estritamente comutativas e as práticas de mercado; (Redação dada pela Lei n° 14.112, de 2020.)

Vale observar que o art. 29 da Lei de Execução Fiscal estabelece um benefício para as dívidas tributárias da União em detrimento das dívidas dos Estados e Municípios e dos Estados em face aos Municípios:

Art. 29. A cobrança judicial da Dívida Ativa da Fazenda Pública não é sujeita a concurso de credores ou habilitação em falência, concordata, liquidação, inventário ou arrolamento.

Parágrafo único – O concurso de preferência somente se verifica entre pessoas jurídicas de direito público, na seguinte ordem:

I – União e suas autarquias;

II – Estados, Distrito Federal e Territórios e suas autarquias, conjuntamente e pro rata;

III – Municípios e suas autarquias, conjuntamente e pro rata.

Não obstante isso, na Arguição de Descumprimento de Preceito Fundamental n° 357, o STF julgou procedente o pedido para declarar não recepcionada pela Constituição da República de 1988 as normas previstas no art. 29 da Lei n° 6.830/1980 (Lei de Execuções Fiscais).

8.25 Reabilitação

Ocorre nas hipóteses do art. 158 da Lei, mas para isso é necessária uma **sentença de extinção das obrigações do falido**. Todavia, tal sentença só poderá ser prolatada se ocorrer uma das hipóteses do art. 158. **Este ponto também foi severamente alterado pela Lei n° 14.112, de 2020.** Agora, extinguem a obrigação do falido:

- o pagamento de todos os créditos;
- o pagamento, após realizado todo o ativo, de mais de 25% (vinte e cinco por cento) dos créditos quirografários, facultado ao falido o depósito da quantia necessária para atingir a referida porcentagem se para isso não tiver sido suficiente a integral liquidação do ativo;

- o decurso do prazo de 3 (três) anos, contado da decretação da falência, ressalvada a utilização dos bens arrecadados anteriormente, que serão destinados à liquidação para a satisfação dos credores habilitados ou com pedido de reserva realizado;
- o encerramento da falência nos termos dos arts. 114-A ou 156 da Lei de Recuperação Judicial, Extrajudicial e Falência.

Além disso, verificada a prescrição ou extintas as obrigações nos termos da lei, o sócio de responsabilidade ilimitada também poderá requerer que seja declarada por sentença a extinção de suas obrigações na falência (art. 160).

Configurada qualquer das hipóteses acima, o falido poderá requerer ao juízo da falência que suas obrigações sejam declaradas extintas por sentença (art. 159).

A sentença que declarar extintas as obrigações do falido somente poderá ser rescindida por ação rescisória, a pedido de qualquer credor, caso se verifique que o falido tenha sonegado bens, direitos ou rendimentos de qualquer espécie anteriores à data do requerimento de extinção das obrigações, sendo que a ação rescisória, em tal caso, deverá ser intentada no prazo decadencial de dois anos, contado da data do trânsito em julgado da sentença que declarou extintas as obrigações.

9

Recuperação judicial

9.1 Noções iniciais

A recuperação judicial é uma permissão legal que concede ao devedor empresário ou sociedade empresária a possibilidade de negociar diretamente com todos os seus credores ou tão somente parte destes, de acordo com suas reais possibilidades, ampliando o seu universo de medidas eficazes e suficientes à satisfação dos créditos negociados, mantendo os direitos dos credores não incluídos no plano, garantindo o controle do Poder Judiciário e dos credores por instrumentos próprios, com a finalidade de recuperar e preservar a empresa viável com a reorganização.

A recuperação judicial substituiu a antiga concordata, prevista no Decreto-lei nº 7.661/1945. A concordata era um instituto que pouco ajudava efetivamente na recuperação do devedor em dificuldades, conduzindo quase sempre à falência da empresa. Não bastasse isso, recentemente foi objeto de grande alteração pela Lei nº 14.112, de 2020.

9.2 Finalidade da recuperação judicial

Conforme o art. 47 da Lei n° 11.101/2005:

> Art. 47. A recuperação judicial tem por objetivo viabilizar a superação da situação de crise econômico-financeira do devedor, a fim de permitir a manutenção da fonte produtora, do emprego dos trabalhadores e dos interesses dos credores, promovendo, assim, a preservação da empresa, sua função social e o estímulo à atividade econômica.

A finalidade primordial da recuperação judicial é a chamada preservação da empresa (função social da empresa), que está ligada aos seguintes objetivos:

- manutenção de empregos;
- manutenção da fonte produtora;
- preservação dos interesses dos credores: se o juiz decreta a falência, é muito provável que os credores não tenham seus créditos satisfeitos.
- manutenção do desenvolvimento na região: existem empresas que são fundamentais para o crescimento e a subsistência de regiões inteiras.

9.3 Requisitos da recuperação judicial

Os requisitos para a concessão da recuperação judicial estão listados elucidativamente no art. 48 da LRE, o qual vale integral reprodução:

> Art. 48. Poderá requerer recuperação judicial o devedor que, no momento do pedido, exerça regularmente suas atividades há mais de 2 (dois) anos e que atenda aos seguintes requisitos, cumulativamente:

I – não ser falido e, se o foi, estejam declaradas extintas, por sentença transitada em julgado, as responsabilidades daí decorrentes;

II – não ter, há menos de 5 (cinco) anos, obtido concessão de recuperação judicial;

III – não ter, há menos de 5 (cinco) anos, obtido concessão de recuperação judicial com base no plano especial de que trata a Seção V deste Capítulo;

IV – não ter sido condenado ou não ter, como administrador ou sócio controlador, pessoa condenada por qualquer dos crimes previstos nesta Lei.

§ 1º A recuperação judicial também poderá ser requerida pelo cônjuge sobrevivente, herdeiros do devedor, inventariante ou sócio remanescente.

§ 2º No caso de exercício de atividade rural por pessoa jurídica, admite-se a comprovação do prazo estabelecido no *caput* deste artigo por meio da Escrituração Contábil Fiscal (ECF), ou por meio de obrigação legal de registros contábeis que venha a substituir a ECF, entregue tempestivamente.

§ 3º Para a comprovação do prazo estabelecido no *caput* deste artigo, o cálculo do período de exercício de atividade rural por pessoa física é feito com base no Livro Caixa Digital do Produtor Rural (LCDPR), ou por meio de obrigação legal de registros contábeis que venha a substituir o LCDPR, e pela Declaração do Imposto sobre a Renda da Pessoa Física (DIRPF) e balanço patrimonial, todos entregues tempestivamente.

§ 4º Para efeito do disposto no § 3º deste artigo, no que diz respeito ao período em que não for exigível a entrega do LCDPR, admitir-se-á a entrega do livro-caixa utilizado para a elaboração da DIRPF.

§ 5º Para os fins de atendimento ao disposto nos §§ 2º e 3º deste artigo, as informações contábeis relativas a receitas, a bens, a despesas, a custos e a dívidas deverão estar organizadas de acordo com a legislação e com o padrão contábil da legislação correlata vigente, bem como guardar obediência ao regime de competência e de elaboração de balanço patrimonial por contador habilitado.

a) **Somente o devedor empresário ou sociedade empresária pode pedir a recuperação judicial (o credor só pode pedir a falência).**

Lembrar os excluídos da lei, constantes do art. 2º, que só podem ter liquidação extrajudicial.

Atenção!

A legitimidade se estende ao cônjuge sobrevivente, herdeiros do devedor, inventariante ou sócio remanescente (art. 48, § 1º).

---

b) **O devedor deve ser empresário ou sociedade empresária que esteja em atividade regular há mais de 2 anos.**

Sociedade em comum não pode pedir, pois não é regular (não tem registro – mas pode pedir autofalência, embora não possa pedir a falência de outrem).

■ **O menor emancipado pode pedir?**

Para ser emancipado, ele deve ter 16 anos completos, conforme CC, art. 5º, parágrafo único, V. Então, deveria ter mais de 18 anos no pedido, portanto, não seria mais "menor emancipado", pois já maior de idade. Exceto no caso de continuação da empresa, conforme o art. 974 do CC, pois aqui poderá ter menos de 16 anos.

Art. 974. Poderá o incapaz, por meio de representante ou devidamente assistido, continuar a empresa antes exercida por ele enquanto capaz, por seus pais ou pelo autor de herança.

c) **Não ser falido.** Se já o foi, deve ter suas obrigações declaradas extintas por sentença transitada em julgado (sentença de extinção das obrigações do falido).

d) **Não ter, há menos de 5 anos, obtido concessão de outra recuperação judicial.** Ou seja, o prazo *a quo* é a obtenção, e não o pedido.

■ **Pode pedir estando em concordata?**

Existia a concordada preventiva (antes da decretação da falência), e a suspensiva, depois da decretação falência. Se for suspensiva, o indivíduo já está falido e, portanto, ele não preencheu o requisito supra. Se a concordata for preventiva **pode**, isso porque não houve a decretação da falência.

e) **Não ter, há menos de 5 anos, obtido concessão de recuperação judicial especial.**

f) **Não ter sido condenado por crime falimentar.**

Antes da nova lei, vários outros crimes vedavam a concordata. Atualmente, somente o crime falimentar veda a recuperação.

Com a recente alteração promovida pela Lei n° 14.112, de 2020, no caso de exercício de atividade rural por pessoa jurídica, admite-se a comprovação do prazo de 2 (dois) anos por meio da Escrituração Contábil Fiscal (ECF), ou por meio de obrigação legal de registros contábeis que venha a substituir a ECF, entregue tempestivamente. Para esse fim, no que diz respeito ao período em que não for exigível a entrega do Livro

Caixa para Produtor Rural, admitir-se-á a entrega do livro-caixa utilizado para a elaboração da Declaração de Imposto de Renda Pessoa Física.

As informações contábeis relativas a receitas, a bens, a despesas, a custos e a dívidas deverão estar organizadas de acordo com a legislação e com o padrão contábil da legislação correlata vigente, bem como guardar obediência ao regime de competência e de elaboração de balanço patrimonial por contador habilitado.

Além disso, a Lei n° 14.112, de 2020, traz a seguinte inovação:

> Art. 48-A. Na recuperação judicial de companhia aberta, serão obrigatórios a formação e o funcionamento do conselho fiscal, nos termos da Lei n° 6.404, de 15 de dezembro de 1976, enquanto durar a fase da recuperação judicial, incluído o período de cumprimento das obrigações assumidas pelo plano de recuperação.

9.4 Créditos sujeitos à recuperação judicial

Nos termos do art. 49 da LRF, todos os créditos existentes **até** a data do pedido, vencidos ou vincendos, podem ser objeto do plano de recuperação judicial.

Atenção!

O crédito derivado de fato ocorrido em momento anterior àquele em que requerida a recuperação judicial deve sujeitar-se ao plano de soerguimento da sociedade devedora. REsp 1.727.771/RS, Rel. Min. Nancy Andrighi, por unanimidade, julgado em 15.05.2018, *DJe* 18.05.2018.

Destaca-se que a consolidação do crédito trabalhista (ainda que inexigível e ilíquido) não depende de provimento judicial que o declare – e muito menos do transcurso de seu trânsito em julgado –, para efeito de sua sujeição aos efeitos da recuperação judicial, conforme decidido pelo STJ no julgamento do REsp 1.634.046/RS (Rel. Min. Nancy Andrighi, Rel. para acórdão Min. Marco Aurélio Bellizze, por maioria, julgado em 25.04.2017, DJe 18.05.2017).

Créditos excluídos:

- Crédito tributário (art. 6º, § 7º-B c/c art. 57). Motivo: poderia quebrar a isonomia entre os contribuintes. Execução Fiscal.
- Art. 49, § 3º: os créditos decorrentes de:
  - ☐ propriedade fiduciária;
  - ☐ arrendamento mercantil (*leasing*);
  - ☐ compra e venda com reserva de domínio;
  - ☐ compra e venda de bem **imóvel** com cláusula de irrevogabilidade ou irretratabilidade.
- Créditos posteriores ao pedido de recuperação (art. 49, § 4º).
- Os recursos de operações de crédito rural controlados e abrangidos nos termos da Lei nº 4.829/1965.
- Os recursos que tenham sido objeto de renegociação entre o devedor e a instituição financeira antes do pedido de recuperação judicial, na forma de ato do Poder Executivo (art. 49, § 8º, *contrario sensu*).
- "Os créditos referidos no *caput* deste artigo aquele relativo à dívida constituída nos 3 (três) últimos anos anteriores ao pedido de recuperação judicial, que tenha sido contraída com a finalidade de aquisição de propriedades rurais, bem como as respectivas garantias" (art. 49, § 9º).

A Lei de Recuperação Judicial, Extrajudicial e Falência, no seu art. 6°, § 7°-A, após a Lei n° 14.112/2020, afirma o disposto no *caput* do art. 6°, I, II e III – ou seja, a) as obrigações do devedor sujeitas ao regime da Lei de Falência; b) as execuções ajuizadas contra o devedor, inclusive daquelas dos credores particulares do sócio solidário, relativas a créditos ou obrigações sujeitos à recuperação judicial; c) qualquer forma de retenção, arresto, penhora, sequestro, busca e apreensão e constrição judicial ou extrajudicial sobre os bens do devedor, oriunda de demandas judiciais ou extrajudiciais cujos créditos ou obrigações – **após o deferimento do processamento da recuperação judicial** (nos três casos) não se aplica aos créditos referidos no art. 49, §§ 3° e 4°, ou às execuções fiscais –, **logo, serão sujeitos à recuperação.**

Admite-se, todavia, a competência do juízo da recuperação judicial para determinar a suspensão dos atos de constrição que recaiam sobre bens de capital essenciais à manutenção da atividade empresarial durante o prazo de 180 (cento e oitenta) dias, contado do deferimento do processamento da recuperação, prorrogável por igual período, uma única vez, em caráter excepcional, desde que o devedor não haja concorrido com a superação do lapso temporal.

STJ, Informativo n° 634: A Lei n° 11.101/2005, embora tenha excluído expressamente dos efeitos da recuperação judicial o crédito de titular da posição de proprietário fiduciário de bens imóveis ou móveis, acentuou que os "bens de capital", objeto de garantia fiduciária, essenciais ao desenvolvimento da atividade empresarial, permaneceriam na posse da recuperanda durante o *stay period*. A conceituação de "bem de capital", referido na parte final do § 3° do art. 49 da LRF, inclusive como pressuposto lógico ao subsequente juízo de essencialidade, há de ser objetiva.

Para esse propósito, deve-se inferir, de modo objetivo, a abrangência do termo "bem de capital", conferindo-se-lhe interpretação sistemática que, a um só tempo, atenda aos ditames da lei de regência e não descaracterize ou esvazie a garantia fiduciária que recai sobre o "bem de capital", que se encontra provisoriamente na posse da recuperanda (REsp 1.758.746/GO, Rel. Min. Marco Aurélio Bellizze, 3ª Turma, julgado em 25.09.2018, DJe 1º.10.2018).

9.5 Procedimento da recuperação

9.5.1 Petição inicial

A petição inicial deve conter os requisitos previstos no art. 51 da Lei de Falências:

> I – a exposição das causas concretas da situação patrimonial do devedor e das razões da crise econômico-financeira;
>
> II – as demonstrações contábeis relativas aos 3 (três) últimos exercícios sociais e as levantadas especialmente para instruir o pedido, confeccionadas com estrita observância da legislação societária aplicável e compostas obrigatoriamente de:
>
> a) balanço patrimonial;
>
> b) demonstração de resultados acumulados;
>
> c) demonstração do resultado desde o último exercício social;
>
> d) relatório gerencial de fluxo de caixa e de sua projeção;
>
> e) descrição das sociedades de grupo societário, de fato ou de direito; (Incluído pela Lei nº 14.112, de 2020.)

III – a relação nominal completa dos credores, sujeitos ou não à recuperação judicial, inclusive aqueles por obrigação de fazer ou de dar, com a indicação do endereço físico e eletrônico de cada um, a natureza, conforme estabelecido nos arts. 83 e 84 desta Lei, e o valor atualizado do crédito, com a discriminação de sua origem, e o regime dos vencimentos; (Redação dada pela Lei nº 14.112, de 2020.)

IV – a relação integral dos empregados, em que constem as respectivas funções, salários, indenizações e outras parcelas a que têm direito, com o correspondente mês de competência, e a discriminação dos valores pendentes de pagamento;

V – certidão de regularidade do devedor no Registro Público de Empresas, o ato constitutivo atualizado e as atas de nomeação dos atuais administradores;

VI – a relação dos bens particulares dos sócios controladores e dos administradores do devedor;

VII – os extratos atualizados das contas bancárias do devedor e de suas eventuais aplicações financeiras de qualquer modalidade, inclusive em fundos de investimento ou em bolsas de valores, emitidos pelas respectivas instituições financeiras;

VIII – certidões dos cartórios de protestos situados na comarca do domicílio ou sede do devedor e naquelas onde possui filial;

IX – a relação, subscrita pelo devedor, de todas as ações judiciais e procedimentos arbitrais em que este figure como parte, inclusive as de natureza trabalhista, com a estimativa dos respectivos valores demandados; (Redação dada pela Lei nº 14.112, de 2020.)

X – o relatório detalhado do passivo fiscal; (Incluído pela Lei nº 14.112, de 2020.)

XI – a relação de bens e direitos integrantes do ativo não circulante, incluídos aqueles não sujeitos à recuperação judicial, acompanhada dos negócios jurídicos celebrados com os credores de que trata o § 3º do art. 49 desta Lei. (Incluído pela Lei nº 14.112, de 2020.)

Na hipótese de o ajuizamento da recuperação judicial ocorrer antes da data final de entrega do balanço correspondente ao exercício anterior, o devedor apresentará balanço prévio e juntará o balanço definitivo no prazo da lei societária aplicável.

O valor da causa corresponderá ao montante total dos créditos sujeitos à recuperação judicial.

9.5.2 Nomeação de avaliador de confiança

Nos termos do novo art. 51-A, incluído pela Lei nº 14.112, após a distribuição do pedido de recuperação judicial, poderá o juiz, se entender:

> necessário, nomear profissional de sua confiança, com capacidade técnica e idoneidade, para promover a constatação exclusivamente das reais condições de funcionamento da requerente e da regularidade e da completude da documentação apresentada com a petição inicial.

A remuneração do profissional:

> § 1º (...) deverá ser arbitrada posteriormente à apresentação do laudo e deverá considerar a complexidade do trabalho desenvolvido.
>
> § 2º O juiz deverá conceder o prazo máximo de 5 (cinco) dias para que o profissional nomeado apresente laudo de

constatação das reais condições de funcionamento do devedor e da regularidade documental.

§ 3º A constatação prévia será determinada sem que seja ouvida a outra parte e sem apresentação de quesitos por qualquer das partes, com a possibilidade de o juiz determinar a realização da diligência sem a prévia ciência do devedor, quando entender que esta poderá frustrar os seus objetivos.

§ 4º O devedor será intimado do resultado da constatação prévia concomitantemente à sua intimação da decisão que deferir ou indeferir o processamento da recuperação judicial, ou que determinar a emenda da petição inicial, e poderá impugná-la mediante interposição do recurso cabível.

§ 5º A constatação prévia consistirá, objetivamente, na verificação das reais condições de funcionamento da empresa e da regularidade documental, vedado o indeferimento do processamento da recuperação judicial baseado na análise de viabilidade econômica do devedor.

§ 6º Caso a constatação prévia detecte indícios contundentes de utilização fraudulenta da ação de recuperação judicial, o juiz poderá indeferir a petição inicial, sem prejuízo de oficiar ao Ministério Público para tomada das providências criminais eventualmente cabíveis.

§ 7º Caso a constatação prévia demonstre que o principal estabelecimento do devedor não se situa na área de competência do juízo, o juiz deverá determinar a remessa dos autos, com urgência, ao juízo competente.

9.5.3 Despacho de processamento

Estando devidamente instruída, o juiz deferirá o processamento da recuperação.

Atenção!

Aqui não se deferiu, ainda, a recuperação propriamente dita, apenas autorizou-se o seu processamento, pois a análise da viabilidade em manter a empresa ativa será feita em outro momento.

O deferimento do processamento da recuperação judicial não enseja o cancelamento da negativação do nome do devedor nos órgãos de proteção ao crédito e nos tabelionatos de protestos (REsp 1.374.259/MT, Rel. Min. Luis Felipe Salomão, 4ª Turma, julgado em 02.06.2015, DJe 18.06.2015).

Na mesma decisão que defere o processamento, o juiz deve proceder às seguintes medidas (art. 52 da Lei nº 11.101/2005):

> Art. 52. Estando em termos a documentação exigida no art. 51 desta Lei, o juiz deferirá o processamento da recuperação judicial e, no mesmo ato:
>
> I – nomeará o administrador judicial, observado o disposto no art. 21 desta Lei;
>
> II – determinará a dispensa da apresentação de certidões negativas para que o devedor exerça suas atividades, observado o disposto no § 3º do art. 195 da Constituição Federal e no art. 69 desta Lei;
>
> III – ordenará a suspensão de todas as ações ou execuções contra o devedor, na forma do art. 6º desta Lei, permanecendo os respectivos autos no juízo onde se processam, ressalvadas as ações previstas nos §§ 1º, 2º e 7º do art. 6º desta Lei e as relativas a créditos excetuados na forma dos §§ 3º e 4º do art. 49 desta Lei;
>
> IV – determinará ao devedor a apresentação de contas demonstrativas mensais enquanto perdurar a recuperação judicial, sob pena de destituição de seus administradores;

V – ordenará a intimação eletrônica do Ministério Público e das Fazendas Públicas federal e de todos os Estados, Distrito Federal e Municípios em que o devedor tiver estabelecimento, a fim de que tomem conhecimento da recuperação judicial e informem eventuais créditos perante o devedor, para divulgação aos demais interessados.

§ 1º O juiz ordenará a expedição de edital, para publicação no órgão oficial, que conterá:

I – o resumo do pedido do devedor e da decisão que defere o processamento da recuperação judicial;

II – a relação nominal de credores, em que se discrimine o valor atualizado e a classificação de cada crédito;

III – a advertência acerca dos prazos para habilitação dos créditos, na forma do art. 7º, § 1º, desta Lei, e para que os credores apresentem objeção ao plano de recuperação judicial apresentado pelo devedor nos termos do art. 55 desta Lei.

§ 2º Deferido o processamento da recuperação judicial, os credores poderão, a qualquer tempo, requerer a convocação de assembleia-geral para a constituição do Comitê de Credores ou substituição de seus membros, observado o disposto no § 2º do art. 36 desta Lei.

§ 3º No caso do inciso III do *caput* deste artigo, caberá ao devedor comunicar a suspensão aos juízos competentes.

§ 4º O devedor não poderá desistir do pedido de recuperação judicial após o deferimento de seu processamento, salvo se obtiver aprovação da desistência na assembleia-geral de credores.

No que tange ao art. 52, III, da LF, em princípio, todas as ações ficam suspensas, exceto as que demandam quantia ilíquida, as que correm perante a Justiça do Trabalho, as execuções fiscais e das ações e execuções movidas por credores que não se sujeitam à recuperação judicial.

> **Atenção!**
>
> No que diz respeito às ações que tramitam na Justiça do Trabalho, o STJ tem se manifestado no sentido de que a execução trabalhista individual não pode prevalecer à recuperação da empresa (RDC 137.886/RJ, 201403419948, Min. Marcus Buzzi, *DJe* 24.08.2015), pois este beneplácito concedido a uma pessoa isoladamente poderia comprometer todo o planejamento para salvar a empresa.

> **STJ, Informativo nº 627:** Ação de compensação por danos morais movida contra empresa em recuperação judicial não deve permanecer suspensa até o trânsito em julgado da decisão final proferida no processo de soerguimento (REsp 1.710.750/DF, Rel. Min. Nancy Andrighi, por unanimidade, julgado em 15.05.2018, *DJe* 18.05.2018).

Vale ressaltar que o juízo universal não atrai as demandas suspensas, visto que elas permanecem nos respectivos juízos, sobretudo porque são temporárias (180 dias – art. 6º, § 4º, da LF).

> **Atenção!**
>
> ■ "A recuperação judicial do devedor principal não impede o prosseguimento das execuções nem induz suspensão ou extinção de ações ajuizadas contra terceiros devedores solidários ou coobrigados em geral, por garantia cambial, real ou fidejussória, pois não se lhes aplicam a suspensão prevista nos arts. 6º, *caput*, e 52, III, ou a novação a que se refere o art. 59, *caput*, por força do que dispõe o art. 49, § 1º, todos da Lei nº 11.101/2005. (...)"

(REsp 1.333.349/SP, Rel. Min. Luis Felipe Salomão, Segunda Seção, julgado em 26.11.2014, DJe 02.02.2015).

■ **Enunciado n° 43 da I Jornada de Direito Comercial do CJF/STJ:** "A suspensão das ações e execuções previstas no art. 6° da Lei n° 11.101/2005 não se estende aos coobrigados do devedor".

A respeito da suspensão das ações e execuções por 180 dias, tal como previsto no art. 6°, o STJ tem flexibilizado o prazo para estendê-lo, nos casos em que o atraso do processo não se dê por culpa do devedor. Igual entendimento foi exposto no Enunciado n° 42 da I Jornada de Direito Comercial.

Ainda sobre suspensão, o STJ tem entendido que o deferimento do processamento de recuperação judicial não suspende o curso das execuções fiscais. Lembrar que o art. 174 do CTN prevê que "a cobrança judicial do crédito tributário não é sujeita a concurso de credores ou habilitação em falência, recuperação judicial, concordata, inventário ou arrolamento". Ocorre que os atos de constrição direcionada ao patrimônio da empresa devem ser submetidos à análise do juízo universal, em homenagem ao princípio da preservação da empresa (AgRg no CC 136.040/GO, 201402409870, Marco Aurélio Bellizze, STJ, Segunda Seção, DJe 19.05.2015).

9.5.4 Publicação do despacho

De acordo com o art. 52 da Lei n° 11.101/2005:

Art. 52 *omissis*.

§ 1° O juiz ordenará a expedição de edital, para publicação no órgão oficial, que conterá:

I – o resumo do pedido do devedor e da decisão que defere o processamento da recuperação judicial;

II – a relação nominal de credores, em que se discrimine o valor atualizado e a classificação de cada crédito;

III – a advertência acerca dos prazos para habilitação dos créditos, na forma do art. 7°, § 1°, desta Lei, e para que os credores apresentem objeção ao plano de recuperação judicial apresentado pelo devedor nos termos do art. 55 desta Lei.

Assim, o despacho deve ser publicado em edital, contendo:

- pedido do autor;
- termos da decisão que deferiu o processamento;
- relação de credores (aquela da petição inicial).

A publicação do edital abre o prazo para a prática de dois atos:

a) Habilitação de crédito, por parte do credor cujo nome não constou do plano (art. 7°, § 1°).

Prazo de 15 dias da publicação do edital.

Encerrado o prazo de 15 dias, tem início o prazo de 45 dias para que o Administrador Judicial providencie uma nova relação de credores, contemplando, então, os que habilitaram seu crédito. É a conhecida relação do art. 7°, § 2°.

Perceber: habilita-se o crédito para o administrador, e não para o juiz.

STJ, Informativo n° 633:

Destaque: É imprescindível a publicação na imprensa oficial do edital previsto no art. 7°, § 2°, da Lei n° 11.101/2005.

Informações do inteiro teor: Inicialmente, nos termos do art. 191 da Lei n° 11.101/2005, as publicações referentes a atos praticados no curso de processos de recuperação judicial, extrajudicial ou falência devem ser feitas preferencialmente na imprensa oficial e, se o devedor ou a massa falida comportar, em jornal ou revista de circulação regional ou nacional. A redação do dispositivo dá ensejo a mais de uma interpretação quanto à obrigatoriedade ou não de as publicações serem feitas em veículo de imprensa oficial, sendo precisamente esse o cerne da controvérsia. Deslocar a oração subordinada condicional do dispositivo em questão pode auxiliar a compreensão de seu conteúdo gramatical. Veja-se: as publicações ordenadas serão feitas preferencialmente na imprensa oficial e em jornal ou revista de circulação regional ou nacional se o devedor ou a massa falida comportar. Conforme a doutrina, no dispositivo em questão, "a conjunção aditiva 'e' indica que a publicação pela imprensa oficial é sempre necessária, não sendo substituída pela realizada em jornais ou revistas de circulação regional ou nacional. Nesse sentido, 'preferencialmente' serve apenas para deixar claro que, não havendo fundos disponíveis, é a publicação pela imprensa oficial que deve ser atendida". Infere-se, por conseguinte, da leitura do *caput* do art. 191 da LFRE, que as publicações devem ser levadas a cabo sempre na imprensa oficial, sendo apenas exigível que se proceda à publicação em jornal ou revista de circulação regional ou nacional se as possibilidades financeiras do devedor ou da massa falida comportarem. Em suma, a publicação do edital a que se refere o § 2º do art. 7º da LFRE – o qual não contém disposição capaz de excepcionar a norma geral do art. 191, *caput*, da Lei de regência – há de ser feita, obrigatoriamente, em veículo de imprensa oficial (REsp 1.758.777/PR, Rel. Min. Nancy Andrighi, por unanimidade, julgado em 11.09.2018, *DJe* 13.09.2018).

Atenção!

■ "Não ofende a coisa julgada, a decisão de habilitação de crédito que limita a incidência de juros de mora e correção monetária, delineados em sentença condenatória de reparação civil, até a data do pedido de recuperação judicial" (REsp 1.662.793/SP, Rel. Min. Nancy Andrighi, por unanimidade, julgado em 08.08.2017, DJe 14.08.2017. Informativo nº 610).

■ Se o credor não requereu a habilitação de seu crédito e o quadro-geral de credores já foi homologado, a única via que ainda resta para esse credor será pleitear a habilitação por meio de ação judicial autônoma que tramitará pelo rito ordinário, nos termos do art. 10, § 6º, da LFRE: "§ 6º Após a homologação do quadro-geral de credores, aqueles que não habilitaram seu crédito poderão, observado, no que couber, o procedimento ordinário previsto no Código de Processo Civil, requerer ao juízo da falência ou da recuperação judicial a retificação do quadro-geral para inclusão do respectivo crédito". Vale ressaltar, no entanto, que essa ação pedindo a habilitação retardatária somente pode ser proposta até a prolação da decisão de encerramento do processo recuperacional. Desse modo, uma vez encerrada a recuperação judicial, não se pode mais autorizar a habilitação ou a retificação de créditos (STJ, 3ª Turma, REsp 1.840.166/RJ, Rel. Min. Nancy Andrighi, julgado em 10.12.2019. Informativo nº 662).

b) **Apresentação do plano de recuperação:** publicado o despacho, o devedor terá prazo improrrogável de 60 dias para apresentação do plano de recuperação judicial, sob pena de convolação da recuperação em falência (art. 53). O plano deverá conter:

> Art. 53. O plano de recuperação será apresentado pelo devedor em juízo no prazo improrrogável de 60 (sessenta)

dias da publicação da decisão que deferir o processamento da recuperação judicial, sob pena de convolação em falência, e deverá conter:

I - discriminação pormenorizada dos meios de recuperação a ser empregados, conforme o art. 50 desta Lei, e seu resumo;

II - demonstração de sua viabilidade econômica; e

III - laudo econômico-financeiro e de avaliação dos bens e ativos do devedor, subscrito por profissional legalmente habilitado ou empresa especializada.

9.5.5 Comunicado

Conforme prevê o parágrafo único do art. 53 da Lei n° 11.101/2005:

> Art. 53 omissis.
>
> Parágrafo único. O juiz ordenará a publicação de edital contendo aviso aos credores sobre o recebimento do plano de recuperação e fixando o prazo para a manifestação de eventuais objeções, observado o art. 55 desta Lei.

Se o credor não concordar com o plano, ele pode apresentar a chamada objeção ao plano (art. 55 da Lei n° 11.101/2005). Qualquer credor pode objetar o plano, no prazo de 30 dias, contados da publicação da relação do art. 7°, § 2° (segunda relação de credores).

> Art. 55. Qualquer credor poderá manifestar ao juiz sua objeção ao plano de recuperação judicial no prazo de 30 (trinta) dias contado da publicação da relação de credores de que trata o § 2° do art. 7° desta Lei.
>
> Parágrafo único. Caso, na data da publicação da relação de que trata o *caput* deste artigo, não tenha sido publica-

do o aviso previsto no art. 53, parágrafo único, desta Lei, contar-se-á da publicação deste o prazo para as objeções.

Em não havendo objeção, significa que o plano está aprovado.

Se algum credor apresentar objeção, segue-se a regra do art. 56 da Lei n° 11.101/2005.

Art. 56. Havendo objeção de qualquer credor ao plano de recuperação judicial, o juiz convocará a assembleia-geral de credores para deliberar sobre o plano de recuperação.

§ 1º A data designada para a realização da assembleia-geral não excederá 150 (cento e cinquenta) dias contados do deferimento do processamento da recuperação judicial.

§ 2º A assembleia-geral que aprovar o plano de recuperação judicial poderá indicar os membros do Comitê de Credores, na forma do art. 26 desta Lei, se já não estiver constituído.

§ 3º O plano de recuperação judicial poderá sofrer alterações na assembleia-geral, desde que haja expressa concordância do devedor e em termos que não impliquem diminuição dos direitos exclusivamente dos credores ausentes.

§ 4º Rejeitado o plano de recuperação judicial, o administrador judicial submeterá, no ato, à votação da assembleia-geral de credores a concessão de prazo de 30 (trinta) dias para que seja apresentado plano de recuperação judicial pelos credores.

§ 5º A concessão do prazo a que se refere o § 4º deste artigo deverá ser aprovada por credores que representem mais da metade dos créditos presentes à assembleia-geral de credores.

§ 6º O plano de recuperação judicial proposto pelos credores somente será posto em votação caso satisfeitas, cumulativamente, as seguintes condições:

I – não preenchimento dos requisitos previstos no § 1º do art. 58 desta Lei;

II – preenchimento dos requisitos previstos nos incisos I, II e III do *caput* do art. 53 desta Lei;

III – apoio por escrito de credores que representem, alternativamente:

a) mais de 25% (vinte e cinco por cento) dos créditos totais sujeitos à recuperação judicial; ou

b) mais de 35% (trinta e cinco por cento) dos créditos dos credores presentes à assembleia-geral a que se refere o § 4º deste artigo;

IV – não imputação de obrigações novas, não previstas em lei ou em contratos anteriormente celebrados, aos sócios do devedor;

V – previsão de isenção das garantias pessoais prestadas por pessoas naturais em relação aos créditos a serem novados e que sejam de titularidade dos credores mencionados no inciso III deste parágrafo ou daqueles que votarem favoravelmente ao plano de recuperação judicial apresentado pelos credores, não permitidas ressalvas de voto; e

VI – não imposição ao devedor ou aos seus sócios de sacrifício maior do que aquele que decorreria da liquidação na falência.

§ 7º O plano de recuperação judicial apresentado pelos credores poderá prever a capitalização dos créditos, inclusive com a consequente alteração do controle da sociedade devedora, permitido o exercício do direito de retirada pelo sócio do devedor.

§ 8º Não aplicado o disposto nos §§ 4º, 5º e 6º deste artigo, ou rejeitado o plano de recuperação judicial proposto pelos credores, o juiz convolará a recuperação judicial em falência.

§ 9º Na hipótese de suspensão da assembleia-geral de credores convocada para fins de votação do plano de recuperação judicial, a assembleia deverá ser encerrada no prazo de até 90 (noventa) dias, contado da data de sua instalação.

Art. 56-A. Até 5 (cinco) dias antes da data de realização da assembleia-geral de credores convocada para deliberar sobre o plano, o devedor poderá comprovar a aprovação dos credores por meio de termo de adesão, observado o quórum previsto no art. 45 desta Lei, e requerer a sua homologação judicial.

§ 1º No caso previsto no *caput* deste artigo, a assembleia-geral será imediatamente dispensada, e o juiz intimará os credores para apresentarem eventuais oposições, no prazo de 10 (dez) dias, o qual substituirá o prazo inicialmente estipulado nos termos do *caput* do art. 55 desta Lei.

§ 2º Oferecida oposição prevista no § 1º deste artigo, terá o devedor o prazo de 10 (dez) dias para manifestar-se a respeito, ouvido a seguir o administrador judicial, no prazo de 5 (cinco) dias.

§ 3º No caso de dispensa da assembleia-geral ou de aprovação do plano de recuperação judicial em assembleia-geral, as oposições apenas poderão versar sobre:

I – não preenchimento do quórum legal de aprovação;

II – descumprimento do procedimento disciplinado nesta Lei;

III – irregularidades do termo de adesão ao plano de recuperação; ou

IV – irregularidades e ilegalidades do plano de recuperação.

9.5.6 Composição da assembleia geral de credores

Nessa reunião, os credores são divididos em quatro classes (art. 41):

I – titulares de créditos derivados da legislação do trabalho ou decorrentes de acidentes de trabalho;

II – titulares de créditos com garantia real;

III – titulares de créditos quirografários, com privilégio especial, com privilégio geral ou subordinados;

IV – titulares de créditos enquadrados como microempresa ou empresa de pequeno porte.

Conforme o art. 45, o plano só será aprovado pela assembleia geral se todas as classes aprovarem o plano.

> Art. 45. Nas deliberações sobre o plano de recuperação judicial, todas as classes de credores referidas no art. 41 desta Lei deverão aprovar a proposta.
>
> § 1º Em cada uma das classes referidas nos incisos II e III do art. 41 desta Lei, a proposta deverá ser aprovada por credores que representem mais da metade do valor total dos créditos presentes à assembleia e, cumulativamente, pela maioria simples dos credores presentes.
>
> § 2º Nas classes previstas nos incisos I e IV do art. 41 desta Lei, a proposta deverá ser aprovada pela maioria simples dos credores presentes, independentemente do valor de seu crédito.

§ 3º O credor não terá direito a voto e não será considerado para fins de verificação de quórum de deliberação se o plano de recuperação judicial não alterar o valor ou as condições originais de pagamento de seu crédito.

A Lei nº 14.112/2020 inseriu o art. 45-A:

Art. 45-A. As deliberações da assembleia-geral de credores previstas nesta Lei poderão ser substituídas pela comprovação da adesão de credores que representem mais da metade do valor dos créditos sujeitos à recuperação judicial, observadas as exceções previstas nesta Lei.

§ 1º Nos termos do art. 56-A desta Lei, as deliberações sobre o plano de recuperação judicial poderão ser substituídas por documento que comprove o cumprimento do disposto no art. 45 desta Lei.

§ 2º As deliberações sobre a constituição do Comitê de Credores poderão ser substituídas por documento que comprove a adesão da maioria dos créditos de cada conjunto de credores previsto no art. 26 desta Lei.

§ 3º As deliberações sobre forma alternativa de realização do ativo na falência, nos termos do art. 145 desta Lei, poderão ser substituídas por documento que comprove a adesão de credores que representem 2/3 (dois terços) dos créditos.

§ 4º As deliberações no formato previsto neste artigo serão fiscalizadas pelo administrador judicial, que emitirá parecer sobre sua regularidade, com oitiva do Ministério Público, previamente à sua homologação judicial, independentemente da concessão ou não da recuperação judicial.

STJ, Informativo nº 607: Os *bondholders* – detentores de títulos de dívida emitidos por sociedades em recuperação judicial e representados por agente fiduciário – têm assegurados o direito de voto nas deliberações sobre o plano de soerguimento (REsp 1.670.096/RJ, Rel. Min. Nancy Andrighi, por maioria, julgado em 20.06.2017, DJe 27.06.2017).

Decisões possíveis da assembleia:

- **Aprovação do plano**: para que o plano seja considerado aprovado, é imprescindível que receba maioria de votos em todas as classes existentes, em votação independente. Na classe dos credores trabalhistas e dos que se enquadram como microempresa e empresa de pequeno porte, estes votam **por cabeça**, independentemente do valor de seus créditos, sendo considerado o plano aprovado pela concordância da maioria dos presentes; mas outras duas classes, o valor do voto é **proporcional** ao valor do crédito.
- **Aprovação do plano com alterações**: os credores estão autorizados a propor alterações no plano de recuperação. Estas, porém, devem ser ratificadas pelo devedor e não podem representar alterações prejudiciais ao valor ou forma de pagamento de obrigações relativas apenas a credores ausentes à assembleia.
- **Rejeição total do plano**: hipótese na qual o devedor terá sua falência decretada pelo juiz.
- **Apoio ao plano**: quando este não obteve o quórum de aprovação previsto em lei, mas obteve, cumulativamente: (i) voto favorável da maioria dos credores que representam mais de metade dos créditos presentes à assembleia independentemente de classe; (ii) a aprovação de duas das classes de credores nos termos do art. 45 ou, caso haja somente duas classes com credores votantes, a aprovação de pelo menos uma delas; e (iii) na classe que o houver rejeitado, o voto

favorável de mais de um terço dos credores, computados na forma dos §§ 1º e 2º do art. 45. Nesta situação, o juiz pode conceder a recuperação judicial, desde que não implique tratamento diferenciado entre os credores da classe que a rejeitou. É o nominado *cram down*.

Como vimos anteriormente, o magistrado é quem homologa o plano e concede a recuperação judicial. Isso está previsto expressamente no *caput* do art. 58 da Lei nº 11.101/2005.

O juiz pode recusar-se a homologar o plano de recuperação judicial alegando que ele não tem viabilidade econômica, mesmo já tendo sido aprovado em assembleia e estando formalmente perfeito? *Não*.

Se o plano cumpriu as exigências legais e foi aprovado em assembleia, o juiz deve homologá-lo e conceder a recuperação judicial do devedor, não sendo permitido ao magistrado se imiscuir (intrometer) no aspecto da viabilidade econômica da empresa.

A aprovação do plano pela assembleia representa uma nova relação negocial que é construída entre o devedor e os credores. Se os credores aceitaram a proposta e ela preenche os requisitos legais, não cabe ao juiz indeferir a recuperação judicial.

Além disso, o magistrado não é a pessoa mais indicada para aferir a viabilidade econômica do plano de recuperação judicial. Isso porque a análise do possível sucesso ou não do plano proposto não é uma questão jurídica propriamente dita, mas sim econômica e que está inserida na seara negocial da recuperação judicial, o que deve ser tratado entre devedor e credores.

O juiz, na realidade, deve exercer o controle de legalidade do plano de recuperação, analisando se há fraude ou abuso de direito. No entanto, não cabe a ele fazer controle sobre a viabilidade econômica do plano.

No mesmo sentido são os enunciados 44 e 46 da I Jornada de Direito Comercial do CJF/STJ.

Enunciado nº 44: A homologação de plano de recuperação judicial aprovado pelos credores está sujeita ao controle de legalidade.

Enunciado nº 46: Não compete ao juiz deixar de conceder a recuperação judicial ou de homologar a extrajudicial com fundamento na análise econômico-financeira do plano de recuperação aprovado pelos credores.

Dica de aprofundamento

A lei permite que o magistrado conceda a recuperação judicial mesmo tendo o plano sido recusado pela assembleia. Isso está previsto no art. 58, § 1º, e é chamado de *cram down*. No entanto, o contrário não é possível, ou seja, o juiz não pode indeferir a recuperação judicial cujo plano foi aprovado pela assembleia, considerando que isso significaria a quebra (falência) da empresa, o que vai de encontro com o objetivo da Lei nº 11.101/2005, que é o de que reerguer a sociedade empresária.

É possível ao Poder Judiciário reconhecer a ineficácia, em relação ao prejudicado, de uma cláusula constante de plano de recuperação judicial aprovado em assembleia geral de Credores, ou as deliberações tomadas nessa assembleia não são passíveis de controle judicial? O STJ entende que:

RECURSO ESPECIAL. RECUPERAÇÃO JUDICIAL. APROVAÇÃO DE PLANO PELA ASSEMBLEIA DE CREDORES. INGERÊNCIA JUDICIAL. IMPOSSIBILIDADE.

CONTROLE DE LEGALIDADE DAS DISPOSIÇÕES DO PLANO. POSSIBILIDADE. RECURSO IMPROVIDO. A assembleia de credores é soberana em suas decisões quanto aos planos de recuperação judicial. Contudo, as deliberações desse plano estão sujeitas aos requisitos de validade dos atos jurídicos em geral, requisitos esses que estão sujeitos a controle judicial (3ª Turma, REsp 1.314.209/SP, Rel. Min. Nancy Andrighi, julgado em 22.05.2012).

Nos termos dos arts. 58 e 58-A:

Art. 58. Cumpridas as exigências desta Lei, o juiz concederá a recuperação judicial do devedor cujo plano não tenha sofrido objeção de credor nos termos do art. 55 desta Lei ou tenha sido aprovado pela assembleia-geral de credores na forma dos arts. 45 ou 56-A desta Lei.

§ 1º O juiz poderá conceder a recuperação judicial com base em plano que não obteve aprovação na forma do art. 45 desta Lei, desde que, na mesma assembleia, tenha obtido, de forma cumulativa:

I – o voto favorável de credores que representem mais da metade do valor de todos os créditos presentes à assembleia, independentemente de classes;

II – a aprovação de 3 (três) das classes de credores ou, caso haja somente 3 (três) classes com credores votantes, a aprovação de pelo menos 2 (duas) das classes ou, caso haja somente 2 (duas) classes com credores votantes, a aprovação de pelo menos 1 (uma) delas, sempre nos termos do art. 45 desta Lei;

III – na classe que o houver rejeitado, o voto favorável de mais de 1/3 (um terço) dos credores, computados na forma dos §§ 1º e 2º do art. 45 desta Lei.

§ 2º A recuperação judicial somente poderá ser concedida com base no § 1º deste artigo se o plano não implicar tratamento diferenciado entre os credores da classe que o houver rejeitado.

§ 3º Da decisão que conceder a recuperação judicial serão intimados eletronicamente o Ministério Público e as Fazendas Públicas federal e de todos os Estados, Distrito Federal e Municípios em que o devedor tiver estabelecimento.

Art. 58-A. Rejeitado o plano de recuperação proposto pelo devedor ou pelos credores e não preenchidos os requisitos estabelecidos no § 1º do art. 58 desta Lei, o juiz convolará a recuperação judicial em falência.

Parágrafo único. Da sentença prevista no *caput* deste artigo caberá agravo de instrumento.

9.6 Decisão concessiva da recuperação judicial

Nos termos do art. 59 da Lei nº 11.101/2005:

Art. 59. O plano de recuperação judicial implica novação dos créditos anteriores ao pedido, e obriga o devedor e todos os credores a ele sujeitos, sem prejuízo das garantias, observado o disposto no § 1º do art. 50 desta Lei.

§ 1º A decisão judicial que conceder a recuperação judicial constituirá título executivo judicial, nos termos do art. 584, inciso III, do *caput* da Lei nº 5.869, de 11 de janeiro de 1973 – Código de Processo Civil.

§ 2º Contra a decisão que conceder a recuperação judicial caberá agravo, que poderá ser interposto por qualquer credor e pelo Ministério Público.

§ 3º Da decisão que conceder a recuperação judicial serão intimadas eletronicamente as Fazendas Públicas federal e de todos os Estados, Distrito Federal e Municípios em que o devedor tiver estabelecimento.

STJ, Informativo nº 635: É cabível a interposição de agravo de instrumento contra decisões interlocutórias em processo falimentar e recuperacional, ainda que não haja previsão específica de recurso na Lei nº 11.101/2005 (LREF) (REsp 1.722.866/MT, Rel. Min. Luis Felipe Salomão, por unanimidade, julgado em 25.09.2018, DJe 19.10.2018).

a) A decisão implica em novação da dívida (art. 59, caput): extingue-se a dívida anterior, criando uma nova dívida em seu lugar.

Aqui cabe mencionar as diferenças entre a novação da lei civil e a novação operada na recuperação judicial.

Se a novação civil faz, como regra, extinguir as garantias da dívida, inclusive as reais prestadas por terceiros estranhos ao pacto (art. 364 do CC), a novação decorrente do plano de recuperação traz, como regra, ao reverso, **a manutenção das garantias** (art. 59, caput, da Lei nº 11.101/2005), as quais só serão suprimidas ou substituídas "**mediante aprovação expressa do credor titular da respectiva garantia**" (grifos nossos), por ocasião da alienação do bem gravado (art. 50, § 1º).

Além disso, a novação específica da recuperação **se desfaz na hipótese de falência**, quando então os "**credores terão reconstituídos seus direitos e garantias nas condições originalmente contratadas**" (art. 61, § 2º – grifos nossos).

Daí se conclui que o plano de recuperação judicial opera uma novação *sui generis* e sempre sujeita à condição resolutiva – que é o eventual descumprimento do que ficou acertado no plano, circunstância que a diferencia, sobremaneira, daquela outra, comum, prevista na lei civil.

Dessa forma, muito embora o plano de recuperação judicial opere novação das dívidas a ele submetidas, as garantias reais ou fidejussórias são preservadas, circunstância que possibilita ao credor exercer seus direitos contra terceiros garantidores e impõe a manutenção das ações e execuções aforadas em face de fiadores, avalistas ou coobrigados em geral.

STJ, Informativo nº 564: Após a aprovação do plano de recuperação judicial pela assembleia de credores e a posterior homologação pelo juízo competente, deverão ser extintas – e não apenas suspensas – as execuções individuais até então propostas contra a recuperanda nas quais se busca a cobrança de créditos constantes do plano (STJ, 4ª Turma, REsp 1.272.697/DF, Rel. Min. Luis Felipe Salomão, julgado em 02.06.2015. Informativo nº 564).

b) A decisão é um título executivo judicial (art. 59, § 1º). Ou seja, o descumprimento do plano pode ensejar execução ou pedido de falência (pois é um dos denominados "atos de falência").

c) Da decisão concessiva cabe agravo de instrumento, que poderá ser interposto por qualquer credor ou pelo MP (art. 59, § 2º).

d) Da decisão que conceder a recuperação judicial serão intimadas eletronicamente as Fazendas Públicas federal e de todos os Estados, Distrito Federal e Municípios em que o devedor tiver estabelecimento.

9.7 A atuação da empresa durante a recuperação judicial

No processo de recuperação, o devedor em crise não perde, em princípio, a administração da empresa, que só ocorrerá nas hipóteses do art. 64 da LF.

Apesar disso, o devedor não poderá alienar ou onerar bens ou direitos de seu ativo permanente, salvo evidente utilidade reconhecida pelo juiz, depois de ouvido o Comitê, com exceção daqueles previamente relacionados no plano de recuperação judicial.

Com relação à atuação da Empresa durante a Recuperação Judicial, um aspecto muito importante incluído pela Lei nº 14.112, de 2020, foi o regramento do **Financiamento do Devedor e do Grupo Devedor durante a Recuperação Judicial:**

> Art. 69-A. Durante a recuperação judicial, nos termos dos arts. 66 e 67 desta Lei, o juiz poderá, depois de ouvido o Comitê de Credores, autorizar a celebração de contratos de financiamento com o devedor, garantidos pela oneração ou pela alienação fiduciária de bens e direitos, seus ou de terceiros, pertencentes ao ativo não circulante, para financiar as suas atividades e as despesas de reestruturação ou de preservação do valor de ativos. (Incluído pela Lei nº 14.112, de 2020.)
>
> Art. 69-B. A modificação em grau de recurso da decisão autorizativa da contratação do financiamento não pode alterar sua natureza extraconcursal, nos termos do art. 84 desta Lei, nem as garantias outorgadas pelo devedor em favor do financiador de boa-fé, caso o desembolso dos recursos já tenha sido efetivado. (Incluído pela Lei nº 14.112, de 2020.)
>
> Art. 69-C. O juiz poderá autorizar a constituição de garantia subordinada sobre um ou mais ativos do devedor em favor do financiador de devedor em recuperação judicial, dispensando a anuência do detentor da garantia original. (Incluído pela Lei nº 14.112, de 2020.)
>
> § 1º A garantia subordinada, em qualquer hipótese, ficará limitada ao eventual excesso resultante da alienação

do ativo objeto da garantia original. (Incluído pela Lei nº 14.112, de 2020.)

§ 2º O disposto no *caput* deste artigo não se aplica a qualquer modalidade de alienação fiduciária ou de cessão fiduciária. (Incluído pela Lei nº 14.112, de 2020.)

Art. 69-D. Caso a recuperação judicial seja convolada em falência antes da liberação integral dos valores de que trata esta Seção, o contrato de financiamento será considerado automaticamente rescindido. (Incluído pela Lei nº 14.112, de 2020.)

Parágrafo único. As garantias constituídas e as preferências serão conservadas até o limite dos valores efetivamente entregues ao devedor antes da data da sentença que convolar a recuperação judicial em falência. (Incluído pela Lei nº 14.112, de 2020.)

Art. 69-E. O financiamento de que trata esta Seção poderá ser realizado por qualquer pessoa, inclusive credores, sujeitos ou não à recuperação judicial, familiares, sócios e integrantes do grupo do devedor. (Incluído pela Lei nº 14.112, de 2020.)

Art. 69-F. Qualquer pessoa ou entidade pode garantir o financiamento de que trata esta Seção mediante a oneração ou a alienação fiduciária de bens e direitos, inclusive o próprio devedor e os demais integrantes do seu grupo, estejam ou não em recuperação judicial. (Incluído pela Lei nº 14.112, de 2020.)

9.8 Prazo da recuperação judicial

Nos termos do novo art. 61:

Art. 61. Proferida a decisão prevista no art. 58 desta Lei, o juiz poderá determinar a manutenção do devedor em recuperação judicial até que sejam cumpridas todas as obrigações previstas no plano que vencerem até, no máximo, 2 (dois) anos depois da concessão da recuperação judicial, independentemente do eventual período de carência. (Redação dada pela Lei nº 14.112, de 2020.)

§ 1º Durante o período estabelecido no *caput* deste artigo, o descumprimento de qualquer obrigação prevista no plano acarretará a convolação da recuperação em falência, nos termos do art. 73 desta Lei.

Findo o prazo, o juiz encerra o processo de recuperação, proferindo a sentença de encerramento.

Caso o devedor descumpra o plano de recuperação dentro do prazo de dois anos, isso ocasionará a convolação em falência.

Se o descumprimento for após os dois anos, tendo em vista ele ter um título executivo, das duas uma: ou o credor ajuíza uma ação de execução ou pede a falência do empresário (porque a recuperação já foi encerrada).

9.9 Do encerramento da recuperação judicial

O art. 63 da LF dispõe que cumpridas as obrigações vencidas no prazo previsto no *caput* do art. 61 desta Lei (até dois anos após a concessão da recuperação pelo juiz), o juiz decretará por sentença o encerramento da recuperação judicial e determinará:

Art. 63 (...)

I – o pagamento do saldo de honorários ao administrador judicial, somente podendo efetuar a quitação dessas obrigações mediante prestação de contas, no prazo de

30 (trinta) dias, e aprovação do relatório previsto no inciso III do *caput* deste artigo;

II - a apuração do saldo das custas judiciais a serem recolhidas;

III - a apresentação de relatório circunstanciado do administrador judicial, no prazo máximo de 15 (quinze) dias, versando sobre a execução do plano de recuperação pelo devedor;

IV - a dissolução do Comitê de Credores e a exoneração do administrador judicial;

V - a comunicação ao Registro Público de Empresas e à Secretaria Especial da Receita Federal do Brasil do Ministério da Economia para as providências cabíveis. (Redação dada pela Lei nº 14.112, de 2020.)

Parágrafo único. O encerramento da recuperação judicial não dependerá da consolidação do quadro-geral de credores. (Incluído pela Lei nº 14.112, de 2020.)

Atenção!

Mesmo não havendo previsão expressa na Lei n° 11.101/2005, deve ser reconhecida a incidência da norma do art. 191 do CPC/1973 (art. 229 do CPC/2015) para a prática de atos processuais pelos credores habilitados no processo falimentar quando representados por diferentes procuradores.

Assim, se no processo de recuperação judicial uma decisão desagradar aos credores e eles decidirem recorrer, terão prazo em dobro caso possuam diferentes procuradores, de escritórios de advocacia distintos.

Em outras palavras, aplica-se aos credores da sociedade recuperanda o prazo em dobro do art. 191 do CPC/1973 (art. 229 do CPC/2015) (STJ, 3ª Turma, REsp 1.634.850/RJ, Rel. Min. Nancy Andrighi, julgado em 20.03.2018).

9.10 Recuperação especial – do plano especial de recuperação judicial das microempresas e das empresas de pequeno porte

As microempresas ou empresas de pequeno porte podem apresentar **plano especial** de recuperação judicial, desde que afirmem sua intenção de fazê-lo na petição inicial, na qual estarão expostas as razões da crise e proposta de renegociação do passivo. É denominado "plano especial", pois a recuperação para ME e EPP é muito mais simples de se concretizar, liberando o empresário de certas exigências feitas para a recuperação convencional.

Os credores não atingidos pelo plano especial não terão seus créditos habilitados na recuperação judicial. Este plano será apresentado em 60 (sessenta) dias improrrogáveis e estará limitado por algumas condições, previstas no art. 71 da Lei nº 11.101/2005.

> Art. 71. O plano especial de recuperação judicial será apresentado no prazo previsto no art. 53 desta Lei e limitar-se-á às seguintes condições:
>
> I – abrangerá todos os créditos existentes na data do pedido, ainda que não vencidos, excetuados os decorrentes de repasse de recursos oficiais, os fiscais e os previstos nos §§ 3º e 4º do art. 49;
>
> II – preverá parcelamento em até 36 (trinta e seis) parcelas mensais, iguais e sucessivas, acrescidas de juros equivalentes à taxa Sistema Especial de Liquidação e de Custódia – SELIC, podendo conter ainda a proposta de abatimento do valor das dívidas;
>
> III – preverá o pagamento da 1ª (primeira) parcela no prazo máximo de 180 (cento e oitenta) dias, contado da distribuição do pedido de recuperação judicial;

IV – estabelecerá a necessidade de autorização do juiz, após ouvido o administrador judicial e o Comitê de Credores, para o devedor aumentar despesas ou contratar empregados.

Parágrafo único. O pedido de recuperação judicial com base em plano especial não acarreta a suspensão do curso da prescrição nem das ações e execuções por créditos não abrangidos pelo plano.

Ainda, com base na redação dada pela LC n° 147/2014, o parágrafo único do art. 72 foi modificado:

Art. 72. Caso o devedor de que trata o art. 70 desta Lei opte pelo pedido de recuperação judicial com base no plano especial disciplinado nesta Seção, não será convocada assembleia-geral de credores para deliberar sobre o plano, e o juiz concederá a recuperação judicial se atendidas as demais exigências desta Lei.

Parágrafo único. O juiz também julgará improcedente o pedido de recuperação judicial e decretará a falência do devedor se houver objeções, nos termos do art. 55, de credores titulares de mais da metade de qualquer uma das classes de créditos previstos no art. 83, computados na forma do art. 45, todos desta Lei.

Vale ressaltar que as dívidas trabalhistas e fiscais não se submetem aos efeitos da recuperação e devem ser quitadas conforme a legislação tributária vigente (art. 71, I).

9.11 Convolação da recuperação judicial em falência

"Convolar" significa mudar. Aqui o sentido é mudar um processo de recuperação judicial para um processo de falência.

O juiz pode decretar a falência durante o processo de recuperação judicial de quatro formas (art. 73):

I – por deliberação da assembleia-geral de credores, na forma do art. 42 desta Lei;

II – pela não apresentação, pelo devedor, do plano de recuperação no prazo do art. 53 desta Lei;

III – quando não aplicado o disposto nos §§ 4º, 5º e 6º do art. 56 da Lei, ou rejeitado o plano de recuperação judicial proposto pelos credores, nos termos do § 7º do art. 56 e do art. 58-A desta Lei;

IV – por descumprimento de qualquer obrigação assumida no plano de recuperação, na forma do § 1º do art. 61 da Lei;

V – por descumprimento dos parcelamentos referidos no art. 68 desta Lei ou da transação prevista no art. 10-C da Lei nº 10.522, de 19 de julho de 2002; e (Incluído pela Lei nº 14.112, de 2020)

VI – quando identificado o esvaziamento patrimonial da devedora que implique liquidação substancial da empresa, em prejuízo de credores não sujeitos à recuperação judicial, inclusive as Fazendas Públicas.

Também é possível que haja a decretação da falência do devedor quando deixa de cumprir, no prazo estabelecido, obrigação assumida no plano de recuperação judicial. Conforme o art. 94 da Lei nº 11.101/2005:

Art. 94. Será decretada a falência do devedor que: (...)

III – pratica qualquer dos seguintes atos, exceto se fizer parte de plano de recuperação judicial: (...)

g) deixa de cumprir, no prazo estabelecido, obrigação assumida no plano de recuperação judicial.

Na convolação da recuperação judicial em falência, os atos de administração, endividamento, oneração ou alienação praticados durante a recuperação judicial presumem-se válidos, desde que realizados na forma da lei em questão.

9.12 Recuperação extrajudicial

É o acordo privado que o devedor faz diretamente com seus credores. É uma espécie de acordo privado celebrado entre o devedor e seus credores de forma extrajudicial. Caso não cumpra o acordo, por ser este extrajudicial, *não* provoca a conversão automática em falência.

Créditos excluídos da recuperação extrajudicial:

- créditos tributários;
- créditos trabalhistas e de acidente do trabalho;
- fiscais;
- previdenciários;
- pagamento antecipado de dívida (está frustrando o crédito da pessoa que já tem a dívida vencida);
- objetos de *leasing* (arrendamento mercantil);
- adiantamento de contrato de câmbio.

Atenção!

Conforme o art. 161, § 1º, da Lei nº 11.101/2005:

estão sujeitos à recuperação extrajudicial todos os créditos existentes na data do pedido, exceto os créditos de natureza tributária e aqueles previstos no § 3º do art. 49 e no inciso II do caput do art. 86 desta Lei, e a sujeição dos créditos de natureza trabalhista e por acidentes de trabalho exige negociação coletiva com o sindicato da respectiva categoria profissional.

9.12.1 Quem pode requerer

Aqueles que podem pedir a recuperação judicial (art. 48) podem propor a recuperação extrajudicial, nos termos do art. 161.

Um dos requisitos é ter dois anos do registro. E por conta disso, então, sociedades não personificadas (sociedade em comum e a em conta de participação) não poderão pedir recuperação extrajudicial. Assim, percebe-se que é exigida também a condição de sociedade empresária. Por conta disso, a sociedade simples (exemplo: cooperativa, mesmo que registrada na JC) não poderá requerer a recuperação extrajudicial.

Estão sujeitos à recuperação extrajudicial todos os créditos existentes na data do pedido, exceto os créditos de natureza tributária e aqueles previstos no § 3° do art. 49 e no inciso II do *caput* do art. 86 desta Lei, e a sujeição dos créditos de natureza trabalhista e por acidentes de trabalho exige negociação coletiva com o sindicato da respectiva categoria profissional.

9.12.2 Órgãos da recuperação extrajudicial

- Não é obrigatória a participação do MP, mas pode atuar na hipótese de crime oferecendo a denúncia.
- Não exige nomeação de administrador judicial.
- Não há comitê de credores e assembleia geral de credores (assim como não há na recuperação das ME e EPP),

pois estes são exclusivos da falência e da recuperação judicial. Portanto, só a autoridade judiciária é órgão da recuperação extrajudicial. No entanto, sua função é só homologar, não tem competência para atrair outras questões de caráter econômico.

9.12.3 Efeitos jurídicos da recuperação extrajudicial

- Não suspende a prescrição de outras ações e execuções do devedor e dos participantes do plano.
- Não suspende a prescrição da rescisão de contratos bilaterais.
- O credor não envolvido no plano de recuperação pode pedir (não é automático) a falência, assim como os demais participantes do plano quando descumpridas suas obrigações.
- A homologação do plano não afeta ou restringe os bens do devedor e o funcionamento da empresa, mas proíbe o pagamento antecipado da dívida ou tratamento desfavorável aos credores.

> Art. 161 (...)
>
> § 2º O plano não poderá contemplar o pagamento antecipado de dívidas nem tratamento desfavorável aos credores que a ele não estejam sujeitos.
>
> § 3º O devedor não poderá requerer a homologação de plano extrajudicial, se estiver pendente pedido de recuperação judicial ou se houver obtido recuperação judicial ou homologação de outro plano de recuperação extrajudicial há menos de 2 (dois) anos.
>
> § 4º O pedido de homologação do plano de recuperação extrajudicial não acarretará suspensão de direitos, ações

ou execuções, nem a impossibilidade do pedido de decretação de falência pelos credores não sujeitos ao plano de recuperação extrajudicial.

§ 5º Após a distribuição do pedido de homologação, os credores não poderão desistir da adesão ao plano, salvo com a anuência expressa dos demais signatários.

§ 6º A sentença de homologação do plano de recuperação extrajudicial constituirá título executivo judicial, nos termos do art. 584, inciso III do *caput*, da Lei nº 5.869, de 11 de janeiro de 1973 – Código de Processo Civil.

9.12.4 Procedimento da recuperação extrajudicial

Processualmente, o procedimento também é simples. Explicam-se ao juiz os motivos que levaram a se pedir a recuperação extrajudicial, esclarecendo a negociação feita com os credores, que deverão assinar o pedido juntamente com o empresário, demonstrando o repactuamento das dívidas. O juiz verificará os requisitos e se entender que estão preenchidos homologará o pedido. É o caso de recuperação extrajudicial não vinculativa, ou seja, só aderem a ele os credores que assinam a petição juntamente com o empresário em dificuldades.

O devedor poderá também requerer a homologação de plano de recuperação extrajudicial que obriga todos os credores por ele abrangidos, desde que assinado por credores que representem mais da metade dos créditos de cada espécie abrangidos pelo plano de recuperação extrajudicial (art. 163).

O pedido de homologação poderá ser apresentado com comprovação da anuência de credores que representem pelo menos 1/3 (um terço) de todos os créditos de cada espécie por ele abrangidos e com o compromisso de, no prazo improrrogável de 90 (noventa) dias, facultada a conversão do procedimento em recuperação judicial a pedido do devedor.

Aplica-se à recuperação extrajudicial, desde o respectivo pedido, a suspensão de que trata o art. 6º da Lei, exclusivamente em relação às espécies de crédito por ele abrangidas, e somente deverá ser ratificada pelo juiz se comprovado o quórum inicial de pelo menos 1/3 (um terço) de todos os créditos de cada espécie por ele abrangidos.

Após a distribuição do pedido de homologação, os credores não poderão desistir da adesão ao plano, salvo com a anuência expressa dos demais signatários.

Recebido o pedido de homologação do plano de recuperação extrajudicial, o juiz ordenará a publicação de edital eletrônico com vistas a convocar os credores do devedor para apresentação de suas impugnações ao plano de recuperação extrajudicial. Os credores terão prazo de 30 (trinta) dias, contado da publicação do edital, para impugnarem o plano, juntando a prova de seu crédito. Sendo apresentada impugnação, será aberto prazo de 5 (cinco) dias para que o devedor sobre ela se manifeste. Após, juiz apreciará no prazo de 5 (cinco) dias, homologando-o por sentença se entender que não há irregularidades que recomendem sua rejeição.

A sentença de homologação do plano de recuperação extrajudicial constituirá título executivo judicial. Da sentença cabe apelação sem efeito suspensivo.

Na hipótese de não homologação do plano, o devedor poderá apresentar novo pedido de homologação de plano de recuperação extrajudicial.

Importa registrar que o plano de recuperação extrajudicial somente produz efeitos após sua homologação judicial. Apesar disso, é lícito que o plano estabeleça a produção de efeitos anteriores à homologação, desde que exclusivamente em relação à modificação do valor ou da forma de pagamento dos credores signatários.

Muito embora ainda em desuso no Brasil, conclui-se, pois, que a via extrajudicial é uma boa opção se a empresa em dificuldade estiver em crise pequena, pontual e não trabalhista (pois não pode ser resolvida pela via extrajudicial), e se tal empresa em dificuldades tiver capacidade para pagar suas dívidas, necessitando somente uma extensão dos prazos e formas mais flexíveis de negociação.

10

Propriedade industrial

10.1 Introdução

A propriedade intelectual (**gênero**) engloba:

- direito autoral (estudado pelo direito civil);
- propriedade industrial (direito empresarial) – Lei nº 9.279/1996.

Quatro são os bens imateriais protegidos pelo Direito Industrial na Lei nº 9.279/1996:

- patentes de invenção;
- patentes de modelo de utilidade;
- registro de marcas;
- registro de desenho industrial.

Atenção!

Programa de computador não é assunto de propriedade industrial, e sim de direito autoral.

A propriedade industrial faz parte do estabelecimento comercial.

10.2 Objeto de proteção da Lei de Propriedade Industrial

A Lei visa proteger o uso desses bens por seu titular, com total exclusividade, ou seja, só o empresário titular desses bens tem o direito de explorar economicamente o objeto.

Outra pessoa, que não for titular do bem, só poderá explorá-lo com autorização ou licença do titular (caso no qual deverá pagar ao titular do bem *royalties*). Entretanto, as patentes e os registros podem ser alienados por ato *inter vivos* ou *mortis causa*.

Bens (imateriais) protegidos pela lei de propriedade industrial:

- **invenção;**
- **modelo de utilidade;**
- **desenho industrial;**
- **marca.**

A lei de propriedade também abriga:

- **repressão à concorrência desleal;**
- **repressão às falsas indicações de lugar (geográficas).**

Invenção e modelo de utilidade só terão exclusividade de uso se tiverem uma **patente**, a qual tem o escopo de proteção ao desenvolvimento tecnológico, de incentivar a pesquisa.

Desenho industrial e marca, para terem exclusividade, hão de ter **registro**.

Tanto a patente quanto o registro são feitos no INPI – Instituto Nacional de Propriedade Industrial, que é uma autarquia federal.

Atenção!

É necessária a produção de prova técnica para se concluir pela existência de concorrência desleal decorrente da utilização indevida do conjunto-imagem (*trade dress*) de produto.

A controvérsia analisada consiste em definir se a mera comparação de fotografias pelo julgador é suficiente para a verificação de imitação de *trade dress* capaz de configurar concorrência desleal, ou se, ao contrário, há necessidade de perícia técnica a fim de apurar se o conjunto-imagem de um estabelecimento, produto ou serviço conflita com a propriedade industrial de outra titularidade. O conjunto-imagem é complexo e formado por diversos elementos. Dada a ausência de tipificação legal e o fato de não ser passível de registro, a ocorrência de imitação e a conclusão pela concorrência desleal deve ser feita caso a caso. Imprescindível, para tanto, o auxílio de perito que possa avaliar aspectos de mercado, hábitos de consumo, técnicas de propaganda e marketing, o grau de atenção do consumidor comum ou típico do produto em questão, a época em que o produto foi lançado no mercado, bem como outros elementos que confiram identidade à apresentação do produto ou serviço. Verifica-se que para tal fim não é suficiente a mera comparação de imagens, pois se trata de prova de fato que depende de conhecimento técnico, conforme reconhecido pela Terceira Turma (REsp 1.591.294/

PR, DJe 13.03.2018, o relator Ministro Marco Aurélio Bellizze) (REsp 1.778.910/SP, Rel. Min. Maria Isabel Gallotti, por unanimidade, julgado em 06.12.2018, DJe 19.12.2018. Informativo n° 641).

10.3 Utilização exclusiva do bem

10.3.1 Tempo

- **Invenção:** 20 anos.
- **Modelo de utilidade:** 15 anos.
- **Desenho industrial:** 10 anos.
- **Marca:** 10 anos.

10.3.2 Termo inicial

- **Invenção, modelo e desenho:** conta-se a partir do **depósito** do projeto no INPI para posterior concessão da patente.
- **Marca:** conta-se a partir da concessão do registro.

Atenção!

O STF considerou inconstitucional o parágrafo único do art. 40 da Lei n° 9.279/1996:

> Parágrafo único. O prazo de vigência não será inferior a 10 (dez) anos para a patente de invenção e a 7 (sete) anos para a patente de modelo de utilidade, a contar da data de concessão, ressalvada a hipótese de o INPI estar impedido de proceder ao exame de mérito do pedido, por pendência judicial comprovada ou por motivo de força maior.

O STF entendeu que essa norma contraria a segurança jurídica, a temporalidade da patente, a função social da propriedade intelectual, a duração razoável do processo, a eficiência da administração pública, a livre concorrência e a defesa do consumidor e o direito à saúde (STF, Plenário, ADI nº 5.529/DF, Rel. Min. Dias Toffoli, julgado em 12.05.2021. Informativo nº 1017). A norma do parágrafo único foi revogada pela Lei nº 14.195, de 2021.

10.3.3 Prorrogação do prazo

A patente é improrrogável. Portanto, após o prazo de 20 (invenção) ou 15 anos (modelo de utilidade), a patente cai em domínio público.

O registro é prorrogável, tendo os seguintes prazos:

- **Desenho industrial:** prorrogável por até três vezes, tendo o prazo de cinco anos cada prorrogação (após as três prorrogações o desenho industrial cai em domínio público).
- **Marca:** Não tem limite de prorrogação, sendo sempre por igual período (ou seja, de dez em dez anos).

10.3.4 Invenção

Conforme prelecionam os arts. 8º e 13 da Lei nº 9.279/1996,

> Art. 8º É patenteável a **invenção** que atenda aos requisitos de novidade, atividade inventiva e aplicação industrial.

> Art. 13. A invenção é dotada de atividade inventiva sempre que, para um técnico no assunto, não decorra de maneira evidente ou óbvia do estado da técnica. (Grifo nosso.)

A invenção não é definida pela lei. Para a doutrina, a invenção é o ato original de gênio, pelo qual se cria algo até então desconhecido.

A lei limita-se a dizer o que **não** é invenção nem modelo de utilidade (art. 10 da Lei nº 9.279/1996). A saber:

- **Programa de computador.**
- **Métodos cirúrgicos (importante, despenca em concurso!).**
- **Regras de jogo.**
- **Planejamento tributário.**
- **Obras científicas, literárias ou artísticas.**
- **Métodos matemáticos.**

Atenção!

Não confundir o art. 10 (o que não é invenção nem modelo de utilidade) com o art. 18 (o que não pode ser patenteado, pois ilícito).

Art. 10. Não se considera **invenção** nem **modelo de utilidade**:

I – descobertas, teorias científicas e métodos matemáticos;

II – concepções puramente abstratas;

III – esquemas, planos, princípios ou métodos comerciais, contábeis, financeiros, educativos, publicitários, de sorteio e de fiscalização;

IV – as obras literárias, arquitetônicas, artísticas e científicas ou qualquer criação estética;

V – programas de computador em si;

VI – apresentação de informações;

VII – regras de jogo;

VIII – técnicas e métodos operatórios ou cirúrgicos, bem como métodos terapêuticos ou de diagnóstico, para aplicação no corpo humano ou animal; e

IX – o todo ou parte de seres vivos naturais e materiais biológicos encontrados na natureza, ou ainda que dela isolados, inclusive o genoma ou germoplasma de qualquer ser vivo natural e os processos biológicos naturais. (Grifos nossos.)

Difere de:

Art. 18. Não são patenteáveis [leia-se: não podem ser patenteados, pois **ilícitos**]:

I – o que for contrário à moral, aos bons costumes e à segurança, à ordem e à saúde públicas;

II – as substâncias, matérias, misturas, elementos ou produtos de qualquer espécie, bem como a modificação de suas propriedades físico-químicas e os respectivos processos de obtenção ou modificação, quando resultantes de transformação do núcleo atômico; e (lembrar: tudo que for resultado de transformação do núcleo atômico não poderá ser patenteado)

III – o todo ou parte dos seres vivos, exceto os microorganismos transgênicos que atendam aos três requisitos de patenteabilidade – novidade, atividade inventiva e aplicação industrial – previstos no art. 8º e que não sejam mera descoberta.

Parágrafo único. Para os fins desta Lei, micro-organismos transgênicos são organismos, exceto o todo ou parte de plantas ou de animais, que expressem, mediante intervenção humana direta em sua composição genética, uma característica normalmente não alcançável pela espécie em condições naturais.

10.3.5 Modelo de utilidade

O art. 9° da Lei n° 9.279/1996 bem explicita o que convém se compreender como modelo de utilidade:

> Art. 9° É patenteável como **modelo de utilidade** o objeto de uso prático, ou parte deste, suscetível de aplicação industrial, que apresente nova forma ou disposição, envolvendo ato inventivo, que resulte em melhoria funcional no seu uso ou em sua fabricação. (Grifos nossos.)

Trata-se, pois, segundo o legislador, do "objeto de uso prático, ou parte deste, suscetível de aplicação industrial, que apresente nova forma ou disposição, envolvendo ato inventivo, que resulte em melhoria funcional no seu uso ou em sua fabricação".

É algo que traz uma utilidade maior para algo que já é considerado invenção (assim como a contravenção é um crime anão, pode-se dizer que o modelo de utilidade é uma invenção anã).

É uma invenção melhorada, também chamada de **"mini--invenção"**, **"invenção anã"** e **"microinvenção"**. Deve haver melhoramento de uma invenção.

O STF já reconheceu que churrasqueira sem fumaça é modelo de utilidade. O dispositivo que retira a fumaça é modelo de utilidade, agregado à churrasqueira.

10.3.6 Requisitos da patenteabilidade

Para se patentear uma invenção ou modelo de utilidade, deve o pedido atender aos seguintes requisitos:

- novidade;
- atividade inventiva;

- aplicação industrial;
- não impedimento.

10.3.6.1 Novidade

Aquilo que não está compreendido no estado da técnica (art. 11 da Lei n° 9.279/1996), vale dizer, a criação deve ser desconhecida pela comunidade científica, técnica ou industrial.

> Art. 11. A invenção e o modelo de utilidade são considerados **novos** quando **não** compreendidos no estado da técnica. (Grifos nossos.)
>
> Art. 12. Não será considerada como estado da técnica a divulgação de invenção ou modelo de utilidade, quando ocorrida durante os 12 (doze) meses que precederem a data de depósito ou a da prioridade do pedido de patente, se promovida:
>
> I – pelo inventor;
>
> II – pelo Instituto Nacional da Propriedade Industrial – INPI, através de publicação oficial do pedido de patente depositado sem o consentimento do inventor, baseado em informações deste obtidas ou em decorrência de atos por ele realizados; ou
>
> III – por terceiros, com base em informações obtidas direta ou indiretamente do inventor ou em decorrência de atos por este realizados.

10.3.6.2 Atividade inventiva

Não basta que a criação seja original (conceito subjetivo). A invenção deve despertar nos técnicos da área o sentido de um real progresso, ou seja, não pode a criação decorrer de maneira óbvia do estado da técnica (art. 13 da Lei nº 9.279/1996). Quanto ao modelo de utilidade, não pode decorrer de maneira comum ou vulgar do estado da técnica, segundo parecer de *experts* no assunto (art. 14 da Lei nº 9.279/1996).

> Art. 13. A invenção é dotada de **atividade inventiva** sempre que, para um técnico no assunto, não decorra de maneira evidente ou óbvia do estado da técnica. (Grifos nossos.)
>
> Art. 14. O modelo de utilidade é dotado de **ato inventivo** sempre que, para um técnico no assunto, não decorra de maneira comum ou vulgar do estado da técnica. (Grifos nossos.)

10.3.6.3 Aplicação industrial

Somente criações com aproveitamento industrial podem ser patenteadas. Exemplo: um fármaco tão absurdamente caro que não teria compradores interessados.

> Art. 15. A invenção e o modelo de utilidade são considerados suscetíveis de **aplicação industrial** quando possam ser utilizados ou produzidos em qualquer tipo de indústria. (Grifos nossos.)

10.3.6.4 Não impedimento

O art. 18 da Lei nº 9.279/1996 traz exemplos de criações não patenteáveis.

> Art. 18. Não são patenteáveis:
>
> I – o que for contrário à moral, aos bons costumes e à segurança, à ordem e à saúde públicas;

II - as substâncias, matérias, misturas, elementos ou produtos de qualquer espécie, bem como a modificação de suas propriedades físico-químicas e os respectivos processos de obtenção ou modificação, quando resultantes de transformação do núcleo atômico; e (intenção do legislador: evitar o incentivo às armas atômicas)

III - o todo ou parte dos seres vivos, exceto os micro-organismos transgênicos que atendam aos três requisitos de patenteabilidade - novidade, atividade inventiva e aplicação industrial - previstos no art. 8º e que não sejam mera descoberta.

10.3.7 Licença voluntária

O art. 61 da Lei nº 9.279/1996 prevê a hipótese licença voluntária. Através dela, o titular da patente pode ceder, voluntariamente por intermédio do contrato ajustado, normalmente mediante alguma contraprestação, o direito de utilização por outrem da invenção ou modelo de utilidade.

> Art. 61. O titular de patente ou o depositante poderá celebrar contrato de licença para exploração.
>
> Parágrafo único. O licenciado poderá ser investido pelo titular de todos os poderes para agir em defesa da patente.
>
> Art. 62. O contrato de licença deverá ser averbado no INPI para que produza efeitos em relação a terceiros.
>
> § 1º A averbação produzirá efeitos em relação a terceiros a partir da data de sua publicação.
>
> § 2º Para efeito de validade de prova de uso, o contrato de licença não precisará estar averbado no INPI.
>
> Art. 63. O aperfeiçoamento introduzido em patente licenciada pertence a quem o fizer, sendo assegurado à

outra parte contratante o direito de preferência para seu licenciamento.

10.3.8 Licença compulsória

A seu turno, a legislação prevê a possibilidade de concessão compulsória de licença de utilização, ou seja, mesmo perante a resistência de seu titular, nas hipóteses excepcionas e taxativas ali previstas.

10.3.8.1 Abuso de direito ou de poder econômico e não exploração ou não satisfação das necessidades do mercado

A primeira hipótese de licença compulsória está regulada no art. 68 da Lei nº 9.279/1996: exercício abusivo da patente, ou através dela praticar abuso do poder econômico. Na mesma medida, está sujeita a licença compulsória a patente não explorada pelo titular, salvo inviabilidade econômica, ou quando a comercialização não satisfizer as necessidades de mercado.

> Art. 68. O titular ficará sujeito a ter a patente licenciada compulsoriamente se exercer os direitos dela decorrentes de forma abusiva, ou por meio dela praticar abuso de poder econômico, comprovado nos termos da lei, por decisão administrativa ou judicial.
>
> § 1º Ensejam, igualmente, licença compulsória:
>
> I – a não exploração do objeto da patente no território brasileiro por falta de fabricação ou fabricação incompleta do produto, ou, ainda, a falta de uso integral do processo patenteado, ressalvados os casos de inviabilidade econômica, quando será admitida a importação; ou
>
> II – a comercialização que não satisfizer às necessidades do mercado.

§ 2º A licença só poderá ser requerida por pessoa com legítimo interesse e que tenha capacidade técnica e econômica para realizar a exploração eficiente do objeto da patente, que deverá destinar-se, predominantemente, ao mercado interno, extinguindo-se nesse caso a excepcionalidade prevista no inciso I do parágrafo anterior.

§ 3º No caso de a licença compulsória ser concedida em razão de abuso de poder econômico, ao licenciado, que propõe fabricação local, será garantido um prazo, limitado ao estabelecido no art. 74, para proceder à importação do objeto da licença, desde que tenha sido colocado no mercado diretamente pelo titular ou com o seu consentimento.

§ 4º No caso de importação para exploração de patente e no caso da importação prevista no parágrafo anterior, será igualmente admitida a importação por terceiros de produto fabricado de acordo com patente de processo ou de produto, desde que tenha sido colocado no mercado diretamente pelo titular ou com o seu consentimento.

§ 5º A licença compulsória de que trata o § 1º somente será requerida após decorridos 3 (três) anos da concessão da patente.

Art. 69. A licença compulsória não será concedida se, à data do requerimento, o titular:

I – justificar o desuso por razões legítimas;

II – comprovar a realização de sérios e efetivos preparativos para a exploração; ou

III – justificar a falta de fabricação ou comercialização por obstáculo de ordem legal.

Art. 70. A licença compulsória será ainda concedida quando, cumulativamente, se verificarem as seguintes hipóteses:

I – ficar caracterizada situação de dependência de uma patente em relação a outra;

II – o objeto da patente dependente constituir substancial progresso técnico em relação à patente anterior; e

III – o titular não realizar acordo com o titular da patente dependente para exploração da patente anterior.

§ 1º Para os fins deste artigo considera-se patente dependente aquela cuja exploração depende obrigatoriamente da utilização do objeto de patente anterior.

§ 2º Para efeito deste artigo, uma patente de processo poderá ser considerada dependente de patente do produto respectivo, bem como uma patente de produto poderá ser dependente de patente de processo.

§ 3º O titular da patente licenciada na forma deste artigo terá direito a licença compulsória cruzada da patente dependente.

(...)

Art. 72. As licenças compulsórias serão sempre concedidas sem exclusividade, não se admitindo o sublicenciamento.

Atenção!

Não existe licença voluntária e compulsória para **registro**, somente para patentes.

Pipeline: também chamada de "patente de importação" ou "patente de revalidação", é aquela em que fica demonstrado que já houve expedição de patente no exterior, razão pela qual o INPI registra no Brasil essa patente exigindo menores formalidades.

Uma característica da patente do tipo "*pipeline*" é que ela se refere a substâncias, matérias ou produtos que farão parte da fórmula de produtos finais que ainda estão em fase de desenvolvimento, ou seja, não se encontram disponíveis para o comércio. Como o produto ainda não está pronto, não poderia ser protegido, mas, mesmo assim, a legislação abre uma exceção e aceita a patente da substância.

> Uma patente *pipeline* concedida no exterior e revalidada no Brasil não pode ser anulada ao fundamento de falta de um dos requisitos de mérito do art. 8º da Lei nº 9.279/1996 (Lei de Propriedade Industrial – LPI), mas apenas por ausência de requisito especificamente aplicável a ela (como, por exemplo, por falta de pagamento da anuidade no Brasil) ou em razão de irregularidades formais. Da leitura dos arts. 230 e 231 da LPI e de acordo com doutrina especializada, uma vez concedida a patente *pipeline* por outra jurisdição, ela não poderá ser anulada invocando-se a ausência de um dos requisitos de mérito previstos no art. 8º da LPI para a concessão das patentes ordinárias (novidade, atividade inventiva e aplicação industrial). Precedentes citados: REsp 1.145.637/RJ, 3ª Turma, *DJe* 08.02.2010; e REsp 1.092.139/RJ, 3ª Turma, *DJe* 04.11.2010 (REsp 1.201.454/RJ, Rel. Min. Ricardo Villas Bôas Cueva, julgado em 14.10.2014. Informativo nº 550).

O procedimento administrativo de concessão de licença compulsória está previsto nos arts. 73 e 74 da Lei nº 9.279/1996, valendo sua integral reprodução.

> Art. 73. O pedido de licença compulsória deverá ser formulado mediante indicação das condições oferecidas ao titular da patente.

§ 1º Apresentado o pedido de licença, o titular será intimado para manifestar-se no prazo de 60 (sessenta) dias, findo o qual, sem manifestação do titular, será considerada aceita a proposta nas condições oferecidas.

§ 2º O requerente de licença que invocar abuso de direitos patentários ou abuso de poder econômico deverá juntar documentação que o comprove.

§ 3º No caso de a licença compulsória ser requerida com fundamento na falta de exploração, caberá ao titular da patente comprovar a exploração.

§ 4º Havendo contestação, o INPI poderá realizar as necessárias diligências, bem como designar comissão, que poderá incluir especialistas não integrantes dos quadros da autarquia, visando arbitrar a remuneração que será paga ao titular.

§ 5º Os órgãos e entidades da administração pública direta ou indireta, federal, estadual e municipal, prestarão ao INPI as informações solicitadas com o objetivo de subsidiar o arbitramento da remuneração.

§ 6º No arbitramento da remuneração, serão consideradas as circunstâncias de cada caso, levando-se em conta, obrigatoriamente, o valor econômico da licença concedida.

§ 7º Instruído o processo, o INPI decidirá sobre a concessão e condições da licença compulsória no prazo de 60 (sessenta) dias.

§ 8º O recurso da decisão que conceder a licença compulsória não terá efeito suspensivo.

Art. 74. Salvo razões legítimas, o licenciado deverá iniciar a exploração do objeto da patente no prazo de 1 (um) ano da concessão da licença, admitida a interrupção por igual prazo.

§ 1º O titular poderá requerer a cassação da licença quando não cumprido o disposto neste artigo.

§ 2º O licenciado ficará investido de todos os poderes para agir em defesa da patente.

§ 3º Após a concessão da licença compulsória, somente será admitida a sua cessão quando realizada conjuntamente com a cessão, alienação ou arrendamento da parte do empreendimento que a explore.

Note que, nada obstante compulsória, a licença não é gratuita, sob pena de enriquecimento sem causa daquele que a pretende.

10.3.8.2 Emergência nacional ou interesse público

O art. 71 da Lei nº 9.279/1996 foi recentemente alterado pela Lei nº 14.200/2021. O quadro abaixo, extraído do *site* Dizer o Direito (CAVALCANTE, 2021), ilustra bem as modificações:

LEI Nº 9.279/1996 (LEI DE PROPRIEDADE INDUSTRIAL)	
Antes da Lei nº 14.200/2021	**Depois da Lei nº 14.200/2021**
Art. 71. Nos casos de emergência nacional ou interesse público, declarados em ato do Poder Executivo Federal, desde que o titular da patente ou seu licenciado não atenda a essa necessidade, poderá ser concedida, de ofício, licença compulsória, temporária e não exclusiva, para a exploração da patente, sem prejuízo dos direitos do respectivo titular.	Art. 71. Nos casos de emergência nacional ou internacional ou de interesse público declarados **em lei** ou em ato do Poder Executivo federal, **ou de reconhecimento de estado de calamidade pública de âmbito nacional pelo Congresso Nacional**, poderá ser concedida licença compulsória, de ofício, temporária e não exclusiva, para a exploração da patente ou do pedido de patente, sem prejuízo dos direitos do respectivo titular, **desde que seu titular ou seu licenciado não atenda a essa necessidade**. (Grifos nossos.)

É o que vulgarmente se conhece por "quebra de patente". Ocorre quando o titular da patente não exerce o seu direito de exclusividade satisfatoriamente, caso em que, por razões de interesse público ou emergência nacional, o titular é obrigado a licenciar sua criação a terceiros, sendo por isso remunerado (LPI, art. 68, §§ 1º e 5º).

Os requisitos são:

- nos casos de emergência nacional ou internacional ou de interesse público declarados em lei ou em ato do Poder Executivo federal, ou de reconhecimento de estado de calamidade pública de âmbito nacional pelo Congresso Nacional;
- deve ser dada pelo poder executivo federal;
- temporária;
- não exclusiva;
- o titular não terá prejuízo (será remunerado pelo licenciamento).

A Lei nº 14.200/2021 modificou substancialmente o art. 71 da LPI, tendo acrescido ao seu texto 18 novos parágrafos, dos quais quatro foram vetados pela Presidência da República.

Nos casos do art. 71, o Poder Executivo federal publicará lista de patentes ou de pedidos de patente, não aplicável o prazo de sigilo previsto no art. 30 da LPI, potencialmente úteis ao enfrentamento das situações previstas no *caput* do art. 71:

> no prazo de até 30 (trinta) dias após a data de publicação da declaração de emergência ou de interesse público, ou do reconhecimento de estado de calamidade pública, excluídos as patentes e os pedidos de patente que forem objetos de acordos de transferência da tecnologia de produção ou de licenciamento voluntário capazes de assegurar

o atendimento da demanda interna, nos termos previstos em regulamento (art. 71, § 2º).

"Entes públicos, instituições de ensino e pesquisa e outras entidades representativas da sociedade e do setor produtivo deverão ser consultados no processo de elaboração da lista de patentes ou de pedidos de patente que poderão ser objeto de licença compulsória" (art. 71, § 3º), sendo que "qualquer instituição pública ou privada poderá apresentar pedido para inclusão de patente ou de pedido de patente na lista" (art. 71, § 4º).

A lista

conterá informações e dados suficientes para permitir a análise individualizada acerca da utilidade de cada patente e pedido de patente e contemplará, pelo menos: I – o número individualizado das patentes ou dos pedidos de patente que poderão ser objeto de licença compulsória; I – a identificação dos respectivos titulares; e III – a especificação dos objetivos para os quais será autorizado cada licenciamento compulsório (art. 71, § 5º).

A partir da lista publicada,

o Poder Executivo realizará, no prazo de 30 (trinta) dias, prorrogável por igual período, a avaliação individualizada das invenções e modelos de utilidade listados e somente concederá a licença compulsória, de forma não exclusiva, para produtores que possuam capacidade técnica e econômica comprovada para a produção do objeto da patente ou do pedido de patente, desde que conclua pela sua utilidade no enfrentamento da situação que a fundamenta (art. 71, § 6º).

Patentes ou pedidos de patente que ainda não tiverem sido objeto de licença compulsória poderão ser excluídos da lista referida no § 2º do art. 71:

> nos casos em que a autoridade competente definida pelo Poder Executivo considerar que seus titulares assumiram compromissos objetivos capazes de assegurar o atendimento da demanda interna em condições de volume, de preço e de prazo compatíveis com as necessidades de emergência nacional ou internacional, de interesse público ou de estado de calamidade pública de âmbito nacional por meio de uma ou mais das seguintes alternativas:
>
> I – exploração direta da patente ou do pedido de patente no País;
>
> II – licenciamento voluntário da patente ou do pedido de patente; ou
>
> III – contratos transparentes de venda de produto associado à patente ou ao pedido de patente (art. 71, § 7º).

§ 12. No arbitramento da remuneração do titular da patente ou do pedido de patente, serão consideradas as circunstâncias de cada caso, observados, obrigatoriamente, o valor econômico da licença concedida, a duração da licença e as estimativas de investimentos necessários para sua exploração, bem como os custos de produção e o preço de venda no mercado nacional do produto a ela associado.

§ 13. A remuneração do titular da patente ou do pedido de patente objeto de licença compulsória será fixada em 1,5% (um inteiro e cinco décimos por cento) sobre o preço líquido de venda do produto a ela associado até que seu valor venha a ser efetivamente estabelecido.

§ 14. A remuneração do titular do pedido de patente objeto de licença compulsória somente será devida caso a patente venha a ser concedida, e o pagamento, correspondente a todo o período da licença, deverá ser efetivado somente após a concessão da patente.

§ 15. A autoridade competente dará prioridade à análise dos pedidos de patente que forem objeto de licença compulsória.

§ 16. Os produtos que estiverem sujeitos ao regime de vigilância sanitária deverão observar todos os requisitos previstos na legislação sanitária e somente poderão ser comercializados após a concessão de autorização, de forma definitiva ou para uso em caráter emergencial, pela autoridade sanitária federal.

Além disso,

independentemente da concessão de licença compulsória, o poder público dará prioridade à celebração de acordos de cooperação técnica e de contratos com o titular da patente para a aquisição da tecnologia produtiva e de seu processo de transferência (art. 71, § 18).

Por fim, também

poderá ser concedida, por razões humanitárias e nos termos de tratado internacional do qual a República Federativa do Brasil seja parte, licença compulsória de patentes de produtos destinados à exportação a países com insuficiente ou nenhuma capacidade de fabricação no setor farmacêutico para atendimento de sua população (art. 71-A).

10.3.8.3 Interesse da defesa nacional

Segundo o art. 74 da Lei nº 9.279/1996, também estão sujeitas à licença compulsória as patentes que interessem à defesa nacional, assim reconhecidas pelo órgão competente do Poder Executivo, não se descurando, sempre, do dever de remunerar o titular.

> Art. 74. O pedido de patente originário do Brasil cujo objeto interesse à defesa nacional será processado em caráter sigiloso e não estará sujeito às publicações previstas nesta Lei.
>
> § 1º O INPI encaminhará o pedido, de imediato, ao órgão competente do Poder Executivo para, no prazo de 60 (sessenta) dias, manifestar-se sobre o caráter sigiloso. Decorrido o prazo sem a manifestação do órgão competente, o pedido será processado normalmente.
>
> § 2º É vedado o depósito no exterior de pedido de patente cujo objeto tenha sido considerado de interesse da defesa nacional, bem como qualquer divulgação do mesmo, salvo expressa autorização do órgão competente.
>
> § 3º A exploração e a cessão do pedido ou da patente de interesse da defesa nacional estão condicionadas à prévia autorização do órgão competente, assegurada indenização sempre que houver restrição dos direitos do depositante ou do titular.

10.3.8.4 Caducidade da patente

O art. 80 da LPI prevê interessante penalidade ao titular de patente. Ultrapassados dois anos do primeiro licenciamento compulsório e permanecendo a situação que ensejou a medida (exploração insatisfatória da invenção, por exemplo), ocorrerá a caducidade da patente, perdendo o inventor todos os direitos industriais que possuía, caindo a invenção em domínio público.

> Art. 80. Caducará a patente, de ofício ou a requerimento de qualquer pessoa com legítimo interesse, se, decorridos 2 (dois) anos da concessão da primeira licença compulsória, esse prazo não tiver sido suficiente para prevenir ou sanar o abuso ou desuso, salvo motivos justificáveis.

10.3.9 Nulidade da patente

10.3.9.1 Disposição legal

Os arts. 46 ao 49 da Lei n° 9.279/1996 versam sobre a nulidade de patente. Dita o legislador que a patente é nula quando concedida em contrariedade ao que disposto na lei. Ressalva que é possível a nulidade parcial, quando houver subsistência de reivindicações patenteáveis válidas.

O reconhecimento de nulidade de patente possui efeito *ex tunc*, retrotraindo seus efeitos à data do depósito do pedido.

> Art. 46. É nula a patente concedida contrariando as disposições desta Lei.
>
> Art. 47. A nulidade poderá não incidir sobre todas as reivindicações, sendo condição para a nulidade parcial o fato de as reivindicações subsistentes constituírem matéria patenteável por si mesmas.
>
> Art. 48. A nulidade da patente produzirá efeitos a partir da data do depósito do pedido.
>
> Art. 49. No caso de inobservância do disposto no art. 6º, o inventor poderá, alternativamente, reivindicar, em ação judicial, a adjudicação da patente.

10.3.9.2 Processo administrativo de nulidade de patente

O processo administrativo de nulidade de patente se encontra consubstanciado nos seguintes artigos da Lei n° 9.279/1996. Decorre do dever de respeito ao devido processo legal, conferindo direito de manifestação daquele a quem interessa a manutenção da proteção, em ampla defesa e contraditório.

Art. 50. A nulidade da patente será declarada **administrativamente** quando:

I – não tiver sido atendido qualquer dos requisitos legais;

II – o relatório e as reivindicações não atenderem ao disposto nos arts. 24 e 25, respectivamente; (Grifo nosso.)

[Art. 24. O relatório deverá descrever clara e suficientemente o objeto, de modo a possibilitar sua realização por técnico no assunto e indicar, quando for o caso, a melhor forma de execução.

Parágrafo único. No caso de material biológico essencial à realização prática do objeto do pedido, que não possa ser descrito na forma deste artigo e que não estiver acessível ao público, o relatório será suplementado por depósito do material em instituição autorizada pelo INPI ou indicada em acordo internacional.

Art. 25. As reivindicações deverão ser fundamentadas no relatório descritivo, caracterizando as particularidades do pedido e definindo, de modo claro e preciso, a matéria objeto da proteção.]

III – o objeto da patente se estenda além do conteúdo do pedido originalmente depositado; ou

IV – no seu processamento, tiver sido omitida qualquer das formalidades essenciais, indispensáveis à concessão.

Prazo para o processo **administrativo** requerendo a nulidade da patente: seis meses da concessão. Goza de rito relativamente simples, conferindo-se prazo exordial de sessenta dias para o titular manifestar-se, seguido por parecer dado pelo setor técnico da autarquia, sujeito à manifestação ulterior das partes em prazo comum de sessenta dias e, enfim, submetendo-se à decisão do presidente da entidade.

Art. 51. O processo de nulidade poderá ser instaurado de ofício ou mediante requerimento de qualquer pessoa com legítimo interesse, no prazo de **6 (seis) meses** contados da **concessão** da **patente**.

Parágrafo único. O processo de nulidade prosseguirá ainda que extinta a patente. (Grifos nossos.)

Art. 52. O titular será intimado para se manifestar no prazo de 60 (sessenta) dias.

Art. 53. Havendo ou não manifestação, decorrido o prazo fixado no artigo anterior, o INPI emitirá parecer, intimando o titular e o requerente para se manifestarem no prazo comum de 60 (sessenta) dias.

Art. 54. Decorrido o prazo fixado no artigo anterior, mesmo que não apresentadas as manifestações, o processo será decidido pelo Presidente do INPI, encerrando-se a instância administrativa.

Art. 55. Aplicam-se, no que couber, aos certificados de adição, as disposições desta Seção.

Atenção!

Para declaração de nulidade no âmbito administrativo do **registro** (desenho industrial ou arca), o prazo é de cinco anos.

Prazo para pleitear **judicialmente** requerendo a nulidade: não tem prazo. É de competência da Justiça Federal, uma vez que o INPI, quando não atuar como parte, será interventor obrigatório.

> Art. 56. A **ação de nulidade** poderá ser proposta a qualquer tempo da vigência da patente, pelo INPI ou por qualquer pessoa com legítimo interesse.
>
> § 1º A nulidade da patente poderá ser arguida, a qualquer tempo, como matéria de defesa.
>
> § 2º O juiz poderá, preventiva ou incidentalmente, determinar a suspensão dos efeitos da patente, atendidos os requisitos processuais próprios. (Grifos nossos.)
>
> Art. 57. A ação de nulidade de patente será ajuizada no foro da Justiça Federal e o INPI, quando não for autor, intervirá no feito.
>
> § 1º O prazo para resposta do réu titular da patente será de 60 (sessenta) dias.
>
> § 2º Transitada em julgado a decisão da ação de nulidade, o INPI publicará anotação, para ciência de terceiros.

10.3.10 Extinção da patente

O art. 78 da LPI traz as hipóteses de extinção de patente, quando cairá a invenção ou modelo de utilidade em domínio público. São elas:

- expiração do prazo de vigência, contadas eventuais prorrogações;
- renúncia do titular, resguardados direitos de terceiros (ex.: licenciados);

- caducidade;
- não pagamento da retribuição anual;
- não manutenção, por titular estrangeiro, de procurador habilitado com domicílio no território nacional.

Segue o dispositivo mencionado:

Art. 78. A patente extingue-se:

I – pela expiração do prazo de vigência;

II – pela renúncia de seu titular, ressalvado o direito de terceiros;

III – pela caducidade;

IV – pela falta de pagamento da retribuição anual, nos prazos previstos no § 2º do art. 84 e no art. 87; e

V – pela inobservância do disposto no art. 217.

Parágrafo único. Extinta a patente, o seu objeto cai em domínio público.

Art. 79. A renúncia só será admitida se não prejudicar direitos de terceiros.

Art. 80. Caducará a patente, de ofício ou a requerimento de qualquer pessoa com legítimo interesse, se, decorridos 2 (dois) anos da concessão da primeira licença compulsória, esse prazo não tiver sido suficiente para prevenir ou sanar o abuso ou desuso, salvo motivos justificáveis.

§ 1º A patente caducará quando, na data do requerimento da caducidade ou da instauração de ofício do respectivo processo, não tiver sido iniciada a exploração.

§ 2º No processo de caducidade instaurado a requerimento, o INPI poderá prosseguir se houver desistência do requerente.

Art. 81. O titular será intimado mediante publicação para se manifestar, no prazo de 60 (sessenta) dias, cabendo-lhe o ônus da prova quanto à exploração.

Art. 82. A decisão será proferida dentro de 60 (sessenta) dias, contados do término do prazo mencionado no artigo anterior.

Art. 83. A decisão da caducidade produzirá efeitos a partir da data do requerimento ou da publicação da instauração de ofício do processo.

Para a extinção por falta de pagamento, entretanto, conforme exigência jurisprudencial do STJ, deve o titular ser notificado previamente.

> Para arquivamento de pedido ou extinção de patente por falta de pagamento da retribuição anual prevista no art. 84 da Lei nº 9.279/1996, exige-se notificação prévia do respectivo depositante ou titular (REsp 1.669.131/RJ, Rel. Min. Paulo de Tarso Sanseverino, por unanimidade, julgado em 27.06.2017, *DJe* 1º.08.2017. Informativo nº 608).

10.4 Registro

10.4.1 Desenho industrial (*"design"*)

Conforme o art. 95, é:

> a forma plástica ornamental de um objeto ou o conjunto ornamental de linhas e cores que possa ser aplicado a um produto, proporcionando resultado visual novo e original

na sua configuração externa e que possa servir de tipo de fabricação industrial.

Segundo a doutrina, desenho industrial é elemento fútil, pois não traz nenhum tipo de utilidade, só está preocupado com a configuração externa. Diverge do modelo de utilidade na medida em que este acresce algo que traz consigo um ganho de serventia do bem, um incremento útil.

O desenho industrial sujeita-se aos seguintes requisitos – "NOA":

- novidade – art. 96, § 3º;
- originalidade (ao invés da "atividade inventiva" da patente) – art. 97;
- aplicação industrial e licitude (ou desimpedimento).

10.4.1.1 Novidade

A definição de desenho industrial novo se encontra no art. 96 da Lei de Propriedade Industrial, representando aquele, tal como o modelo de utilidade, que não se compreenda no estado da técnica.

> Art. 96. O desenho industrial é considerado **novo** quando não compreendido no estado da técnica.
>
> § 1º O estado da técnica é constituído por tudo aquilo tornado acessível ao público antes da data de depósito do pedido, no Brasil ou no exterior, por uso ou qualquer outro meio, ressalvado o disposto no § 3º deste artigo e no art. 99.
>
> § 2º Para aferição unicamente da novidade, o conteúdo completo de pedido de patente ou de registro depositado no Brasil, e ainda não publicado, será considerado como

incluído no estado da técnica a partir da data de depósito, ou da prioridade reivindicada, desde que venha a ser publicado, mesmo que subsequentemente.

§ 3º Não será considerado como incluído no estado da técnica o desenho industrial cuja divulgação tenha ocorrido durante os 180 (cento e oitenta) dias que precederem a data do depósito ou a da prioridade reivindicada, se promovida nas situações previstas nos incisos I a III do art. 12. (Grifo nosso.)

Art. 12. Não será considerada como estado da técnica a divulgação de invenção ou modelo de utilidade, quando ocorrida durante os 12 (doze) meses que precederem a data de depósito ou a da prioridade do pedido de patente, se promovida:

I – pelo inventor;

II – pelo Instituto Nacional da Propriedade Industrial – INPI, através de publicação oficial do pedido de patente depositado sem o consentimento do inventor, baseado em informações deste obtidas ou em decorrência de atos por ele realizados; ou

III – por terceiros, com base em informações obtidas direta ou indiretamente do inventor ou em decorrência de atos por este realizados.

10.4.1.2 Originalidade

O desenho original está conceituado no art. 97 da Lei de Propriedade Industrial, como sendo aquele que resulte em configuração visual distinta de objetos já existentes, ainda que derive da combinação inédita de elementos já conhecidos.

Art. 97. O desenho industrial é considerado original quando dele resulte uma configuração visual distintiva, em relação a outros objetos anteriores.

Parágrafo único. O resultado **visual original** poderá ser decorrente da combinação de elementos conhecidos. (Grifos nossos.)

10.4.1.3 Impedimentos

Algumas modificações no bem não podem ser consideradas desenhos industriais. Elas estão elencadas no art. 100 da Lei de Propriedade Industrial, abaixo reproduzido:

Art. 100. Não é registrável como desenho industrial:

I – o que for contrário à moral e aos bons costumes ou que ofenda a honra ou imagem de pessoas, ou atente contra liberdade de consciência, crença, culto religioso ou ideia e sentimentos dignos de respeito e veneração;

II – a forma necessária comum ou vulgar do objeto ou, ainda, aquela determinada essencialmente por considerações técnicas ou funcionais.

10.4.1.4 Nulidade do registro do desenho de utilidade

A nulidade do registro do desenho de utilidade demanda reconhecimento por processo administrativo ou judicial, respeitando, uma vez mais, o devido processo legal, o contraditório e a ampla defesa do titular.

Goza de efeitos *ex tunc*, retroagindo à data do depósito.

Art. 112. É **nulo** o registro concedido em desacordo com as disposições desta Lei.

§ 1º A nulidade do registro produzirá efeitos a partir da data do depósito do pedido.

§ 2º No caso de inobservância do disposto no art. 94, o autor poderá, alternativamente, reivindicar a adjudicação do registro. (Grifo nosso.)

O prazo para o processo administrativo referente à nulidade do registro do desenho industrial é de cinco anos da concessão, segundo o art. 113.

Art. 113. A nulidade do registro será declarada administrativamente quando tiver sido concedido com infringência dos arts. 94 a 98.

§ 1º O processo de nulidade poderá ser instaurado de ofício ou mediante requerimento de qualquer pessoa com legítimo interesse, no prazo de 05 (cinco) anos contados da **concessão** do registro, ressalvada a hipótese prevista no parágrafo único do art. 111.

§ 2º O requerimento ou a instauração de ofício suspenderá os efeitos da concessão do registro se apresentada ou publicada no prazo de 60 (sessenta) dias da concessão. (Grifo nosso.)

Atenção!

Para declaração de nulidade no âmbito administrativo da **patente** (invenção ou modelo de utilidade), o prazo é de seis meses.

Não há prazo para o ajuizamento da ação de nulidade. Também é de competência da Justiça Federal, com intervenção obrigatória do INPI quando não figurar como parte.

Art. 118. Aplicam-se à ação de nulidade de registro de desenho industrial, no que couber, as disposições dos arts. 56 e 57.

[Art. 56. A ação de nulidade poderá ser proposta a qualquer tempo da vigência da patente, pelo INPI ou por qualquer pessoa com legítimo interesse.

§ 1º A nulidade da patente poderá ser arguida, a qualquer tempo, como matéria de defesa.

§ 2º O juiz poderá, preventiva ou incidentalmente, determinar a suspensão dos efeitos da patente, atendidos os requisitos processuais próprios.

Art. 57. A ação de nulidade de patente será ajuizada no foro da Justiça Federal e o INPI, quando não for autor, intervirá no feito.

§ 1º O prazo para resposta do réu titular da patente será de 60 (sessenta) dias.

§ 2º Transitada em julgado a decisão da ação de nulidade, o INPI publicará anotação, para ciência de terceiros.]

10.4.1.5 Extinção do registro do desenho de utilidade

Há quatro hipóteses de extinção do registro do desenho de utilidade. Elas se encontram encartadas no art. 119 da Lei de Propriedade Industrial, sendo as mesmas atinentes ao modelo de utilidade.

Art. 119. O registro extingue-se:

I – pela expiração do prazo de vigência;

II – pela renúncia de seu titular, ressalvado o direito de terceiros;

III – pela falta de pagamento da retribuição prevista nos arts. 108 e 120; ou

IV – pela inobservância do disposto no art. 217.

10.4.2 Marca

Art. 122. São suscetíveis de **registro** como marca os sinais distintivos visualmente perceptíveis, não compreendidos nas proibições legais. (Grifo nosso.)

A marca é um sinal visualmente perceptível que serve como meio distintivo. Um sinal sonoro não pode ser registrado como marca, pois não é visual (ex.: *plimplim* da Globo).

10.4.2.1 Espécies de marca

Nos termos do art. 123, as marcas podem ser: de produto/serviço; de certificação; coletiva. Convém reproduzir o texto de lei que bem define cada uma delas, sendo esta definição em regra literalmente utilizada em provas de concurso público.

Art. 123. Para os efeitos desta Lei, considera-se:

I – marca de produto ou serviço: aquela usada para distinguir produto ou serviço de outro idêntico, semelhante ou afim, de origem diversa;

Atenção!

Não se confunde com nome empresarial (designativo do empresário ou sociedade) nem com título do estabelecimento (designativo do próprio do estabelecimento empresarial).

II – marca de certificação: aquela usada para atestar a conformidade de um produto ou serviço com determinadas normas ou especificações técnicas, notadamente quanto à qualidade, natureza, material utilizado e metodologia empregada; e

III – marca coletiva: aquela usada para identificar produtos ou serviços provindos de membros de uma determinada entidade.

10.4.2.2 Requisitos para registro de marca

Para possibilitar o registro marcário, o pedido deve atender aos seguintes requisitos:

- novidade (relativa);
- originalidade (não colidência com marca notória);
- não impedimento legal.

Vejamos:

a) Novidade (relativa)

Não se exige novidade absoluta, ou seja, não se exige que o sinal distintivo tenha sido criado pelo empresário. O que deve ser nova é a utilização daquele sinal em relação àquele tipo de produto ou serviço (princípio da especificidade ou especialidade). Ex.: produtos com a marca "Sol" existem vários, desde cerveja a bronzeador.

Atenção!

Conforme decidiu a 3ª Turma do STJ, a expressão "País do Futebol", por se tratar de um conjunto de palavras de uso corriqueiro, não pode ser registrada como uma marca no Instituto Nacional de Propriedade Industrial (INPI). No acórdão, o STJ afirmou que, de acordo com o art. 122, da LPI, apenas sinais visualmente perceptíveis que apresentem certo grau de distintividade podem ser registrados como marcas, sendo inviável o registro de sinais meramente genéricos, comuns ou descritivos. Diante do contexto fático-probatório do respectivo processo, a expressão "país do futebol" seria de uso comum e não possuiria o mínimo de distintividade necessário para registro (REsp 1.746.911/RJ, Rel. Min. Paulo de Tarso Sanseverino, julgado em 16.10.2018).

A novidade está relacionada à classificação do INPI. Se não estiver presente na lista do INPI, pode ser utilizada. Segue o entendimento do STJ sobre o tema.

DIREITO EMPRESARIAL. DIREITO DE USO EXCLUSIVO DE MARCA REGISTRADA. O uso, por quem presta serviço de ensino regular, da mesma marca anteriormente registrada, na classe dos serviços de educação, por quem presta, no mesmo Município, serviços de orientação e reeducação pedagógica a alunos com dificuldades escolares viola o direito de uso exclusivo de marca. O registro da marca, embora garanta proteção nacional à exploração exclusiva por parte do titular, encontra limite no princípio da especialidade, que restringe a exclusividade de utilização do signo a um mesmo nicho de produtos e serviços. Assim, uma mesma marca pode ser utilizada por titulares distintos se não houver qualquer possibilidade de se confundir o consumidor. Para se verificar a possibilidade de confusão na utilização da mesma marca por diferentes fornecedores de produtos e serviços, deve ser observada, inicialmente, a Classificação Internacional de Produtos e de Serviços, utilizada pelo INPI como parâmetro para concessão ou não do registro de uma marca. É verdade que a tabela de classes não deve ser utilizada de forma absoluta para fins de aplicação do princípio da especialidade, servindo apenas como parâmetro inicial na análise de possibilidade de confusão. Porém, na hipótese, embora os serviços oferecidos sejam distintos, eles são complementares, pois têm finalidades idênticas, além de ocuparem os mesmos canais de comercialização (REsp 1.309.665/SP, Rel. Min. Paulo de Tarso Sanseverino, julgado em 04.09.2014. Informativo nº 548).

b) Originalidade (não colidência com marca notória)

Marca notória é aquela ostensivamente pública e conhecida, de popularidade internacional, que é protegida independentemente de registro no INPI, devido à Convenção da União de Paris, da qual o Brasil é signatário.

Atenção!

Marca notória é somente protegida no seu ramo de atividade (ou seja, protegida em relação a produtos idênticos ou similares), diferentemente da **marca de alto renome**, que após ser registrada no INPI e ter reconhecida essa qualificação especial (alto renome), passa a ser protegida em **todos os ramos** da atividade econômica, conforme o art. 125 da LPI (proteção em todos os itens da classificação do INPI).

Sobre o tema, destaca-se a seguinte decisão do STJ:

> 5. Quando uma marca se torna especialmente famosa, passando a ter mais valor do que o próprio produto ou serviço a que se refere, maior se torna sua exposição a tentativas de aproveitamento parasitário, do que decorre uma necessidade de maior proteção.
>
> 6. Proteção especial contra a diluição que, tendo sido disciplinada no plano internacional apenas em 1994 no Acordo TRIPS, já se encontrava garantida no ordenamento jurídico brasileiro desde 1967, para marcas notoriamente conhecidas, isto é, marcas que tivessem atingido um determinado grau de fama e de reconhecimento perante o público consumidor.

7. Proteção contra a diluição que, no Brasil, se encontra umbilicalmente relacionada à marca hoje denominada de alto renome, tendo sido criada apenas a ela e em razão dela.

8. Se uma marca não teve reconhecido esse *status*, ainda que seja famosa, não pode impedir o registro da mesma marca em segmentos mercadológicos distintos, sem que haja possibilidade de confusão.

9. A regra do art. 125 da LPI, ao prever exceção ao princípio da especialidade, conferindo à marca de alto renome proteção em todos os ramos de atividade, configura a positivação, no ordenamento jurídico brasileiro, da proteção contra a diluição (REsp 1.787.676/RJ).

Não confundir:

Marca de alto renome	Marca notória
Precisa de registro	Não precisa de registro (Convenção da União de Paris)
Proteção em todos os itens de classificação	Apenas no ramo de atividade
Brasil	Internacional

Art. 125. À marca registrada no Brasil considerada de **alto renome** será assegurada proteção especial, em todos os ramos de atividade. (Grifos nossos.)

Art. 126. A marca notoriamente conhecida em seu ramo de atividade nos termos do art. 6º *bis* (I), da Convenção da União de Paris para Proteção da Propriedade Industrial, goza de proteção especial, independentemente de estar previamente depositada ou registrada no Brasil.

§ 1º A proteção de que trata este artigo aplica-se também às marcas de serviço.

§ 2º O INPI poderá indeferir de ofício pedido de registro de marca que reproduza ou imite, no todo ou em parte, marca notoriamente conhecida.

Lembrar-se do processo civil: fato notório não precisa ser provado, assim como a marca notória não precisa de registro no INPI para ser protegida.

A proteção de marca notória registrada no INPI produz efeitos *ex nunc*, não atingindo registros regularmente constituídos em data anterior. O direito de exclusividade ao uso da marca em decorrência do registro no INPI, excetuadas as hipóteses de marcas notórias, é limitado à classe para a qual foi deferido, não abrangendo produtos não similares, enquadrados em outras classes. O registro da marca como notória, ao afastar o princípio da especialidade, confere ao seu titular proteção puramente defensiva e acautelatória, a fim de impedir futuros registros ou uso por terceiros de outras marcas iguais ou parecidas, não retroagindo para atingir registros anteriores. Precedente citado: REsp 246.652/RJ, *DJ* 16.04.2007 (AgRg no REsp 1.163.909/RJ, Rel. Min. Massami Uyeda, julgado em 02.10.2012. Informativo nº 505).

Atenção!

"O registro de uma expressão como marca, ainda que de alto renome, não afasta a possibilidade de utilizá-la no nome de um empreendimento imobiliário" (REsp 1.804.960/SP, Rel. Min. Moura Ribeiro, 3ª Turma, por maioria, julgado em 24.09.2019, *DJe* 02.10.2019. Informativo nº 657).

c) Não impedimento legal

Os signos impedidos por lei de serem registrados como marcas estão previstos no art. 124 da LPI (ler todos), destacando-se como os mais importantes:

- Símbolo oficial e monumentos nacionais ou internacionais não podem ser registrados como marca. Exemplo: não é possível registrar a bandeira do Brasil como marca de um produto.
- A marca não pode representar falsa indicação geográfica. Exemplo: se fiz um perfume em Campinas, não posso registrar como Francês; se faço um chocolate em Santo André, não posso chamar de Gramado, sendo assim estaria induzindo o consumidor a erro.
- Designação ou sigla de entidade ou órgão público, quando não requerido o registro pela própria entidade ou órgão público. Exemplo: não posso abrir um cursinho jurídico com nome de STF, STJ.

Atenção!

- Pode-se utilizar para divulgação, para *marketing*, o que é não registrável.
- A aquisição de distintividade de marca não gera como decorrência lógica, direta e automática a exclusividade de seu uso.

A teoria da distintividade adquirida (da significação secundária, ou *secondary meaning*), segundo doutrina, contempla que sinais a princípio desprovidos de distintividade suficiente para obterem proteção jurídica pelo registro podem adquirir tal propriedade a partir do momento em que seu uso ou divulgação ocorra com tal intensidade ou por tanto tempo que o público tenha se habituado a associar o signo a uma determinada origem de bens ou serviços, mesmo em condições que, em abstrato, vedariam seu registro por ausência de distinguibilidade. Em outros termos: significação secundária é o fenômeno que ocorre em relação a algum signo de caráter genérico ou comum, geralmente alguma expressão dicionarizada, que, dada a perspectiva criada no consumidor ao longo de um largo tempo de uso, passa a adquirir eficácia distintiva suficiente, a ponto de possibilitar seu registro como marca (com fundamento na parte final do inciso IV do art. 124 da Lei de Propriedade Industrial). Saliente-se que de acordo com o que se pode depreender do Acordo TRIPs (promulgado pelo Decreto nº 1.355/1994), o efeito derivado do reconhecimento de eventual caráter distintivo de algum sinal originariamente desprovido dessa característica, em decorrência do uso, relaciona-se unicamente com a possibilidade de registro. Assim, a exclusividade de uso não constitui decorrência lógica, direta e automática do reconhecimento da aquisição de distintividade pela marca. Inexiste disposição legal específica a esse respeito, tampouco entendimento jurisprudencial albergando a postulação deduzida, de modo que se impõe ter em consideração as circunstâncias usualmente analisadas para decidir sobre a possibilidade ou não de convivência entre marcas em aparente conflito (REsp 1.773.244/RJ, Rel. Min. Nancy Andrighi, por unanimidade, julgado em 02.04.2019, DJe 05.04.2019. Informativo nº 646).

10.4.2.3 Nulidade do registro de marca

Da mesma forma como a declaração de nulidade de patentes e de registro de desenho industrial, não se ignora a necessidade de observância de procedimento a resguardar os interesses do titular de cuja marca de pretende a nulidade.

Quanto aos prazos, o reconhecimento administrativo, nos termos do art. 169, submete-se à decadência de cento e oitenta dias da concessão.

> Art. 169. O processo de nulidade poderá ser instaurado de ofício ou mediante requerimento de qualquer pessoa com legítimo interesse, no prazo de 180 (cento e oitenta) dias contados da data da expedição do certificado de registro.

Note que para declaração de nulidade no âmbito administrativo da **patente** (invenção ou modelo de utilidade) o prazo também é de seis meses.

Judicialmente, o lapso é de cinco anos da concessão:

> Art. 174. Prescreve em 5 (cinco) anos a ação para declarar a nulidade do **registro**, contados da data da sua concessão. (Grifo nosso.)

Para declaração de nulidade no âmbito judicial da **patente** (invenção ou modelo de utilidade) e do **registro** de desenho industrial não há prazo.

Abaixo, segue tabela para auxílio de memorização:

	Patente (invenção e modelo de utilidade)	Registro do desenho de utilidade	Registro da marca
Prazo para declaração da nulidade no âmbito administrativo	06 meses	05 anos	180 dias (06 meses)
Prazo para ação de nulidade (âmbito judicial)	Enquanto vigente	Enquanto vigente	05 anos

10.4.2.4 Extinção do registro da marca

No ponto, para além das já conhecidas, explicitadas para tipos anteriores (expiração de prazo de vigência, renúncia e não manutenção de procurador domiciliado no Brasil para titulares estrangeiros), prevê a legislação que a caducidade implica em extinção da marca.

Tem-se a caducidade quando a marca registrada não é utilizada após cinco anos da data do requerimento ou mesmo quando iniciada a sua utilização, está interrompida há mais de cinco anos ou fora, no mesmo prazo, modificada a ponto de refugir de sua distintividade original.

Segue a redação dos arts. 142 e ss. da LPI:

> Art. 142. O registro da marca extingue-se:
>
> I – pela expiração do prazo de vigência;
>
> II – pela renúncia, que poderá ser total ou parcial em relação aos produtos ou serviços assinalados pela marca;
>
> III – pela caducidade; ou
>
> IV – pela inobservância do disposto no art. 217.
>
> Art. 143. Caducará o registro, a requerimento de qualquer pessoa com legítimo interesse se, decorridos 5 (cinco) anos da sua concessão, na data do requerimento:
>
> I – o uso da marca não tiver sido iniciado no Brasil; ou
>
> II – o uso da marca tiver sido interrompido por mais de 5 (cinco) anos consecutivos, ou se, no mesmo prazo, a marca tiver sido usada com modificação que implique alteração de seu caráter distintivo original, tal como constante do certificado de registro.
>
> § 1º Não ocorrerá caducidade se o titular justificar o desuso da marca por razões legítimas.

§ 2º O titular será intimado para se manifestar no prazo de 60 (sessenta) dias, cabendo-lhe o ônus de provar o uso da marca ou justificar seu desuso por razões legítimas.

10.5 Aspectos processuais da LPI

Tais aspectos já foram trabalhados ao longo do capítulo. Porém, dada a sua incidência em provas, merece revisão isolada para melhor compreensão.

Ações de nulidade do registro ou patente: tanto pode ser ação judicial quanto ação administrativa.

10.5.1 Patente (invenção/modelo de utilidade)

■ **Prazo administrativo**: seis meses contados da **concessão** da patente.
■ **Prazo judicial**: pode ingressar com a ação enquanto a patente for vigente.

> Art. 51. O processo de nulidade poderá ser instaurado de ofício ou mediante requerimento de qualquer pessoa com legítimo interesse, no prazo de 6 (seis) meses contados da concessão da patente.
>
> Parágrafo único. O processo de nulidade prosseguirá ainda que extinta a patente.

10.5.2 Desenho industrial

■ **Prazo administrativo**: cinco anos contados da **concessão** do registro.
■ **Prazo judicial**: enquanto permanecer o registro.

Art. 113. A nulidade do registro será declarada administrativamente quando tiver sido concedido com infringência dos arts. 94 a 98.

§ 1º O processo de nulidade poderá ser instaurado de ofício ou mediante requerimento de qualquer pessoa com legítimo interesse, no prazo de 5 (cinco) anos contados da concessão do registro, ressalvada a hipótese prevista no parágrafo único do art. 111.

§ 2º O requerimento ou a instauração de ofício suspenderá os efeitos da concessão do registro se apresentada ou publicada no prazo de 60 (sessenta) dias da concessão.

10.5.3 Marca

- **Prazo administrativo**: 180 dias contados da **expedição** do certificado de registro.
- **Prazo judicial**: cinco anos contados da concessão.

Art. 169. O processo de nulidade poderá ser instaurado de ofício ou mediante requerimento de qualquer pessoa com legítimo interesse, no prazo de 180 (cento e oitenta) dias contados da data da expedição do certificado de registro.

Art. 174. Prescreve em 5 (cinco) anos a ação para declarar a nulidade do registro, contados da data da sua concessão.

A ação de nulidade (seja de marca/patente) deve ser ajuizada na JF. Se o INPI não for o autor da ação, ele deverá intervir no processo. O prazo de resposta do réu é de 60 dias, tanto nas ações judiciais quanto nas administrativas (art. 175, § 1º).

Art. 175. A ação de nulidade do registro será ajuizada no foro da justiça federal e o INPI, quando não for autor, intervirá no feito.

§ 1º O prazo para resposta do réu titular do registro será de 60 (sessenta) dias.

10.6 Prescrição

O art. 225 da LPI prevê o prazo prescricional para as ações que pretendem reparação por danos advindos de utilização indevida de direitos decorrente de bens patenteados ou registrados, qual seja, cinco anos: "Art. 225. Prescreve em 5 (cinco) anos a ação para reparação de dano causado ao direito de propriedade industrial".

Segue julgado divulgado no Informativo nº 525 do STJ acerca desse assunto, no qual restou assentado que o prazo não flui enquanto a violação persistir no tempo:

> O termo inicial do prazo prescricional de cinco anos (art. 225 da Lei nº 9.279/1996) para pleitear indenização pelos prejuízos decorrentes do uso de marca industrial que imite outra preexistente, suscetível de causar confusão ou associação com marca alheia registrada (art. 124, XIX), é a data da violação do direito à propriedade industrial e se renova enquanto houver o indevido uso. Isso porque o prazo prescricional começa a correr tão logo nasça a pretensão, a qual tem origem com a violação do direito subjetivo – o direito de propriedade industrial. Ademais, considerando que a citada violação é permanente, enquanto o réu continuar a utilizar marca alheia registrada, diariamente o direito será violado, nascendo nova pretensão indenizatória, motivo pelo qual não há como reconhecer que a pretensão do autor estava prescrita quando do ajuizamento da demanda (REsp 1.320.842/PR, Rel. Min. Luis Felipe Salomão, julgado em 14.05.2013).

Destaca-se que a prescritibilidade do direito de alegar a nulidade de registro de marca, conforme previsto no art. 174 da Lei n° 9.279/1996, não pode ser afastada por meio de aplicação da teoria dualista das nulidades, segundo decidiu o STJ no julgamento do REsp 1.782.024/RJ:

> É sabido que a Lei de Propriedade Industrial (LPI, Lei n° 9.279/1996), em seu art. 174, dispõe que "prescreve em 5 (cinco) anos a ação para declarar a nulidade do registro, contados da data da sua concessão". Discute-se, no entanto, se é aplicável a teoria dualista das nulidades – que divide os atos administrativos defeituosos em nulos e anuláveis –, o que afastaria o decreto prescricional ao argumento de que os atos administrativos contaminados por vício de legalidade poderiam ser invalidados a qualquer tempo pela Administração, em decorrência de seu poder de autotutela.
>
> Esta Corte Superior de Justiça tem entendido que, mesmo tratando-se de ato administrativo contaminado por nulidade, os efeitos dele decorrentes não podem ser afastados se entre a data de sua prática e o ajuizamento da ação já houve o transcurso do prazo prescricional previsto para incidência na correspondente hipótese fática, salvo flagrante inconstitucionalidade. Nesse caminho, cumpre registrar que o diploma legal que trata especificamente de questões envolvendo direito de propriedade industrial – lei especial – contém regra expressa acerca da questão controvertida. Como tal dispositivo não dá margem a interpretações distintas e dele não se extrai qualquer diferenciação entre atos nulos e anuláveis, não cabe ao julgador fazê-lo, sob pena de limitar indevidamente o alcance da norma. Entender que a ação de nulidade seria imprescritível equivaleria a esvaziar completamente o conteúdo normativo do dispositivo invocado, fazendo letra morta da opção legislativa. Ade-

mais, a imprescritibilidade não constitui regra no direito brasileiro, sendo admitida somente em hipóteses excepcionalíssimas que envolvem direitos da personalidade, estado das pessoas, bens públicos. Os demais casos devem se sujeitar aos prazos prescricionais do Código Civil ou das leis especiais (REsp 1.782.024/RJ, Rel. Min. Nancy Andrighi, 3ª Turma, por unanimidade, julgado em 07.05.2019, DJe 09.05.2019. Informativo nº 648).

10.7 Formas de extinção da propriedade industrial

Em igual sentido, não obstante tenha havido tratamento no decorrer do capítulo, vale a revisão geral sobre extinção de propriedade industrial.

a) Expiração do prazo de vigência (cai em domínio público).

b) Renúncia (que somente poderá ser feita se não houver prejuízo para terceiros, como licenciados, por exemplo): "Art. 79. A renúncia só será admitida se não prejudicar direitos de terceiros".

c) Caducidade: falta de uso da propriedade ou uso insatisfatório. Exemplo: art. 143 da LPI.

> Art. 143. Caducará o registro, a requerimento de qualquer pessoa com legítimo interesse se, decorridos 5 (cinco) anos da sua concessão, na data do requerimento:
>
> I – o uso da marca não tiver sido iniciado no Brasil; ou
>
> II – o uso da marca tiver sido interrompido por mais de 5 (cinco) anos consecutivos, ou se, no mesmo prazo, a marca tiver sido usada com modificação que implique alteração de seu caráter distintivo original, tal como constante do certificado de registro.

Se uma marca não for utilizada por cinco anos, haverá caducidade.

d) Falta de pagamento da retribuição anual (taxa anual devida ao INPI).
e) Inobservância do art. 217 da LPI, segundo o qual "a pessoa domiciliada no exterior deverá constituir e manter procurador devidamente qualificado e domiciliado no País, com poderes para representá-la administrativa e judicialmente, inclusive para receber citações".

11

Contratos empresariais

11.1 Introdução

O Código Civil de 2002 trouxe a unificação legislativa do Direito Civil e Direito Empresarial. Isso foi reforçado no âmbito dos contratos, na medida em que o legislador não separou contratos que devem ser usados apenas no ramo empresarial, pois são contratos que visam à produção, à comercialização e à distribuição de produtos ou serviços.

Alguns contratos empresariais envolvem a compra e venda de insumos, o que confunde acerca da aplicação do Direito Empresarial ou do Direito do Consumidor. No fornecimento de insumos, há a presença de um fornecedor, como determinado pelo art. 3º do Código de Defesa do Consumidor, mas não há a figura do consumidor, ou seja, do destinatário final do produto ou serviço (art. 2º do CDC).

No caso acima, o produto ou serviço adquirido será utilizado em outra atividade empresária, não "parando" na mão do adquirente. Ademais, não há a posição de vulnerabilidade entre as partes, essencial para a configuração de uma relação de consumo, havendo paridade entre as partes.

Ressalva-se, contudo, entendimento excepcional do Superior Tribunal de Justiça no sentido da adoção da Teoria Finalista Mitigada, quando possível identificação precisa e real de vulnerabilidade por parte do fornecedor adquirente, ante o seu porte econômico ou deficiência técnica/jurídica.

Entretanto, em se cuidando de contratos empresariais, é certo, há presunção relativa de equilíbrio entre os contratantes a justificar o afastamento das regras consumeristas em deferência à normatização paritária conferida pelo Direito Empresarial.

11.2 Princípios

11.2.1 Princípio da autonomia da vontade

Conforme dita esse princípio, as pessoas possuem liberdade de contratar da maneira como melhor lhe aprouverem, tanto no aspecto de querer o contrato, como quais são os termos deste.

A autonomia da vontade se desenvolveu no liberalismo, o qual deixava a cargo dos particulares estabelecerem como iriam encaminhar suas relações. Entretanto, o liberalismo exacerbado passou a trazer consequências negativas para as relações privadas, criando desequilíbrio e injustiças.

Assim, a autonomia da vontade passou a ser relativizada em prol da justiça substancial, deslocando-se o eixo da relação contratual da tutela subjetiva da vontade à tutela objetiva da confiança.

Frisa-se que, nos contratos empresariais, por estarem as partes em posição de paridade, tanto econômica quanto técnica e informacional, a autonomia da vontade é mais presente, evitando-se ao máximo o dirigismo contratual (intervenção exógena no contrato). Conforme o Enunciado nº 21 da I Jornada de Direito Comercial, "nos contratos empresariais, o dirigismo contratual deve ser mitigado, tendo em vista a simetria natural das relações interempresariais".

O parágrafo único do art. 421 do CC, incluído pela Lei nº 13.874/2019, de igual modo afirma que "nas relações contratuais privadas, prevalecerão o princípio da intervenção mínima e a excepcionalidade da revisão contratual".

11.2.2 Princípio da relatividade dos pactos

De acordo com esse princípio, o contrato produzirá efeitos somente entre as partes que dele participam, nos termos do que foi pactuado.

Há exceções, como os contratos em favor de terceiros e as relações que envolvem promessa de fato de terceiro, contratos esses de cunho civil.

11.2.3 Princípio da função social

É apresentado pelo art. 421 do Código Civil:

> Art. 421. A liberdade contratual será exercida nos limites da função social do contrato.

Entende-se, pois, que há que se buscar o interesse que aquele contrato desperta no meio social e buscar atendê-lo. No âmbito dos contratos empresariais, esse reflexo é econômico, com intuito lucrativo, movimentando a atividade empresarial, que, por sua vez, é fonte geradora de empregos, riquezas etc.

Há também uma outra conotação da função social dos contratos: limite. Assim, essa conotação pode entrar em conflito com o princípio da relatividade dos pactos.

Há dois enunciados da I Jornada de Direito Comercial acerca da função social dos contratos dignos de reprodução:

> **Enunciado nº 26**: O contrato cumpre sua função social quando não acarreta prejuízo a direitos ou interesses, difusos ou coletivos, de titularidade de sujeitos não participantes da relação negocial.
>
> **Enunciado nº 29**: Aplicam-se aos negócios jurídicos entre empresários a função social do contrato e da boa-fé objetiva (arts. 421 e 422 do Código Civil), em conformidade com as especificidades dos contratos empresariais.

11.2.4 Princípio da força obrigatória

Também conhecido como *pacta sunt servanda*, impõe que a parte que efetivou a relação contratual fique a ela vinculada até que se cumpra o que efetivamente pactuou. Portanto, em regra, não cabe arrependimento ou desfazimento da obrigação sem a concordância da outra parte.

O princípio não é absoluto, na medida em que o próprio Código Civil trata da teoria da imprevisão e da possibilidade de resolução por onerosidade excessiva, nos arts. 317 e 478, respectivamente, institutos que merecem interpretação bem restritiva no âmbito empresarial.

Na forma do art. 421-A do CC, incluído pela Lei nº 13.874/2019,

> os contratos civis e empresariais presumem-se paritários e simétricos até a presença de elementos concretos que

justifiquem o afastamento dessa presunção, ressalvados os regimes jurídicos previstos em leis especiais, garantido também que:

I – as partes negociantes poderão estabelecer parâmetros objetivos para a interpretação das cláusulas negociais e de seus pressupostos de revisão ou de resolução;

II – a alocação de riscos definida pelas partes deve ser respeitada e observada; e

III – a revisão contratual somente ocorrerá de maneira excepcional e limitada.

11.2.5 Princípio da boa-fé

Encontra-se consubstanciado no art. 422 do Código Civil.

Art. 422. Os contratantes são obrigados a guardar, assim na conclusão do contrato, como em sua execução, os princípios de probidade e boa-fé.

A boa-fé deve nortear toda atividade empresarial, exigindo que as partes se comportem de forma correta não apenas durante as tratativas, mas durante a formação do contrato e de seu cumprimento.

Trata-se da positivação da boa-fé objetiva, já que não se cuida da aferição do estado psicológico das partes, mas de uma atitude de cooperação, dirigida substancialmente ao cumprimento de modo positivo das expectativas da outra parte quanto ao programa contratual.

Conforme o Enunciado n° 27 da I Jornada de Direito Comercial,

não se presume violação à boa-fé objetiva se o empresário, durante as negociações do contrato empresarial, preservar segredo de empresa ou administrar a prestação de informações reservadas, confidenciais ou estratégicas, com o objetivo de não colocar em risco a competitividade de sua atividade.

Atenção!

A lei exige que o contrato de franquia seja escrito.

No caso concreto, a franqueadora enviou à franqueada o instrumento contratual de franquia. A franqueada não assinou nem restituiu o documento. Apesar disso, colocou em prática os termos contratados, tendo recebido treinamento da franqueadora, utilizado a sua marca e instalado as franquias. Vale ressaltar, inclusive, que pagou à franqueadora as contraprestações estabelecidas no contrato. Posteriormente, a franqueada alegou a invalidade do ajuste porque o contrato não foi assinado.

Assim, a alegação de nulidade por vício formal configura-se comportamento contraditório com a conduta praticada anteriormente. Por essa razão, a boa-fé tem força para impedir a invocação de nulidade do contrato de franquia por inobservância da forma prevista na lei.

A conservação do negócio jurídico, nessa hipótese, significa dar primazia à confiança provocada na outra parte da relação contratual. (STJ, 3ª Turma, REsp 1.881.149/DF, Rel. Min. Nancy Andrighi, julgado em 1º.06.2021. Informativo nº 699).

11.3 Contratos inteligentes

Satoshi Nakamoto é o nome ou pseudônimo utilizado pela pessoa (ou pelas pessoas) que desenvolveu a tecnologia *Blockchain*, criando, inicialmente, a moeda virtual *Bitcoin*. Até hoje, não se sabe quem é Satoshi Nakamoto, se é uma única pessoa ou um grupo de pessoas, se é um nome verdadeiro ou um pseudônimo. Nakamoto apareceu pela primeira vez na internet em 2008, em plena crise financeira mundial, ocasião em que registrou o domínio *bitcoin.org*. Poucos meses depois, iniciou um debate global sobre criptografia, afirmando ter desenvolvido um novo sistema de dinheiro eletrônico totalmente ponto a ponto. O primeiro banco de dados de *Blockchain* também foi desenvolvido por Nakamoto.

Blockchain é a tecnologia que envolve arquitetura criptográfica, distribuída em sistemas computacionais descentralizados, operando como um banco de dados permanente e imutável, permitindo o registro de transações e o rastreamento de ativos em uma rede. O *Blockchain* foi desenvolvido como tecnologia de suporte do *Bitcoin* para gerar confiabilidade a essa pioneira moeda virtual.

O *Blockchain* garante a confiabilidade das moedas virtuais, pois fornece informações imediatas, compartilhadas e transparentes sobre as transações realizadas por membros de uma rede autorizada. Por isso, fala-se que o *Blockchain* funciona como um livro-razão imutável, acessível por todos os integrantes autorizados da rede, permitindo ver todos os detalhes de uma transação de ponta a ponta, garantindo credibilidade às operações. Essa lógica foi a responsável tornar possível a existência de uma moeda virtual negociável diretamente entre pessoas, sem a necessidade de intermediários, reconhecendo--se seu valor econômico.

A confiabilidade do *Blockchain* se deve muito à imutabilidade dos registros de transações, pois nenhum participante da rede pode alterar ou corromper uma transação depois de registrada no livro-razão compartilhado. Se, por exemplo, uma transação incluir um erro ou uma nova transação tentar reverter esse erro, ambas as movimentações serão registradas e ficarão visíveis.

As criptomoedas, portanto, são todas as moedas virtuais que utilizam a tecnologia *Blockchain* para assegurar a validade de suas transações e a sua consequente confiabilidade. A primeira das criptomoedas foi, como já citado, o *Bitcoin*, desenvolvido por Satoshi Nakamoto, mas se estima que, até novembro de 2021, já existiam, aproximadamente, 14.000 (catorze mil) tipos de criptomoedas no mundo.

É nesse contexto que se inserem os contratos inteligentes (*smart contracts*), que são protocolos computacionais de natureza digital com as mesmas finalidades dos ajustes tradicionais, ou seja, os contratos inteligentes buscam definir as condições de transferência, as garantias, os termos de pagamento *etc.* de transações negociais. A vantagem dos *smart contracts* é que, por estarem associados à tecnologia *Blockchain*, são imutáveis, não podendo ser adulterados ou extraviados, conferindo maior segurança às operações.

Segundo Lordelo (2022), os *smart contracts* possuem cinco características:

a) **São exclusivamente eletrônicos:** pois existem apenas enquanto linguagem de programação.

b) **Possuem elevada certeza:** pois, como existem sob a lógica de *Blockchain*, não há margem de discricionariedade por parte da máquina.

c) **Gozam de natureza condicional:** pois, como eles são automatizados, há uma garantia, parcial ou total, de auto-obrigação, visto que as cláusulas contratuais são executadas da forma como foram programadas.

d) **São invioláveis:** pois, como eles usam a tecnologia *Blockchain*, são imutáveis, mantendo o registro de todas as suas transações, mesmo aquelas que intentem sua adulteração.

e) **São autoexecutáveis:** pois permitem o adimplemento forçado das obrigações que expressam, já que se executam automaticamente do modo como foram programados, logo, dispensam intermediários.

Os contratos inteligentes, inicialmente, foram utilizados em grande escala no mercado financeiro para a negociação das criptomoedas; no entanto, é uma tecnologia que pode ser aplicada a qualquer área. Sua autoexecutoriedade é algo que pode diminuir consideravelmente a litigância contratual e a necessidade do Poder Judiciário. Não obstante isso, é algo ainda carente de maior regulação na maioria dos países, inclusive no Brasil.

11.4 Contratos bancários

11.4.1 Conceito

O contrato bancário consiste em uma espécie de negócio jurídico na qual uma das partes é um banco ou outra instituição financeira e viabiliza a intermediação de serviços financeiros.

Os contratos bancários podem ser:

- Típicos, os quais envolvem atividades exclusivas dos bancos.
- Atípicos, abarcando operações que podem ser realizadas por outras instituições.

11.4.2 Espécies

11.4.2.1 Depósito

Nesse contrato, o banco recebe determinada quantia do cliente, com a obrigação de devolver o mesmo numerário quando solicitado ou na data fixada. O banco ainda deve prestar informações sobre a movimentação da conta do cliente (extrato).

Trata-se de um contrato **real**, visto que se aperfeiçoa somente com a entrega da quantia; **oneroso**, por ambas as partes possuírem proveito sobre o valor; e **unilateral**, porque, a partir do momento em que é efetuado pelo cliente, somente o banco possui obrigações.

Não cabe depósito de bens distintos de dinheiro.

O contrato de depósito não exige forma especial e sua prova pode ocorrer de qualquer modo.

As espécies mais comuns são o depósito em conta-corrente ou o depósito em cadernetas de poupança.

No de conta-corrente, o banco é responsável por registrar todas as movimentações realizadas pelo cliente da conta, podendo este, a qualquer momento, verificar o saldo e suas transações. Aqui, há o banco, o correntista e a remessa (valor depositado). O correntista pode optar pelo depósito **com efeito à vista**, em que as movimentações são livres; com **aviso-prévio**, em que os saques só serão admitidos após prévia notificação ao banco; **a prazo fixo**, em que os saques somente serão autorizados na data aprazada; e **com permissão de saque a descoberto**, também conhecido como cheque especial.

Com relação aos valores a serem depositados, podem ser **depósitos populares**, cujo objetivo é estimular a poupança e o rendimento de juros; **depósitos limitados**, em que o teto é um pouco maior que nos populares; ou **depósito sem limite**, não havendo nenhuma estipulação de valores.

A extinção da conta-corrente pode se dar pelo término do contrato ou pela vontade manifestada de uma das partes.

As contas-correntes podem ser **individuais** ou **conjuntas**, quando há mais de um titular.

Nas contas-correntes solidárias, a assinatura de qualquer dos titulares é suficiente para efetivar a transação.

No que tange à aplicação de juros e correção monetária, pode restar convencionada a restituição do valor depositado acrescido de juros e correção monetária. Nessa hipótese, os juros são pagos em dinheiro ou são convertidos em créditos na conta do cliente, o que ocorre na maioria dos casos, desde que não seja um depósito à vista.

11.4.2.2 Abertura de crédito

No contrato de abertura de crédito, o banco (creditador) se obriga a disponibilizar ao cliente (creditado) determinado valor para que este possa realizar saques. Difere do contrato de empréstimo, uma vez que não há a tradição do valor no momento da celebração do contrato.

Trata-se de um contrato **bilateral**, por gerar obrigações para ambos os contratantes; **oneroso**, haja vista trazer vantagens para ambas as partes; **consensual**, por depender apenas da vontade das partes; **de execução sucessiva**, já que sua execução perdura com o tempo; e *intuito personae*, por serem pessoais e intransferíveis.

11.4.2.3 Desconto bancário

O desconto bancário ocorre quando um comerciante transfere ao banco seus créditos a fim de obter capital de giro.

O banco adquire a propriedade dos créditos do comerciante e repassa a este, como forma de adiantamento, o valor inferior ao título; entretanto, recebe na data aprazada o valor total do devedor. A diferença de valores é considerada dedução de lucros advindos da transação.

É uma operação semelhante à cessão de crédito, mas o endosso realizado pelo cliente em favor do banco é sempre de natureza *pro solvendo*, logo, não recebendo do devedor, o banco pode regressar contra o cliente e seus avalistas.

11.4.2.4 Contrato de financiamento

É uma subespécie do contrato de abertura de crédito, na medida em que o banco adianta ao cliente valores que serão destinados a determinados fins e em contrapartida exige garantias, como cessão de crédito ou caução.

11.4.2.5 Custódia de valores

Consiste no contrato em que o banco pactua com o cliente o depósito de bens infungíveis, ou seja, insubstituíveis mediante remuneração, podendo o bem ser retirado pelo cliente a qualquer tempo.

Portanto, o banco atua como depositário do bem, tendo guarda e dever de entregar ao cliente o documento que contenha a descrição do bem e que comprove seu recebimento.

11.4.2.6 Aluguel de cofre

Nesses contratos, o banco cede a seus clientes pequenos cofres, para que aqueles guardem títulos e valores, mediante remuneração. Cabe ao banco proteção e cuidado do cofre e, por conseguinte, dos valores nele depositados.

11.4.2.7 Cartão de crédito

Há três tipos de cartões de crédito:

- **O emitido por sociedades empresárias para uso de seus clientes.** Estes podem ser usados apenas nas lojas de quem emitiu, servindo apenas para fornecer crédito especial aos clientes.
- **O emitido por bancos para uso de crédito bancário.** São utilizados pelos clientes para saques em caixas, mesmo que o cliente não tenha fundos, fato que faz o saque ser considerado empréstimo.
- **O emitido por intermediários entre o consumidor e o vendedor.** São os mais utilizados e disponibilizam créditos aos clientes. Possuem caráter universal e, muitas vezes, o apoio dos bancos.

O emitente do cartão responderá pelos danos gerados pelo cartão clonado, uma vez que possui dever de cuidado. Da mesma forma, o cliente tem a responsabilidade de informar à administradora do cartão eventual furto ou roubo.

Segundo o Superior Tribunal de Justiça,

> a responsabilidade da instituição financeira deve ser afastada quando o evento danoso decorre de transações que, embora contestadas, são realizadas com a apresentação física do cartão original e mediante uso de senha pessoal do correntista (STJ, 3ª Turma, REsp 1.633.785/SP, Rel. Min. Ricardo Villas Bôas Cueva, julgado em 24.10.2017).

Nesse contrato, há três sujeitos: **o titular ou usuário do cartão**, **o emissor** e **o fornecedor**, este se caracteriza com o empresário que realiza contrato com o emissor para que possa aceitar o uso do cartão como pagamento.

11.5 Arrendamento mercantil ou *leasing*

11.5.1 Conceito

Trata-se de um tipo de contrato em que uma instituição financeira adquire um determinado bem móvel ou imóvel para que uma sociedade ou até mesmo uma pessoa física o utilize pagando, em contrapartida, aluguel por prazo determinado.

Após esse prazo, o locatário poderá optar pela restituição, pela compra por meio do valor restante já estipulado em contrato ou pela renovação da locação do bem. Optando pela renovação da locação, o valor das prestações deverá ser reduzido.

Há dois sujeitos: o **arrendador** e o **arrendatário**.

O primeiro sempre será uma **pessoa jurídica constituída como uma sociedade anônima e controlada pelo Banco Central**, enquanto o segundo pode ser pessoa física ou jurídica de direito público ou privado.

O objeto do contrato pode ser bem móvel ou imóvel, podendo o contrato ser pactuado por instrumento público ou particular, desde que haja a descrição do objeto, o valor das prestações e a forma de pagamento, além do **prazo de vencimento**, o qual deverá ser de, **no mínimo, três anos**.

A Súmula nº 293 do STJ põe fim à discussão acerca do valor residual do contrato, o qual compreende o valor estipulado para aquisição do bem arrendado. Entende-se que o arrendatário pode antecipar esse pagamento, desde que não fique caracterizada a compra, mas sim adiantamento em garantia das obrigações contratuais assumidas.

Súmula nº 293 do STJ: A cobrança antecipada do valor residual garantido (VRG) não descaracteriza o contrato de arrendamento mercantil.

A extinção do contrato de arrendamento pode se dar de várias formas, destacando-se:

- por falência da arrendadora;
- por inadimplemento de qualquer das partes;
- por vontade das partes (distrato ou acordo bilateral);
- por término do prazo estipulado, quando o arrendatário fará opção pela renovação, pela compra ou pela devolução do bem.

No caso de extinção por inadimplemento, há a necessidade de notificação prévia do arrendatário para constituí-lo em mora, ainda que haja cláusula resolutiva expressa (Súmula nº 369 do STJ).

Sobre o *leasing*, definiu o STJ:

> TRIBUTÁRIO. DESCARACTERIZAÇÃO DO CONTRATO DE ARRENDAMENTO MERCANTIL (*LEASING*). PRAZO MÍNIMO DE VIGÊNCIA. VIDA ÚTIL DO BEM ARRENDADO. AUSÊNCIA DE OMISSÃO.
>
> I – Ao analisar a questão apontada como omissa, deve ser afastada a alegada ofensa ao art. 535 do CPC/1973, estando caracterizado o intuito de utilizar os embargos de declaração como mero instrumento de rediscussão do pronunciamento judicial.
>
> II – É possível a descaracterização do contrato de arrendamento mercantil (*leasing*) se o prazo de vigência do acordo celebrado não respeitar a vigência mínima estabelecida de acordo com a vida útil do bem arrendado.

III – Nos termos do art. 8º do anexo da Resolução nº 2.309/1996 e art. 23 da Lei nº 6.099/1974, o prazo mínimo de vigência do contrato de arrendamento mercantil financeiro é de (i) dois anos, quando se tratar de bem com vida útil igual ou inferior a cinco anos, e (ii) de três anos, se o bem arrendado tiver vida útil superior a cinco anos.

IV – No caso, o Tribunal de origem atestou que o bem arrendado (pá-escavadeiras) possui vida útil superior a cinco anos, razão pela qual resta descaracterizado o contrato de arrendamento mercantil ora celebrado, tendo em vista que o prazo avençado foi de apenas vinte e quatro meses.

V – Recurso especial a que se nega provimento (REsp 1.569.840/MT, Rel. Min. Francisco Falcão, 2ª Turma, julgado em 16.08.2018, *DJe* 27.08.2018).

11.5.2 Espécies

Há o arrendamento mercantil **financeiro** e **operacional**.

O financeiro é o geral, no qual uma pessoa jurídica adquire um determinado bem para utilização de um terceiro, o arrendatário. Já o operacional consiste em uma modalidade na qual o bem objeto do contrato já é da propriedade do arrendador, que o aluga a um arrendatário.

Segue tabela elucidativa extraída do sítio do Dizer o Direito:

Leasing financeiro	Leasing operacional	Leasing de retorno (*Lease back*)
Previsto no art. 5º da Resolução nº 2.309/96-BACEN.	Previsto no art. 6º da Resolução nº 2.309/96-BACEN.	Sem previsão na Resolução nº 2.309-BACEN.

Leasing financeiro	Leasing operacional	Leasing de retorno (*Lease back*)
É a forma típica e clássica do *leasing*. Ocorre quando uma pessoa jurídica (arrendadora) compra o bem solicitado por uma pessoa física ou jurídica (arrendatária) para, então, alugá-lo à arrendatária.	Ocorre quando a arrendadora já é proprietária do bem e o aluga ao arrendatário, comprometendo-se também a prestar assistência técnica em relação ao maquinário.	Ocorre quando determinada pessoa, precisando se capitalizar, aliena seu bem à empresa de *leasing*, que arrenda de volta o bem ao antigo proprietário a fim de que ele continue utilizando a coisa. Em outras palavras, a pessoa vende seu bem e celebra um contrato de arrendamento com o comprador, continuando na posse direta.
Ex.: determinada empresa (arrendatária) quer utilizar uma nova máquina em sua linha de produção, mas não tem recursos suficientes para realizar a aquisição. Por esse motivo, celebra contrato de *leasing* financeiro com um Banco (arrendador), que compra o bem e o arrenda para que a empresa utilize o maquinário.	Ex.: a Boeing Capital Corporation® (arrendadora) celebra contrato de arrendamento para alugar cinco aeronaves à GOL® (arrendatária) a fim de que esta utilize os aviões em seus voos. A arrendadora também ficará responsável pela manutenção dos aviões.	Ex.: em 2001, a Varig®, a fim de se recapitalizar, vendeu algumas aeronaves à Boeing® e as alugou de volta por meio de um contrato de *lease back*. O nome completo desse negócio jurídico, em inglês, é *sale and lease back* (venda e arrendamento de volta).
Normalmente, a intenção da arrendatária é, ao final do contrato, exercer seu direito de compra do bem.	Normalmente, a intenção da arrendatária é, ao final do contrato, **não** exercer seu direito de compra do bem.	Em geral é utilizado como uma forma de obtenção de capital de giro.

11.6 Alienação fiduciária em garantia

Trata-se de um contrato no qual uma parte aliena à outra um bem, com o dever de restituir a titularidade quando da ocorrência de um determinado fato, que, em regra, é o pagamento.

Trata-se de um **contrato instrumental**, na medida em que constitui meio para que outro contrato principal se concretize.

Tratando-se de bem imóvel, se o pagamento não ocorrer, a propriedade antes resolúvel se consolida e o fiduciário realizará hasta pública ou leilão para a venda do bem e o levantamento do valor. Caso o valor seja superior a dívida, este será devolvido ao devedor.

Sendo bem móvel, o credor poderá realizar busca e apreensão do bem ou repassar o crédito a um terceiro, independentemente de leilão ou hasta pública. O valor que exceder à dívida será também devolvido ao devedor.

Segundo a Súmula nº 28 do STJ, "o contrato de alienação fiduciária em garantia pode ter por objeto bem que já integrava o patrimônio do devedor".

A alienação será anotada no registro do bem, pois, mesmo sendo este registrado em nome do devedor, há que se informar que a propriedade ainda é da instituição financeira. Não se realizando a anotação, não há que se falar em prejuízo de terceiro de boa-fé que adquiriu o bem.

> **Súmula nº 92 do STJ:** A terceiro de boa-fé não é oponível a alienação fiduciária não anotada no Certificado de Registro do veículo automotor.

Quanto à comprovação da mora, o art. 2º do Decreto nº 911/1960 determina que:

> Art. 2º No caso de inadimplemento ou mora nas obrigações contratuais garantidas mediante alienação fiduciária, o proprietário fiduciário ou credor poderá vender a coisa a terceiros, independentemente de leilão, hasta pública, avaliação prévia ou qualquer outra medida judicial

ou extrajudicial, salvo disposição expressa em contrário prevista no contrato, devendo aplicar o preço da venda no pagamento de seu crédito e das despesas decorrentes e entregar ao devedor o saldo apurado, se houver, com a devida prestação de contas. (Redação dada pela Lei nº 13.043, de 2014.)

Portanto, a comprovação da mora pode ser feita por carta registrada com aviso de recebimento, não sendo necessária a notificação cartorária.

O art. 3º do Decreto nº 911/1960 afirma que:

> Art. 3º O proprietário fiduciário ou credor poderá, desde que comprovada a mora, na forma estabelecida pelo § 2º do art. 2º, ou o inadimplemento, requerer contra o devedor ou terceiro a busca e apreensão do bem alienado fiduciariamente, a qual será concedida liminarmente, podendo ser apreciada em plantão judiciário. (Redação dada pela Lei nº 13.043, de 2014.)

Assim, confirmada a mora, a busca e apreensão poderá ser concedida liminarmente pelo Judiciário, inclusive durante plantão judiciário.

11.7 Franquia ou *franchising*

11.7.1 Conceito

Nesse tipo de contrato, o comerciante que possui uma marca ou um produto permite que outro a utilize, mediante remuneração e prestação de serviços.

Para que se tenha o contrato de franquia, são necessários dois elementos:

- a licença de utilização da marca;
- a prestação de serviços conforme estabelecido.

O franqueador possui a marca ou o produto e detém a exclusividade de exploração daquela marca, fornecendo aos franqueados assistência, administração e gerenciamento. Já o franqueado utiliza a marca ou o produto e paga uma remuneração inicial, havendo ainda o repasse de um valor periódico sobre os lucros obtidos, de acordo com a estipulação contratual.

O franqueado deve adquirir os produtos ou os serviços do franqueador, seguir suas determinações e atuar com exclusividade. O franqueado arcará com as despesas de instalação do estabelecimento.

O franqueado possui autonomia, com personalidade jurídica própria, mantendo seus empregados, suas responsabilidades independentemente do fornecedor, não havendo, portanto, qualquer vínculo empregatício com este. Ressalva-se a relação de consumo, havendo entendimento do STJ no sentido de que o franqueador se engloba no conceito de fornecedor, razão pela qual responde pelos danos praticados pelo franqueado (REsp 1.426.578/SP, Rel. Min. Marco Aurélio Bellizze, julgado em 23.06.2015. Informativo nº 569).

Essa autonomia é relativa, na medida em que o franqueado depende da estrutura dada pelo franqueador, o que gera certo tipo de submissão, com a impossibilidade de fazer promoções, de criação e estipulação de preço, por exemplo.

11.7.2 Espécies

Há três modalidades de contrato de franquia: **franquia industrial, de comércio e de serviço.**

A franquia industrial consiste no contrato em que o franqueador é obrigado a auxiliar o franqueado na construção de uma unidade industrial, transmitindo sua tecnologia e sua marca e fornecendo a assistência técnica necessária.

Na franquia de comércio, há apenas a venda dos produtos do franqueador pelo franqueado e a manutenção da marca, enquanto o franqueador fica responsável pelo aprimoramento dos métodos de comercialização.

Por fim, a franquia de serviços pode ser propriamente dita, em que o franqueado produz e vende as prestações de serviços do franqueado, que tem por objetivo atingir certo tipo de clientes.

Vale destacar que a legislação de franquia é inteiramente inédita, tendo sido revogada a anterior em sua integralidade, mas a sistemática geral da franquia não fora modificada, sendo imperiosa a leitura do novo diploma (Lei nº 13.966, de 26 de dezembro de 2019, com *vacatio legis* de noventa dias).

11.8 Faturização ou *factoring*

11.8.1 Conceito

Trata-se de contrato em que um empresário cede a outro créditos advindos de vendas mercantis, mediante pagamento.

O faturizador, adquirente dessas faturas, assume os riscos de insolvência do consumidor, sem que tenha direito de regresso contra o faturizado, visto que o faturizador garante ao faturizado o recebimento do valor.

Há três sujeitos na relação contratual: o **faturizador**, o **faturizado** e o **comprador**. O primeiro pode ser pessoa física ou jurídica, mas deve ser um comerciante, enquanto o segundo é o cedente, pessoa física ou jurídica titular dos créditos. Já o comprador da mercadoria ou adquirente do serviço é o devedor, o gerador do crédito, que deve ser notificado quando da realização do contrato de faturização.

O comprador será cobrado diretamente pelo faturizador e o faturizado terá responsabilidade apenas em garantir a existência do crédito, não respondendo pela insolvência do comprador, o que consiste em risco para o faturizador.

Para o STJ, a

> empresa faturizada não responde pela insolvência dos créditos cedidos, sendo nulos a disposição contratual em sentido contrário e eventuais títulos de créditos emitidos com o fim de garantir a solvência dos créditos cedidos no bojo de operação de *factoring*.

Isso porque a

> natureza do contrato de *factoring*, diversamente do que se dá no contrato de cessão de crédito puro, não permite que os contratantes, ainda que sob o argumento da autonomia de vontades, estipulem a responsabilidade da cedente (faturizada) pela solvência do devedor/sacado (STJ, 3ª Turma, REsp 1.711.412/MG, Rel. Min. Marco Aurélio Bellizze, julgado em 04.05.2021. Informativo nº 695).

Atenção!

A grande diferença entre o *factoring* e o desconto de títulos é que, neste, o cliente que faz a troca continua responsável pela solvência do devedor principal. Já no *factoring*, ele se desobriga e o risco do inadimplemento fica a cargo do faturizador.

11.8.2 Espécies

As duas espécies de faturização mais utilizadas são o *conventional factoring* (o faturizador antecipa o pagamento dos valores ao faturizado, juntamente com a prestação de serviços da administração, de gestão e notificação do devedor sobre a transação) e o *maturity factoring* (o pagamento se faz apenas na data do vencimento do crédito).

11.9 Compra e venda mercantil

É o contrato pelo qual uma pessoa se obriga a transferir a outra o domínio de uma coisa, tendo em contrapartida o valor estipulado. A diferença para com o contrato de compra e venda convencional é que, naquele, os bens estão envolvidos na circulação de mercadorias.

Deve ser celebrada entre dois empresários, sendo a coisa negociada e a finalidade da operação consequências da primeira característica.

11.9.1 Obrigações do comprador

A principal obrigação consiste em pagar o valor estipulado. O pagamento pode ocorrer no momento da entrega da mercadoria ou em local e data estabelecidos em contrato.

Não havendo o pagamento, o vendedor pode acionar o juízo, a fim de receber o valor que lhe é devido, por meio de execução, se possuir o título executivo.

11.9.2 Obrigações do vendedor

O vendedor possui, basicamente, três obrigações:

- transferir o domínio da coisa;
- responder pelos vícios;
- responder pela evicção.

12

Títulos de crédito

12.1 Conceito

O título de crédito é o documento necessário para o exercício do direito **literal** e **autônomo** nele mencionado.

O CC, por sua vez, praticamente copiou o conceito de Vivante em seu art. 887:

> Art. 887. O título de crédito, documento necessário ao exercício do direito literal e autônomo nele contido, somente produz efeito quando preencha os requisitos da lei.

Os títulos de crédito são documentos representativos de obrigações pecuniárias. Não se confundem com a própria obrigação, mas se distinguem dela na exata medida em que a **representam**.

A doutrina costuma dizer que os títulos de crédito são dotados de dois atributos especiais: negociabilidade (facilidade na circulação/negociação do crédito) e executividade (maior efetividade e celeridade na cobrança do crédito).

12.2 Princípios do direito cambiário

12.2.1 Cartularidade (ou documentalidade)

Cartularidade vem do latim *chartula*, que significa pequeno papel. O princípio da cartularidade impõe que o crédito (obrigação pecuniária) deva estar materializado (**representado**) em um documento (**título**).

O exercício dos direitos representados por um título de crédito pressupõe sua posse. Quem não se encontra com o título em sua posse, não se presume credor.

O princípio da cartularidade é garantia de que o sujeito que postula a satisfação do crédito é mesmo o seu titular (é uma garantia de que o credor não negociou o seu crédito). Cópias autênticas não conferem a mesma garantia. Um exemplo de sua aplicação é a exigência da exibição do original do título na petição inicial de execução.

Esse princípio, no entanto, vem sendo relativizado em razão dos modernos títulos de créditos eletrônicos ou virtuais, expressamente previstos no art. 889, § 3º, do CC.

Nesses casos, por não existir a figura do documento; da cártula, do papel, diz-se que a cartularidade é mitigada.

Outra exceção ao princípio se encontra na Lei de Duplicatas (Lei nº 5.474/1968), art. 13, § 1º, a qual prevê a possibilidade de protestar esse especial título por indicações, quando houver retenção pelo devedor.

12.2.2 Literalidade

Pelo princípio da literalidade só tem eficácia para o direito cambiário o que está literalmente constando (**escrito**) do título de crédito (da cártula).

> Art. 887. O título de crédito, documento necessário ao exercício do direito **literal** e autônomo nele contido, somente produz efeito quando preencha os requisitos da lei. (Grifo nosso.)

Atos documentados em instrumentos apartados, ainda que válidos e eficazes entre os sujeitos diretamente envolvidos (ex.: aval concedido fora do título poderá ser tido como fiança), não produzirão efeitos perante o portador do título. No entanto, os documentos que forem produzidos de forma apartada (ex.: quitação parcial do título dada em recibo apartado, sem constar do título) perdem sua eficácia perante terceiros, mas permanecem vigorando perante os seus signatários originais, como qualquer obrigação de natureza civil, nesse caso desvinculada dos princípios básicos dos títulos de crédito.

O objetivo primordial da literalidade é assegurar certeza quanto à natureza, ao conteúdo e à modalidade de prestação prometida ou ordenada, através da exclusiva extração das obrigações que constam do próprio documento.

Caso o título não contenha mais espaço para endosso, é possível gestar um documento anexo, um prolongamento do título.

O termo de quitação, também, deve ser dado no próprio título. Fora do título, o termo de quitação não tem validade para o Direito Cambiário. Garante, no máximo, uma ação de regresso contra o emissor do termo, mas isso depois de o portador do título já ter executado e compelido o sujeito a pagar de novo a obrigação.

Atenção!

A quitação da duplicata pode se dar em documento separado.

Pagar sem exigir o termo de quitação no próprio título é exemplo de pagar mal.

12.2.3 Autonomia

Pelo princípio da autonomia, as relações jurídico-cambiais representadas por um título são autônomas e independentes entre si. Uma relação não depende da outra. Assim, um eventual vício em uma das relações representadas pelo título de crédito não tem o condão de comprometer a validade ou eficácia das demais.

Diante disso, por exemplo, a obrigação do avalista subsiste ainda que seja nula a obrigação do avalizado, salvo se a nulidade decorrer de vício de forma (CC, art. 899, § 2°), porque o avalista não tem a mesma obrigação do avalizado, mas obrigação autônoma, com existência própria.

> Se o comprador de um bem a prazo emite nota promissória em favor do vendedor e este paga sua dívida, perante terceiro, transferindo a este o crédito representado pela nota promissória, em sendo restituído o bem, por vício redibitório, ao vendedor, não se livrará o comprador de honrar o título no seu vencimento junto ao terceiro portador. Deverá, ao contrário, pagá-lo e, em seguida, demandar ressarcimento perante o vendedor do negócio frustrado (COELHO, 2017).

O princípio da autonomia, a seu turno, desdobra-se em dois subprincípios:

12.2.3.1 Abstração

O título de crédito se desvincula da relação causal que lhe deu origem. Se houve algum vício na causa que originou o título (ex.: contrato de compra e venda declarado nulo), não haverá prejuízo às obrigações nele constantes.

A abstração somente se verifica quando o título circula para um terceiro de boa-fé, que não tem ciência do defeito existente no negócio que originou o título.

O princípio da abstração não se aplica aos títulos de crédito causais (duplicata e todas as cédulas de crédito). Contudo, se a duplicata tiver aceite e endosso, ela seguirá o princípio da abstração (REsp 261.170).

O STJ criou algumas exceções ao princípio da abstração que permitem a discussão sobre as nulidades do negócio de origem:

- se o título de crédito não circular (REsp 1.228.180);
- se o credor tinha ciência dos vícios do negócio jurídico e, ainda assim, recebeu o título (REsp 612.423);
- título vinculado expressamente ao contrato (REsp 1.320.883 e Súmula n° 258/STJ).

12.2.3.2 Inoponibilidade de exceções a terceiros de boa-fé

O executado em virtude de um título de crédito não pode alegar matéria de defesa estranha à sua relação direta com o exequente, salvo provando a má-fé deste. Ou seja, não pode lhe opor exceções pessoais (que tinha contra o antigo credor), a não ser se o terceiro for adquirente de má-fé. Não pode ser oposto vício da relação causal contra o terceiro de boa-fé, mas pode ser oposto o vício formal do título. Se o título não circular, contudo, ele está preso à relação causal.

12.2.4 Independência/completude

Significa que o título de crédito vale por si só, não precisando ser completado por outros documentos.

Esse princípio, entretanto, não se aplica a todos os títulos de crédito, pois alguns precisam de outros documentos para serem tidos por completos, como se exemplifica abaixo:

- **Duplicata sem aceite precisa estar acompanhada do comprovante de entrega do bem ou prestação do serviço.**
- **Cédula de crédito bancário precisa ser completada pelos extratos da conta-corrente.**

12.3 Classificação dos títulos de crédito

12.3.1 Quanto ao modelo

- **Livres**: cujo formato não segue um rigor absoluto, mas não dispensam os requisitos obrigatórios. Ex.: nota promissória, letra de câmbio.
- **Vinculados**: além dos requisitos, existe padronização (padrão normativamente estabelecido). Ex.: cheque, duplicata.

12.3.2 Quanto à estrutura

- **Ordem de pagamento**: ordem dada por uma pessoa (sacador) para que outro (sacado) pague ao beneficiário (tomador). Ex.: duplicata; letra de câmbio; cheque.

- **Promessa de pagamento**: o próprio devedor se compromete a pagar determinado valor ao beneficiário. Ex.: nota promissória.

12.3.3 Quanto à hipótese de emissão

- **Causal**: somente pode ser emitido para documentar determinadas operações. Ex.: duplicata (prestação de serviço e compra e venda).
- **Não causal (ou abstratos)**: pode ser emitido por qualquer causa. Ex.: cheque, nota promissória.

12.3.4 Quanto à circulação

- **Ao portador**: são os títulos nos quais não consta o beneficiário do direito nele incorporado. É transmitido por mera tradição.
- **Nominativo**: é aquele que **identifica** o beneficiário, portanto sua transferência pressupõe, além da tradição, a ocorrência de outro ato jurídico, nominado endosso, se cambiário, ou cessão civil.

Desde a Lei n° 8.088/1990 não se admite mais a emissão de títulos ao portador, **exceto** se com previsão expressa em lei especial. Exemplo de lei especial: a de n° 9.069/1995 (lei que instituiu o plano real) permite que o cheque de valor igual ou inferior a 100 reais possa ser emitido ao portador.

A circulação dos títulos nominativos varia conforme a espécie de título nominativo tratada:

- **Título nominativo** à ordem: circula por meio de endosso.
- **Título nominativo não à ordem**: circula por meio de cessão civil de crédito.

Endosso e cessão civil são atos jurídicos translativos da titularidade de crédito que se diferenciam quanto aos efeitos, basicamente em dois aspectos: quanto à extensão da responsabilidade do alienante (endossante) do crédito perante o adquirente (endossatário) e quanto aos limites de defesa do devedor (sacado) em face da execução do crédito pelo adquirente (endossatário).

■ **Extensão da responsabilidade do alienante (endossante/cedente):** quem endossa um título responde não só pela sua existência, mas também pelo seu pagamento (solvência, *pro solvendo*). Em outros termos, se o devedor (sacado) não paga o título, o tomador pode cobrar e executar o endossante. Na cessão civil o cedente responde, em regra, tão somente pela existência do título (*pro soluto*), nos termos do art. 296 do Código Civil (cessão de crédito).

■ **Limites de defesa do devedor (sacado/cedido):** o devedor poderá defender-se, quando executado pelo cessionário, arguindo matérias atinentes à sua relação jurídica com o cedente (CC, art. 294), mas não poderá defender-se, quando executado pelo endossatário, arguindo matérias atinentes à sua relação jurídica com o endossante (princípio da autonomia das obrigações cambiais e subprincípio da inoponibilidade das exceções pessoais aos terceiros de boa-fé, referidos no art. 17 da LU e no art. 916 do CC).

> Art. 916. As exceções, fundadas em relação do devedor com os portadores precedentes, somente poderão ser por ele opostas ao portador, se este, ao adquirir o título, tiver agido de má-fé (endosso).

Para transferência de um título nominativo, entretanto, não é suficiente o endosso, sendo necessária também a tradição. O endosso, tal qual a cessão civil, somente se aperfeiçoam com a **tradição**.

12.4 Letra de câmbio

A letra de câmbio é um título de crédito decorrente de relações de crédito, entre dois ou mais sujeitos, pelo qual o denominado **sacador** dá a ordem de pagamento, pura e simples, a outrem denominado sacado, a seu favor (do sacador) ou de terceira pessoa (tomador/beneficiário), no valor e nas condições dela constantes.

Percebe-se que a letra de câmbio constitui uma ordem de pagamento, que conta com a presença de três figuras, como veremos no seguinte exemplo:

a) Dá a ordem – sacador.
b) Recebe a ordem – sacado.
c) Tomador/beneficiário.

12.4.1 Legislação aplicável

Parte da Lei Uniforme de Genebra – LUG, parte do Decreto nº 2.044/1908 e, subsidiariamente, o CC.

12.4.2 Requisitos essenciais

Tendo em vista o formalismo que vige no direito cambiário, para um título ser considerado uma letra de câmbio deve conter:

- a palavra "letra de câmbio" (cláusula cambial);
- a quantia que deve ser paga (não se exige que seja por extenso, mas havendo divergência entre o valor numérico e o valor por extenso, prevalece o valor por extenso);

- o nome de quem deve pagar (sacado);
- o nome da pessoa a quem deve ser paga (tomador);
- a data em que a letra é sacada (emitida); e
- a assinatura de quem emite a letra.

A lei uniforme impõe outros requisitos não obrigatórios, ou seja, sua ausência pode ser suprida por outros elementos da letra. Tais requisitos são:

- **lugar da emissão:** a lei uniforme afirma que, caso não seja indicado o lugar do pagamento, este será o local ao lado do nome do sacador;
- **local do pagamento:** se não se indicar o lugar de pagamento, a letra deve ser paga no local ao lado do nome do sacado; e
- **época do pagamento:** caso a letra não indique quando o pagamento deve ser feito, a letra será pagável à vista (art. 2°, 2, da Lei Uniforme).

12.4.3 Formas de vencimento

- À vista: aquela que é exigível de imediato, logo após o saque.
- A dia certo: no dia que consta no título, que já está ali fixado. Ex.: vence em 30.11.2015.
- A tempo certo da data: é o vencimento que se dá em determinado número de dias, contados da data de emissão do título (saque), que é o termo *a quo*.
- A tempo certo da vista: é o vencimento que se dá num determinado número de dias contados da data do aceite, que é o termo *a quo*.

12.4.4 Saque e aceite

O saque é o movimento que coloca o título em circulação, realizado pelo **sacador**. Aquele que recebe a ordem de pagamento é o **sacado**. Quem fica com a ordem de pagamento (letra de câmbio) é o **tomador**, que apresenta o título ao **sacado**. Feito isso, caberá ao sacado concordar ou não em pagar a ordem no dia aprazado. Quando o sacado concorda, ele dá o chamado **aceite**.

Aceite é o ato de concordância com a ordem de pagamento dada. Ato **privativo** do sacado.

O aceite corresponde à simples assinatura do sacado no **anverso** (frente) do título.

Importante!

A ordem de pagamento dada pelo **sacador** também pode ter ele próprio como tomador/beneficiário (Lei Uniforme, art. 3º). Ex.: sacador emite uma letra de câmbio tendo ele mesmo como beneficiário. Após a emissão, deve apresentar a letra para o aceite do sacado. Se o sacado aceita, deverá realizar o pagamento na data do vencimento do título: "Art. 3º – A letra pode ser a ordem do próprio sacador. Pode ser sacada sobre o próprio sacador. Pode ser sacada por ordem e conta de terceiro".

Também é possível que o **sacador** ocupe a posição de **sacado**. É o caso do sacador que emite um título no qual ele próprio se obriga a pagar certo valor ao tomador após dar o aceite (LU, art. 3º).

O sacado é obrigado a dar o **aceite**? Não. Na letra de câmbio o aceite é ato **facultativo**, ou seja, o sacado poderá recusar o aceite, parcial ou totalmente.

A recusa **parcial** pode ocorrer na forma de **aceite limitativo** (aceita pagar parte do título) ou **modificativo** (aceita pagar o título em condições distintas).

12.4.4.1 Efeitos da recusa do aceite (total ou parcial)

Primeiro, torna o **sacador** o devedor principal.

Ainda, provoca o vencimento antecipado do título (o título que venceria em 30.11, vencerá no momento da recusa do aceite), nos termos do art. 43 da LU.

> Art. 43. O portador de uma letra pode exercer os seus direitos de ação contra os endossantes, sacador e outros coobrigados: no vencimento; se o pagamento não foi efetuado; mesmo antes do vencimento:
>
> 1º) se houve recusa total ou parcial de aceite.

Atenção!

É possível incluir na letra de câmbio a chamada cláusula não aceitável, que veda que o tomador apresente o título para aceite do sacado, permitindo que o título seja apresentado apenas na data do vencimento, não para o aceite do sacado, mas sim para que efetue o pagamento. Se o sacado não paga, o sacador se torna o devedor principal, mesmo efeito da recusa do aceite. Essa cláusula não é cabível em qualquer caso. Ela é uma forma de o sacador/emitente se prevenir do vencimento antecipado da letra de câmbio em razão do aceite.

12.4.4.2 Efeitos do aceite

Quando o sacado dá o aceite, ele se torna o **devedor principal do título** de crédito. Ato contínuo, o sacador passa a ser o **codevedor** (corresponsável) do título.

Vencido e não pago o título (aceito) pelo sacado, o tomador poderá cobrar do sacador e posteriormente ingressar com uma execução contra qualquer dos devedores. Cabe ao credor escolher o executado.

A regra é que credor pode executar um, alguns ou todos os devedores. Sempre quem escolhe é o credor. Caso tomador execute o sacador, este será obrigado a pagar. No entanto, como sacador não é o devedor principal do título, terá direito de regresso contra o sacado.

De outra forma, se o tomador executa somente o sacado, este não terá qualquer direito de regresso, porquanto se trata do devedor principal do título (a partir do momento do aceite).

12.4.4.3 Prazo de respiro

Apresentado o título ao sacado, este tem o direito de pedir que ele lhe seja reapresentado no dia seguinte, nos termos do art. 24 da LU. É o chamado **prazo de respiro**, que se destina a possibilitar ao sacado a realização de consultas ou a meditação acerca da conveniência de aceitar ou recusar o título.

> Art. 24. O sacado pode pedir que a letra lhe seja apresentada uma segunda vez no dia seguinte ao da primeira apresentação. Os interessados somente podem ser admitidos a pretender que não foi dada satisfação a este pedido no caso de ele figurar no protesto. O portador não é obrigado a deixar nas mãos do aceitante a letra apresentada ao aceite.

Realizado o aceite pelo sacado (tornando-o devedor principal), duas possibilidades se abrem para o tomador:

- esperar até a data de vencimento para receber o pagamento; ou
- transferir o título para um terceiro.

A transferência se dá por meio do chamado **endosso**, no qual o tomador é o designado endossante (ou endossador), enquanto o terceiro que recebe o título é o designado endossatário.

12.4.5 Endosso

Endosso é o ato jurídico pelo qual o credor de um título crédito nominativo ("nominal" – nova classificação) com a cláusula à ordem **transmite** o direito ao valor constante no título à outra pessoa, sendo acompanhado da tradição da cártula.

12.4.5.1 Efeitos do endosso

Há dois efeitos principais do endosso:

- **Transferência da titularidade do crédito do tomador/endossante para o endossatário.**
- **Tornar o endossante codevedor do título de crédito.** Passa a ser corresponsável ao pagamento do título. Se na data do vencimento o endossatário for cobrar do sacado e ele não pagar, o endossatário pode executar qualquer um dos codevedores (sacado; tomador/endossante).

Existem situações em que o endossante não se torna codevedor do título de crédito:

a) **Nos títulos atípicos, segundo o art. 914 do CC:**

> Art. 914. Ressalvada cláusula expressa em contrário, constante do endosso, não responde o endossante pelo cumprimento da prestação constante do título.

§ 1º Assumindo responsabilidade pelo pagamento, o endossante se torna devedor solidário.

§ 2º Pagando o título, tem a endossante ação de regresso contra os coobrigados anteriores.

b) **No endosso sem garantia:** há uma cláusula expressa que exclui a responsabilidade do endossante.

c) **Já no endosso para empresa de *factoring*,** a empresa de *factoring* assume o risco do crédito que está sendo adquirido, com isso fica proibida de ir atrás do endossante para cobrar o título, podendo cobrar apenas do devedor (REsp 992.421 e REsp 949.360).

O endosso é dado no **verso** do título, bastando para tanto uma simples assinatura. No entanto, também é possível a realização do endosso no **anverso** do título, caso no qual, além da assinatura, é necessária uma expressão identificadora do endosso (ex.: pague-se a..., endosso a..., transfiro a...).

Não confundir com o **aceite** que é dado com assinatura no **anverso**.

Não há qualquer limite para o número de endossos de um título de crédito; pode ser endossado diversas vezes, ou pode, simplesmente, nunca ser endossado.

12.4.5.2 Modalidades de endosso

Existem as seguintes modalidades de endosso:

- endosso em branco;
- endosso em preto;
- endosso póstumo;
- endosso impróprio:

☐ endosso-mandato (por procuração);
☐ endosso-caução (pignoratício);
■ endosso "sem garantia".

12.4.5.2.1 Endosso em branco

É aquele onde **não** está identificado o endossatário. Ocorre aqui a transformação de um título nominativo em um título ao portador. Assim como a emissão de títulos ao portador, desde a Lei n° 8.088/1990 é vedada a transmissão de títulos por endosso em branco (art. 19).

> Art. 19. Todos os títulos, valores mobiliários e cambiais serão emitidos sempre sob a forma nominativa, sendo transmissíveis somente por endosso em preto.

12.4.5.2.2 Endosso em preto

É aquele no qual está identificado o endossatário (ex.: pague-se a fulano).

Endosso **parcial** existe? O endossante pode transferir pelo endosso só uma parte do valor constante no título? **Não**.

O endosso parcial é nulo, até porque a transferência do título exige além do endosso a tradição. Não é possível entregar apenas parte da cártula para o endossatário (LU, art. 12; CC, art. 912, parágrafo único).

> **Código Civil**
>
> Art. 912. Considera-se não escrita no endosso qualquer condição a que o subordine o endossante.
>
> Parágrafo único. É **nulo** o endosso parcial. (Grifo nosso.)

Lei Uniforme

Art. 12. O endosso deve ser puro e simples. Qualquer condição a que ele seja subordinado considera-se como não escrita. O endosso parcial é **nulo**. O endosso ao portador vale como endosso em branco. (Grifo nosso.)

Igualmente, o **endosso condicional**, em que a transferência do crédito fica subordinada a alguma condição, resolutiva ou suspensiva, não é nulo, mas referida condição será ineficaz, porque a lei a considera não escrita (art. 12).

12.4.5.2.3 Endosso póstumo

É o endosso dado **depois** do **protesto** ou do **prazo do protesto** do título. Nesse caso, não produz os efeitos de endosso, mas sim da cessão civil de crédito.

O endosso póstumo não se confunde com o endosso dado depois do vencimento, mas **antes** do **protesto**. Este último é um endosso comum, produzindo todos os efeitos a ele inerentes.

12.4.5.2.4 Endosso impróprio

É chamado impróprio, pois não tem como efeito a transferência da titularidade do crédito (o endossante continua credor). O efeito do endosso impróprio é a **legitimação da posse** do terceiro que detém a cártula.

Duas são as modalidades de endosso impróprio:

- **Endosso-mandato (por procuração):** é utilizado para transferir poderes e autorizar um **terceiro** a exercer os direitos inerentes ao título (sem transferir a titularidade). Exemplo: o endossante contrata um banco para efetuar a cobrança do crédito. Para legitimar a posse do banco sobre seu título, bem como a cobrança, é realizado o endosso mandato.

Como fazer esse endosso mandato? Acrescentar a expressão: "para cobrança" ou "por procuração".

No endosso-mandato, o endossatário não age em nome próprio, mas sim em nome do endossante.

Atenção!

Segundo a Súmula n° 476 do STJ, o endossante responde pelos prejuízos causados pelo endossatário no endosso-mandato. Contudo, se restar demonstrado que o endossatário agiu com culpa, fora dos limites do endosso-mandato, ele responderá perante terceiros solidariamente com o endossante.

Ademais, a morte do endossante-mandante não extingue o endosso-mandato.

- **Endosso-caução (pignoratício):** é o instrumento adequado para a instituição de penhor sobre o título de crédito. Usa-se a expressão: "para penhor" ou "para garantia". É a forma de dar um título de crédito como garantia.

No endosso-caução, o crédito não se transfere para o endossatário, que é investido na qualidade de credor pignoratício do endossante. Cumprida a obrigação garantida pelo penhor, deve a letra retornar à posse do endossante. Somente na eventualidade de não cumprimento da obrigação garantida, é que o endossatário por endosso-caução se apropria do crédito representado pela letra. O endossatário por endosso-caução não pode endossar o título, salvo para praticar o endosso-mandato (LU, art. 19; CC, art. 918).

Lei Uniforme

Art. 19. Quando o endosso contém a menção "valor em garantia", "valor em penhor" ou qualquer outra menção que implique uma caução, o portador pode exercer todos os direitos emergentes da letra, mas um endosso feito por ele só vale como endosso a título de procuração.

Código Civil

Art. 918. A cláusula constitutiva de penhor, lançada no endosso, confere ao endossatário o exercício dos direitos inerentes ao título.

§ 1º O endossatário de endosso-penhor só pode endossar novamente o título na qualidade de procurador.

12.4.5.2.5 Endosso "sem garantia"

É o endosso que não produz o efeito de vincular o endossante ao pagamento do título: trata-se do chamado endosso "sem garantia", previsto no art. 15 da LU. Com essa cláusula, o endossante transfere a titularidade da letra, sem se obrigar ao seu pagamento. A regra, como visto, é a da vinculação do endossante (lembre-se de que o art. 914 do CC não se aplica em razão do art. 903 do mesmo Código). O ato do endossante de inserir no endosso a cláusula "sem garantia", porém, afasta a vinculação prevista na lei especial.

Lei Uniforme

Art. 15. O endossante, salvo cláusula em contrário [pode ser estabelecido *pro soluto*], é garante tanto da aceitação como do pagamento da letra [regra: *pro solvendo*]. O endossante pode proibir um novo endosso, e, neste caso, não garante o pagamento às pessoas a quem a letra for posteriormente endossada.

12.4.5.3 Endosso versus cessão civil

O endosso não se confunde com a cessão de crédito, tendo em vista apresentarem as seguintes distinções:

- o endosso é ato unilateral de declaração de vontade, enquanto a cessão é um contrato bilateral;
- a nulidade de um endosso não afeta os endossos posteriores; na cessão, a nulidade de uma acarreta a das posteriores;
- o endossatário não pode opor exceção senão diretamente contra o endossante que lhe transferiu o título; na cessão, o devedor pode opor ao cessionário a mesma defesa que teria contra o cedente (de acordo com o art. 294 do Código Civil, o devedor pode opor tanto ao cessionário como ao cedente as exceções que lhe competirem no momento que tiver conhecimento da cessão).

12.4.5.4 Cláusula "não à ordem"

A letra de câmbio, mesmo que não envolva expressamente a cláusula à ordem, é transmissível por via de endosso. Isso significa que a letra de câmbio tem implícita a cláusula "à ordem". Para que o título não circule sob as regras do direito cambiário, é necessária a inclusão expressa da cláusula "não à ordem".

A cláusula "não à ordem" proíbe os efeitos do endosso ulterior, mas não impede a transmissão do direito contido no título.

Com a inclusão da cláusula "não à ordem", a transferência da letra poderá ocorrer, mas, em relação àquele que inseriu a cláusula "não à ordem", estarão ausentes os efeitos cambiais naturais do endosso. Os endossos subsequentes terão os efeitos de cessão civil de crédito em relação àquele que inseriu a cláusula "não à ordem".

Podem inserir a cláusula não à ordem: o sacador ou o endossante.

12.4.6 Aval

É a declaração cambiária decorrente de uma manifestação unilateral de vontade pela qual uma pessoa, natural ou jurídica, assume a obrigação cambiária, autônoma e incondicional, de garantir no vencimento o pagamento do título nas condições nele estabelecidas. Duas figuras existem no instituto do aval:

- **Avalista**: é aquele que garante o pagamento do título de crédito em favor do devedor principal ou de um corresponsável.
- **Avalizado**: é devedor ou corresponsável que tem a obrigação de pagar o crédito garantida pelo avalista.

Obrigação autônoma: a relação do avalista com o credor do título é autônoma à do avalizado com o credor. Vale dizer, mesmo que o avalizado venha a morrer, falir ou tornar-se incapaz, permanece a obrigação do avalista para com o tomador do título. É o que preleciona o art. 899 do CC.

> Art. 899. O avalista equipara-se àquele cujo nome indicar; na falta de indicação, ao emitente ou devedor final.
>
> § 1º Pagando o título, tem o avalista ação de regresso contra o seu avalizado e demais coobrigados anteriores.
>
> § 2º Subsiste a responsabilidade do avalista, ainda que **nula** a obrigação daquele a quem se equipara, **a me-**

nos que a nulidade decorra de **vício de forma**. (Grifos nossos.)

O avalista que garante antecipadamente a dívida do sacado responde por ela até mesmo se este não vier a dar o aceite.

Como é feito o aval? O **aval** deve ser dado no **anverso** (simples assinatura) ou **verso** (assinatura + expressão identificadora).

Atenção!

O aval dado depois do vencimento e do protesto tem os mesmos efeitos do aval dado antes.

12.4.6.1 Modalidades de aval

Tal como no endosso, existe o **aval em preto** (identifica o avalizado) e o **aval em branco** (não identifica o avalizado). Quando o aval é em branco, garante-se aquele que **criou** o título, ou seja, o sacador, e não o devedor principal (sacado), nos termos do art. 31 da LU:

> Art. 31. (...) O aval deve indicar a pessoa por quem se dá.
> Na falta de indicação, entender-se-á pelo sacador.
>
> **Súmula nº 189 do STF:** A existência de avais em branco superpostos implica em garantia simultânea (os obrigados são coavalistas do sacador), e não sucessiva (os obrigados não são avalistas de avalistas).

É possível também, diversamente do que se dá com o endosso, a realização de **aval parcial**, quando somente **parte** do crédito é garantida, nos termos do art. 30 da LU (perceber, insisto, que o endosso parcial não é permitido, entretanto, o aceite parcial é permitido).

Atenção!

O CC, no art. 897, parágrafo único, diz que é vedado o aval parcial. Todavia, esta regra apenas vale para os títulos de créditos atípicos, os quais são regidos pelas normas do CC. Os títulos de crédito que possuem regramento próprio não se submetem a essa regra. É o que afirma o art. 903 do CC.

Os avais também podem ser classificados em Avais Sucessivos e Avais Simultâneos.

O aval simultâneo ocorre quando mais de um avalista assume responsabilidade solidária (entre eles) em favor do mesmo devedor. Serão coavalistas do sacador, do aceitante ou do endossante. Se um dos avalistas simultâneos pagar o título, este poderá exigir:

- do avalizado – o montante integral da obrigação; ou
- dos demais avalistas simultâneos – a proporção de seus avais.

Já o aval sucessivo, chamado também de aval de aval, ocorre quando alguém avaliza outro avalista. Quer dizer: tem-se um aval a um avalista. Nesse caso tem que estar expresso que o aval é a favor de outro avalista, senão o aval será simultâneo. Existe subsidiariedade nas obrigações: primeiro executa-se o patrimônio do 1º avalista (que recebeu aval em sucessão de outro). Somente depois, executa-se o patrimônio do seu avalista sucessivo.

12.4.7 Aval versus fiança

Aval	Fiança
Só pode ser dado em título de crédito.	Só pode ser dada em contrato.
Aval é autônomo. Observação: em caso de morte, incapacidade ou falência do avalizado, o avalista continua responsável. Ainda que nula a obrigação a garantia permanece, exceto se o vício for de forma.	Fiança é acessória. Extinto o contrato, extinta será a fiança.
Aval não possui benefício de ordem. O credor pode executar direto o avalista.	Fiança possui benefício de ordem.

Atenção!

Segundo o art. 1.647, III, do CC, tanto para fiança quanto para aval, é imprescindível a autorização do cônjuge, **salvo** se casados em separação absoluta. Contudo, o STJ entendeu que "O aval dado aos títulos de créditos nominados (típicos) prescinde de outorga uxória ou marital".

A discussão se situa em torno da interpretação do art. 1.647, inciso III, do CC/2002, a estabelecer o consentimento conjugal como requisito de validade do aval, quando o avalista for casado em outros regimes que não o da separação absoluta. Não obstante a literalidade dos arts. 1.647, inciso II, e 1.649 do Código Civil levar ao entendimento no sentido da nulidade do aval prestado sem a devida outorga conjugal, recentemente a Quarta Turma desta Corte Superior, no julgamento do REsp 1.633.399/SP, sob a relatoria do Min. Luis Felipe Salomão, propôs interpretação diferenciada desses enunciados normativos em relação àquela que vinha se desenvolvendo. Sobrelevaram-se, especialmente, as características imanentes dos institutos do direito cambiário, dentre os quais se insere o aval, fazendo--se, ainda, predominar a norma do art. 903 do CC/2002, com a aplicação subsidiária das normas do Código Civil aos títulos de crédito regulados por leis especiais. Com efeito, no sistema cambiário, voltado à segurança das negociações, o título, em regra, está fadado à circulação, podendo colocar, frente a frente, credor e devedor (portador e emitente/sacador) que, no mais das vezes, não se ligam por atos negociais, senão eminentemente cambiários, o que impossibilita, sobremaneira, qualquer investigação acerca das particularidades dos negócios anteriores, razão, aliás, da vedação legal da possibilidade de os devedores suscitarem defesa que pertina a terceiros contra portadores de boa-fé, ou seja, defesa alheia àqueles com quem estão diretamente ligados, incluindo-se, aqui, também os garantes, avalistas da cadeia de endossos que se poderá estabelecer, característica que decorre da abstração e autonomia. Bem se vê que o aval mais ainda se distancia das peculiaridades do negócio que subjaz, pois ele próprio é autônomo em relação ao crédito consubstanciado no título que, por sua vez, é autônomo em face da relação jurídica subjacente. Nesse sentido, a submissão da validade do aval à outorga do cônjuge do avalista compromete, sobremaneira, a garantia que decorre do instituto, enfraquecendo os próprios títulos de crédito, tão aptos à circulação em face de sua tranquila aceitação no mercado, tranquilidade essa a decorrer das garantias que dimanam de suas características e dos institutos cambiários que os coadjuvam, como o aval. Assim, a interpretação do art. 1647, inciso III, do CCB que mais se concilia com o instituto cambiário do aval e, pois, às peculiaridades dos títulos de crédito é aquela em que as disposições contidas no referido dispositivo hão de se aplicar aos avais prestados nos títulos de crédito regidos pelo próprio Código Civil (atípicos), não se aplicando aos títulos de crédito nominados (típicos) regrados pelas leis especiais, que, atentas às características do direito cambiário, não preveem semelhante disposição, pelo contrário, estabelecem a sua independência e autonomia em relação aos negócios subjacentes. Por fim, salienta-se que a presente modificação de entendimento resulta na pacificação do tema perante a Terceira e Quarta Turmas do Superior Tribunal de Justiça (REsp 1.526.560/MG, Rel. Min. Paulo de Tarso Sanseverino, por unanimidade, julgado em 16.03.2017, DJe 16.05.2017. Informativo n° 604).

12.4.8 Pagamento

A letra de câmbio é uma obrigação *quérable* por natureza, pois o devedor, no dia do vencimento, não sabe nas mãos de quem e onde se encontra o título. O portador deve ir ao devedor apresentar o título para pagamento.

A Lei Uniforme dispõe que a letra deve ser apresentada para pagamento no dia do vencimento ou em um dos dois dias subsequentes. O Brasil, todavia, usou da reserva, razão pela qual, em relação às letras pagáveis em seu território, deverá o portador fazer a apresentação no próprio dia do vencimento. Tal regra, evidentemente, não se aplica **às letras à vista**, as quais podem ser apresentadas em qualquer momento, no prazo de um ano.

O portador que não apresentar a letra para pagamento, seja qual for a modalidade de prazo de vencimento, na época determinada, perde, em consequência, o direito de regresso contra o sacador, endossantes e respectivos avalistas. Expirado o prazo de apresentação para pagamento, o portador somente terá direito de ação contra o aceitante (e respectivo avalista).

Aquele que paga a letra é obrigado a verificar a regularidade da sucessão dos endossos, mas não a assinatura dos endossantes. A cadeia de endossos em preto deve estar perfeita, com as assinaturas dos endossantes se encadeando, um a um.

Em relação ao lugar de pagamento, na falta de menção no título, prevalece o lugar que constar ao lado do nome do sacado.

Aquele que paga a letra antes do respectivo vencimento fica responsável pela validade desse pagamento. Assim é porque pode ocorrer que o título tenha sido extraviado e se encontre na posse ilegítima do portador. É o que determina o art. 902 do CC:

> Art. 902. Não é o credor obrigado a receber o pagamento antes do vencimento do título, e aquele que o paga, antes do vencimento, fica responsável pela validade do pagamento.

Efeitos do pagamento – há que se distinguirem duas situações:

- o pagamento efetuado pelo aceitante (obrigado principal) ou pelos respectivos avalistas desonera da responsabilidade cambial todos os coobrigados;
- o pagamento feito pelo sacador, endossantes ou respectivos avalistas desonera da responsabilidade apenas os coobrigados posteriores.

Pagamento por intervenção: o que paga por intervenção (a intervenção é sempre voluntária) fica sub-rogado nos direitos emergentes da letra. Se a apresentação da letra ou o seu protesto não puder ser feito dentro dos prazos indicados por motivo insuperável (caso fortuito ou força maior), esses prazos serão prorrogados. É a mesma regra da apresentação para aceite.

12.5 Nota promissória

A nota promissória é uma promessa de pagamento que uma pessoa faz em favor de outra. Com o saque da nota promissória, surgem dois personagens distintos:

- **Promitente (emitente/subscritor/sacador): aquele que promete pagar.**
- **Tomador/beneficiário: o credor do valor prometido.**

12.5.1 Requisitos

Como todo título de crédito, a nota promissória só poderá ser considerada como tal se contiver os requisitos previstos na legislação. Esses requisitos não precisam estar presentes desde a criação do título, podendo ser preenchidos até o momento do recebimento do crédito.

Assim como a letra de câmbio, a nota promissória possui requisitos essenciais e requisitos supríveis.

São requisitos **essenciais** da nota promissória:

- **a denominação nota promissória (cláusula cambial);**
- **a promessa de pagar determinada quantia:** é a essência do título, devendo a promessa ser pura e simples, sem condições ou encargos;

- **nome do beneficiário**: não se admite nota promissória ao portador, de modo que é essencial identificar o credor originário da obrigação, que poderá receber a promessa ou transferir o direito de recebê-la;
- **data de emissão**: trata-se de requisito essencial para aferir a capacidade do emitente no momento que assumiu a obrigação e, também, para fins de contagem de certos prazos, como o vencimento, nos casos de notas promissórias emitidas com vencimento a certo termo da data;
- **assinatura do emitente**: representa a própria declaração de vontade, podendo ser feita de próprio punho ou por meio de procurador com poderes especiais.

De parelha aos essenciais, há os requisitos que podem ser supridos por outras indicações. São dois os requisitos **não essenciais**:

- **local de emissão**: se na nota promissória não consta o local de emissão, considera-se como tal o local indicado ao lado do nome do emitente, normalmente seu endereço;
- **local de pagamento**: inexistindo o local de pagamento, considera-se o lugar onde o título foi passado, ou seja, o local de emissão. O vencimento não é considerado nem requisito essencial, nem suprível, uma vez que é completamente dispensável.

A LUG afirma que, se a nota promissória não indicar o vencimento, ela deverá ser considerada à vista.

12.5.2 Regime legal

São apenas quatro artigos sobre nota promissória no Decreto nº 57.663/1966.

Aplica-se, em verdade, supletivamente, o regime da letra de câmbio às notas promissórias, **salvo** as seguintes diferenças:

a) **Não há aceite**

Nota promissória não é ordem de pagamento, mas promessa de pagamento. Em decorrência disso, não há que se falar em aceite (se não há ordem, não há o que se aceitar), nem em seus institutos decorrentes, tais como vencimento antecipado por recusa de aceite, cláusula não aceitável etc.

b) **Formas de vencimento**

São possíveis as quatro formas de vencimento da letra de câmbio. Quando o prazo for a certo termo de vista, o marco inicial logicamente não é o aceite, mas sim o visto do subscritor (art. 23 da LU). O tomador deve apresentar a nota para o visto do subscritor num prazo de um ano do saque. A partir do visto conta-se o prazo de vencimento "a certo termo de vista".

> Art. 23. As letras a certo termo de vista devem ser apresentadas ao aceite dentro do prazo de 1 (um) ano das suas datas. O sacador pode reduzir este prazo ou estipular um prazo maior. Esses prazos podem ser reduzidos pelos endossantes.
>
> **Súmula nº 258 do STJ:** A nota promissória vinculada a contrato de abertura de crédito não goza de autonomia em razão da iliquidez do título que a originou.

O banco exigia uma nota promissória do devedor que abria um crédito no banco, cujo contrato, não raras vezes, era constituído de encargos ilegais. Posteriormente, endossava a nota, de forma que nem ele (o banco) nem o endossatário tivessem que discutir com o devedor a origem da dívida (juros abusivos etc.). Assim, quem sempre se prejudicava era o devedor, uma vez que era executado pelo endossatário sem poder se defender das cláusulas abusivas inseridas no contrato firmado com o banco.

Nessa senda, o entendimento emanado da súmula é o de que aquilo que seria possível discutir com o banco em sede de embargos à execução também é passível de debate em sede de embargos à execução promovida pelo terceiro endossatário.

Quando a nota promissória for emitida em vinculação a um determinado contrato, não apenas os bancários, tal fato deve constar expressamente do título. Sendo assim, fica descaracterizada a abstração/autonomia do título já que o terceiro está consciente da relação de origem e de que contra ele poderão ser opostas exceções ligadas ao referido contrato. O título passa a ter uma ligação intrínseca com o contrato, podendo dizer, **grosso modo**, que o acessório seguirá o principal.

> **Súmula nº 504 do STJ:** O prazo para ajuizamento de ação monitória em face do emitente de nota promissória sem força executiva é quinquenal, a contar do dia seguinte ao vencimento do título.

A nota promissória é um título executivo extrajudicial (art. 784, I, do CPC/2015). Assim, se não for paga, poderá ser ajuizada ação de execução cobrando o valor.

Qual é o prazo prescricional para a execução da nota promissória contra o emitente e o avalista? Três anos (art. 70 da Lei Uniforme).

Mesmo que tenha passado esse prazo e a nota promissória tenha perdido sua força executiva (esteja prescrita), ainda assim será possível a sua cobrança? **Sim**, por meio de ação monitória.

Qual é o prazo máximo para ajuizar a ação monitória de nota promissória prescrita? Cinco anos, com base no art. 206, § 5°, I, do CC.

> Art. 206. Prescreve: (...)
>
> § 5° Em cinco anos:
>
> I – a pretensão de cobrança de dívidas líquidas constantes de instrumento público ou particular.

A nota promissória prescrita é considerada um instrumento particular que representa uma obrigação líquida. Logo, enquadra-se no dispositivo acima.

Qual é o termo inicial desse prazo, isto é, a partir de quando ele é contado? O prazo de cinco anos para a ação monitória é contado do dia seguinte ao vencimento do título, nos termos da Súmula n° 504/STJ.

12.6 Cheque

Cheque é uma ordem de pagamento à vista, incondicional, sacada contra um banco ou instituição assemelhada, em favor próprio ou de terceiro, em razão de provisão que o emitente possui junto dele, proveniente de contrato de depósito bancário ou de abertura de crédito.

12.6.1 Legislação aplicável

Está disciplinado pela Lei n° 7.357/1985. A referida lei, no entanto, respeitou as normas da Lei Uniforme (Decreto n° 57.595, de 7 de janeiro de 1966); seu escopo foi apenas o de assegurar uma redação mais condizente com as peculiaridades da legislação interna e de melhor harmonizar certos dispositivos a outros existentes na praxe doméstica.

12.6.2 Elementos pessoais

a) Emitente ou sacador – aquele que dá a ordem de pagamento.
b) Sacado – aquele que recebe a ordem de pagamento – o banco.
c) Beneficiário ou tomador – o favorecido da ordem de pagamento.

12.6.3 Requisitos

De acordo com o art. 1º da Lei do Cheque, são requisitos essenciais do título:

- **a expressão cheque;**
- **uma ordem incondicional de pagamento de quantia determinada (havendo divergência, prevalece o valor mencionado por extenso);**
- **o nome da instituição financeira contra quem foi emitido;**
- **o lugar do saque ou a menção de um lugar junto ao nome do emitente;**
- **a assinatura do próprio emitente.**

12.6.4 Tipos de cheque

- **Cheque cruzado**: recebe na frente (anverso) dois traços paralelos e transversais. O cruzamento do cheque faz com que ele só possa ser pago a um banco, para tanto deverá ser depositado em uma conta. Há cruzamento em branco (quando não se indica em que banco deve ser depositado) e em preto (quando, entre os traços, é feita indicação do banco em que deve ser depositado) – art. 44 da Lei do Cheque.

■ **Cheque para ser levado em conta**: quando o emitente proíbe o pagamento do título em dinheiro exigindo que seja depositado em conta. Não tem utilização atualmente, pois o cheque cruzado é mais conhecido e atende ao mesmo objetivo – art. 46 da Lei do Cheque.

■ **Cheque administrativo**: é o emitido pelo banco. Será necessariamente nominal. É usado em casos em que se quer ter certeza de que tem fundos – art. 9º, III, da Lei do Cheque.

■ **Cheque visado**: aquele em que o banco, a pedido do emitente, declara no verso a existência de fundos. Cabe ao banco reservar o valor, na conta do emitente, em benefício do portador legitimado, durante o prazo de apresentação, para que não sirva ao pagamento de outro cheque – art. 7º Lei do Cheque. Não se cuida de aceite.

12.6.5 Cheque pós-datado

A cláusula "bom para" é considerada o que para o Direito Empresarial? Conforme o art. 32 da Lei, dada a natureza do cheque de ordem de pagamento à vista, qualquer cláusula que preveja algo em contrário é considerada **não escrita**.

> Art. 32. O cheque é pagável à vista. Considera-se não estrita qualquer menção em contrário.
>
> Parágrafo único. O cheque apresentado para pagamento antes do dia indicado como data de emissão é pagável no dia da apresentação.

Assim, o banco tem obrigação de pagar um cheque apresentado pelo tomador, mesmo que se trate de "pré-datado".

Em não havendo fundos, é possível até mesmo protestar um cheque pré-datado. Frise-se, isso na disciplina legal do Direito Empresarial.

Para o Direito Civil, no entanto, a apresentação antecipada equivale ao rompimento da boa-fé contratual, caracterizando dano moral (Súmula nº 370 do STJ). O dano, nesse caso, é *in re ipsa* (ínsito ao próprio ato), não necessitando de prova do prejuízo do sacador.

> **Súmula nº 370 do STJ:** Caracteriza dano moral a apresentação antecipada de cheque pré-datado.

O cheque pós-datado amplia o prazo de apresentação?

- **Pós-datação regular (efetivada no campo referente à data de emissão):** SIM (STJ, 2ª Seção, REsp 1.423.464/SC, Rel. Min. Luis Felipe Salomão, julgado em 27.04.2016, recurso repetitivo. Informativo nº 584).
- **Pós-datação extracartular (feita em campo diverso do campo específico):** NÃO (STJ, 4ª Turma, REsp 1.124.709/TO, Rel. Min. Luis Felipe Salomão, julgado em 18.06.2013. Informativo nº 528).

O credor pode preencher cambial em branco ou com lacunas?

Conforme a Súmula nº 387 do STF, é plenamente possível que o credor de boa-fé complete a cambial.

> **Súmula nº 387 do STF:** A cambial emitida ou aceita com omissões, ou em branco, pode ser completada pelo credor de boa-fé antes da cobrança ou do protesto.

12.6.6 Prazo para apresentação do cheque – art. 33 da Lei do Cheque

É o prazo de que dispõe o portador do cheque para apresentá-lo ao banco sacado a fim de receber o valor determinado na cártula. São eles:

- **30 dias**: mesma praça (se o local da emissão do cheque, preenchido pelo emitente, for o mesmo lugar do pagamento/local agência pagadora).
- **60 dias**: praças diversas (se o local da emissão do cheque, preenchido pelo emitente, for diferente do local do pagamento/local da agência pagadora.

Atenção!

O que importa para essa verificação é a praça e a data de saque indicados pelo sacador no cheque, e não o local e a data em que efetivamente ocorreu a emissão do cheque (princípio da cartularidade).

Mesmo após o fim do prazo de apresentação, o cheque pode ser apresentado para pagamento ao sacado, desde que não esteja prescrito.

A doutrina aponta três finalidades para o prazo de apresentação:

- O fim do prazo de apresentação é o termo inicial do prazo prescricional da execução do cheque.
- Só é possível executar o endossante do cheque se ele foi apresentado para pagamento dentro do prazo legal. Se ele foi apresentado após o prazo, o beneficiário perde o direito de executar os codevedores. Poderá continuar executando o emitente do cheque e seus avalistas (Súmula nº 600/STF). Segundo o art. 47 da Lei nº 7.357/1985:

Art. 47. Pode o portador promover a execução do cheque:

I – contra o emitente e seu avalista;

II – contra os endossantes e seus avalistas, se o cheque apresentado em tempo hábil e a recusa pagamento é comprovada pelo protesto ou por declaração do sacado, escrita e datada sobre o cheque, com indicação do dia de apresentação, ou, ainda, por declaração escrita e datada por câmara de compensação.

Súmula nº 600 do STF: Cabe ação executiva contra o emitente e seus avalistas, ainda que não apresentado o cheque ao sacado no prazo legal, desde que não prescrita a ação cambiária.

■ O portador que não apresentar o cheque em tempo hábil ou não comprovar a recusa de pagamento perde o direito de execução contra o emitente, se este tinha fundos disponíveis durante o prazo de apresentação e os deixou de ter, em razão de fato que não lhe seja imputável.

Atenção!

O protesto será desnecessário para a cobrança de coobrigados quando houver carimbo do banco de devolução do cheque por insuficiência de fundos.

O **portador** do cheque pode recusar pagamento **parcial** do cheque? Art. 38, parágrafo único, da Lei nº 7.357/1985:

Art. 38. (...)

Parágrafo único. O portador não pode recusar pagamento parcial, e, nesse caso, o sacado pode exigir que esse pagamento conste do cheque e que o portador lhe dê a respectiva quitação.

O que não significa que o portador possa **exigir** o pagamento parcial.

12.6.7 Sustação do cheque

Objetiva impedir a liquidação do cheque pelo banco sacado. É gênero, que possui duas espécies:

- Revogação ou contraordem (art. 35 da Lei do Cheque).

> Art. 35. O emitente do cheque pagável no Brasil pode revogá-lo, mercê de contraordem dada por aviso epistolar, ou por via judicial ou extrajudicial, com as razões motivadoras do ato.
>
> Parágrafo único. A revogação ou contraordem só produz efeito depois de expirado o prazo de apresentação e, não sendo promovida, pode o sacado pagar o cheque até que decorra o prazo de prescrição, nos termos do art. 59 desta Lei.

Só pode ser realizada pelo emitente do cheque. Só produz efeitos depois do prazo de apresentação. É uma forma de controle bancário, na qual o correntista ordena que, após o prazo de apresentação, o cheque não deve ser pago.

- Sustação ou oposição (art. 36 da Lei do Cheque).

> Art. 36. Mesmo durante o prazo de apresentação, o emitente e o portador legitimado podem fazer sustar o pagamento, manifestando ao sacado, por escrito, oposição fundada em relevante razão de direito.
>
> § 1º A oposição do emitente e a revogação ou contraordem se excluem reciprocamente.
>
> § 2º Não cabe ao sacado julgar da relevância da razão invocada pelo oponente.

Além do emitente, o **portador legitimado** também pode dar sustação. Produz efeitos imediatos (mesmo durante o prazo de apresentação). Requerida a sustação, o banco não mais deve pagar o cheque. Só é admitida em casos devidamente fundamentados (ex.: furto, extravio etc.).

Atenção!

O art. 24 da Lei do Cheque esclarece que desapossado alguém de um cheque, o novo portador legitimado não está obrigado a restituí-lo, se não o adquiriu de má-fé.

12.6.8 Aceite

Conforme o art. 6º da Lei, **não** se admite a figura do aceite no cheque. Fundamento: não há que se falar em concordância do sacado com o pagamento do crédito (aceite), porquanto existe um contrato entre sacador e sacado que obriga o banco a pagar a ordem de pagamento, quando existir provisão de fundos:

> Art. 6º O cheque não admite aceite considerando-se não escrita qualquer declaração com esse sentido.

12.6.9 Endosso

Tudo que foi visto na letra de câmbio sobre endosso se aplica ao cheque.

Antigamente, um cheque só admitia um endosso, sendo os demais considerados nulos (cuidava-se do chamado motivo ou aliena). Atualmente, com o fim da CPMF (motivo pelo qual era limitado o endosso), não há mais limite de endosso para o cheque.

O cheque não admite endosso-caução. Ademais, a lei impõe ao banco o dever legal de verificar a regularidade da série de endossos, aí incluída a legitimidade dos endossantes.

O endosso feito **após** o prazo de apresentação é considerado póstumo, de forma que produz apenas os efeitos de cessão civil de crédito.

12.6.10 Aval

No que se refere ao aval, tudo visto na letra de câmbio se aplica ao cheque.

Proíbe-se o aval por parte do sacado, conforme o art. 29 da Lei do Cheque.

> Art. 29. O pagamento do cheque pode ser garantido, no todo ou em parte, por aval prestado por terceiro, exceto o sacado, ou mesmo por signatário do título.

Conforme o art. 30 da Lei do Cheque, o aval em branco aproveita ao sacador.

> Art. 30. O aval é lançado no cheque ou na folha de alongamento. Exprime-se pelas palavras "por aval", ou fórmula equivalente, com a assinatura do avalista. Considera-se como resultante da simples assinatura do avalista, aposta no anverso do cheque, salvo quando se tratar da assinatura do emitente.
>
> Parágrafo único. O aval deve indicar o avalizado. Na falta de indicação, considera-se avalizado o emitente.

12.6.11 Pagamento

- Pagamento parcial: o art. 38, parágrafo único, da lei diz que "o portador não pode recusar pagamento parcial...".
- Se dois ou mais cheques são apresentados para pagamento simultaneamente (detalhe, não há fundo disponível de ambos), qual o banco que deve pagar?
  - ☐ terão preferência os cheques de emissão mais antiga;
  - ☐ se forem de mesma data, o de número inferior.

> Art. 40. O pagamento se fará à medida em que forem apresentados os cheques e se 2 (dois) ou mais forem apresentados simultaneamente, sem que os fundos disponíveis bastem para o pagamento de todos, terão preferência os de emissão mais antiga e, se da mesma data, os de número inferior.

- Aquele que paga o título está obrigado a verificar a regularidade da série de endossos, mas não a autenticidade das assinaturas.
- Juros remuneratórios não podem incidir no cheque ("Art. 10. Considera-se não escrita a estipulação de juros inserida no cheque").
- O pagamento, em regra, só pode ser provado no próprio título, seja com a entrega deste, seja com a assinatura nele (art. 324, CC)

12.6.12 Prescrição

A prescrição para exigência de pagamento de cheque está insculpida no art. 59 da Lei do Cheque, abaixo transcrito:

> Art. 59. Prescrevem em 6 (seis) meses, contados da expiração do prazo de apresentação, a ação que o art. 47 desta Lei assegura ao portador.

Parágrafo único. A ação de regresso de um obrigado ao pagamento do cheque contra outro prescreve em 6 (seis) meses, contados do dia em que o obrigado pagou o cheque ou do dia em que foi demandado.

Em síntese, são esses os prazos prescricionais e respectivos termos iniciais:

Devedor principal e respectivo avalista	Coobrigados e respectivos avalistas	Direito de regresso entre coobrigados
Seis meses, contados do fim do prazo de apresentação.	Seis meses contados do protesto.	Seis meses, contados do dia em que o obrigado pagou o cheque ou do dia em que foi demandado.

Atenção!

O art. 47, II, da Lei do Cheque dispõe que o protesto pode ser substituído por uma declaração do banco sacado ou por uma declaração da câmara de compensação. Atualmente, a principal finalidade do protesto é a interrupção do prazo prescricional, nos termos do art. 202, III, do CC.

Segundo o STJ, em qualquer ação utilizada pelo portador para cobrança de cheque, a correção monetária incide a partir da data de emissão estampada na cártula, e os juros de mora a contar da primeira apresentação à instituição financeira sacada ou câmara de compensação.

Não se descura que o prazo em liça se adstringe à ação executiva, sem prejuízo de admitir-se a ação monitória, ainda que prescrita aquela, dentro do quinquênio superveniente à data da emissão, conforme Súmula nº 503 do STJ.

Súmula nº 503 do STJ: O prazo para ajuizamento de ação monitória em face do emitente de cheque sem força executiva é quinquenal, a contar do dia seguinte à data de emissão estampada na cártula.

Por fim, importante mencionar o seguinte julgado do STJ:

> É possível a oposição de exceção pessoal ao portador de cheque prescrito.
>
> Isso porque se o cheque está prescrito, ele perde as suas características cambiárias, tais quais a autonomia, a independência e a abstração. Assim, como o cheque prescrito perde a autonomia, não se aplica mais o conhecido princípio da inoponibilidade das exceções pessoais ao terceiro de boa-fé previsto no art. 25 da Lei do Cheque (Lei nº 7.357/1985) (STJ, 3ª Turma, REsp 1.669.968/RO, Rel. Min. Nancy Andrighi, julgado em 08.10.2019. Informativo nº 658).

12.7 Duplicata

Duplicata é um título de crédito à ordem extraído pelo vendedor ou prestador de serviços, que visa a documentar o saque fundado sobre crédito decorrente de compra e venda mercantil ou prestação de serviço e tem como pressuposto a extração de uma fatura.

É um título **causal**, ou seja, só pode ser emitido para representar créditos previstos em lei, quais sejam: compra e venda mercantil e prestação de serviços.

É possível emitir duplicata para cobrar aluguel? Não, pois não é uma das causas previstas em lei.

A duplicata é uma ordem de pagamento sempre vinculada ao contrato de compra e venda mercantil ou de prestação de serviços.

Segundo disposição legal, toda vez que há uma compra e venda mercantil ou uma prestação de serviços, é obrigatória a emissão de fatura.

A fatura não é título representativo de mercadorias, mas é o documento do contrato de compra e venda mercantil que enseja a emissão da duplicata, esta sim um título de crédito. A duplicata é um título de crédito representativo da venda de mercadorias efetivamente entregues.

Do crédito representado na fatura, poderá ser extraída uma duplicada. A emissão da duplicada não é obrigatória (podem ser emitidos outros títulos de crédito).

Além disso, conforme previsão legal, uma duplicata só pode corresponder a uma única fatura (art. 2°, § 2°, da Lei n° 5.474/1968). É possível haver várias duplicadas para uma fatura só, mas não o contrário.

Note-se, por relevante, que, conforme jurisprudência do STJ, a inclusão de número errado da fatura invalida a duplicata como título de crédito (REsp 1.601.552/PE, Rel. Min. Ricardo Villas Bôas Cueva, 3ª Turma, julgado em 05.11.2019, DJe 08.11.2019).

12.7.1 Legislação aplicável

Lei n° 5.474/1968 (alterada pelo Decreto-lei n° 436/1969).

12.7.2 Elementos pessoais

- **Sacador**: quem dá a ordem de pagamento/aquele que vende a mercadoria ou presta serviço.
- **Sacado**: quem recebe a ordem de pagamento/aquele que compra a mercadoria ou serviço.
- **Tomador/beneficiário**.

As posições de sacador e tomador/beneficiário recaem sobre a mesma pessoa.

12.7.3 Aceite

Ao contrário do que ocorre na letra de câmbio, na duplicata, o aceite é obrigatório, na medida em que o beneficiário é o próprio sacador. **Cuida-se do único título em que o aceite é obrigatório.**

12.7.3.1 Recusa do aceite

Apenas em situações excepcionais, previstas em lei (arts. 8º e 21 – rol taxativo), é admitida a recusa do aceite.

As hipóteses legais de recusa do aceite são, em suma:

- **em caso de avaria, não recebimento da mercadoria ou não prestação do serviço;**
- **em caso de vício/defeito de quantidade ou qualidade do produto ou serviço;**
- **divergências quanto a prazo, preço e condições de pagamento.**

Emitida a duplicata, o sacador tem **30 dias** para remetê-la ao sacado. Se for à **vista**, o sacado, ao recebê-la, deve realizar o pagamento; se for a **prazo**, terá limite de **10 dias** para devolver a duplicata ao sacador com o devido **aceite** ou com as razões motivadoras da recusa do aceite.

12.7.3.2 Modalidades de aceite

Em função do seu caráter obrigatório, o aceite da duplicata mercantil pode ser discriminado em três categorias:

- **aceite ordinário:** aquele em que o sacado lança sua assinatura no título;
- **aceite por comunicação:** aquele em que o sacado retém o título e expressa o aceite em carta/comunicado apartado;
- **aceite por presunção:** caracteriza aceite presumido quando o sacado/comprador recebe a mercadoria e não reclama e quando o título é protestado, sem que haja obstáculo – art. 15 da Lei das Duplicatas (ver item 7.6).

Princípio do suprimento do aceite: ainda que não haja aceite, o título pode ser utilizado para ação executiva (constitui título executivo, portanto) nas seguintes hipóteses legais:

- quando o sacado, recebendo a duplicata, a retém com o consentimento do credor, tendo comunicado por escrito que a aceitou e a reteve (esta comunicação seria o título executivo);
- quando a duplicata ou triplicata não aceita, mas protestada, vem acompanhada de qualquer documento comprobatório da remessa ou da entrega da mercadoria, permitida também a sua comprovação por meio eletrônico (art. 15). O título executivo seria a duplicada acompanhada da prova da remessa ou entrega da mercadoria. A comprovação por meio eletrônico poderá ser disciplinada em ato do Poder Executivo federal;
- quando a duplicata ou triplicata não é aceita nem devolvida, mas o protesto (por falta de aceite ou de devolução) é tira-

do mediante indicações do credor, o qual deve provar que o devedor recebeu o título. Nesse caso, como na situação de "b", deve-se comprovar a remessa ou entrega da mercadoria. O título executivo seria o instrumento do protesto tirado mediante indicações, acompanhado da prova de remessa ou entrega da mercadoria.

Observe-se que, na duplicata não aceita, há um abrandamento do princípio da cartularidade.

Se a duplicata não é aceita, mas o credor não dispõe de prova da remessa ou entrega da mercadoria, deverá mover ação de cobrança (ação de rito ordinário; não poderá se valer de ação executiva).

12.7.4 Endosso

Admite-se o endosso (valem as mesmas regras da letra de câmbio).

Impossibilidade de inserir a cláusula não a ordem desde a origem. O 1º endossante será o vendedor da operação que originou o título.

12.7.5 Aval

Também se aplicam, em geral, as disposições referentes à letra de câmbio.

É possível o aval parcial? Há duas correntes na doutrina:

- Não é possível. Como a Lei nº 5.474/1968, que trata da duplicata, é omissa a respeito, utiliza-se a regra geral do Código Civil, que no art. 897, parágrafo único, diz ser vedado o aval parcial.

- É possível. Mesmo não havendo disposição expressa a respeito na Lei nº 5.474/1968, que trata da duplicata. Referida lei, em seu art. 25, determina que sejam aplicados à duplicata e à triplicata, no que couber, os dispositivos da legislação sobre emissão, circulação e pagamento das Letras de Câmbio, e a Lei Uniforme admite aval parcial.

No aval em branco, garante o obrigado cuja assinatura estiver acima da do avalista. Em não existindo assinatura acima, garante-se o comprador.

12.7.6 Vencimento

- À vista.
- Data certa.

Não se admite duplicata a certo termo de vista ou a certo termo de data.

12.7.7 Execução da duplicata – art. 15

São títulos executivos:

- duplicata ou triplicata aceita, protestada ou não;
- duplicata ou triplicata não aceita: protesto + documento de comprovação da entrega da mercadoria + inexistência de recusa justificada.

Quando a execução se der em face de um codevedor, basta para constituição do título executivo o protesto realizado no prazo legal (30 dias).

12.7.8 Prescrição

- Contra o devedor principal e seus avalistas: três anos.
- Contra os codevedores e seus avalistas ou entre os codevedores: um ano.

12.7.9 Duplicata virtual

A Lei de Duplicatas (Lei n° 5.474/1968) não previu as chamadas duplicatas virtuais, até mesmo porque naquela época os sistemas informatizados ainda não estavam tão desenvolvidos. A Min. Nancy Andrighi afirmava, contudo, que as duplicatas virtuais encontram previsão legal no art. 8°, § 1°, da Lei n° 9.492/1997 e no art. 889, § 3°, do CC/2002.

As duplicatas virtuais são emitidas e recebidas por meio magnético ou de gravação eletrônica. O banco, por sua vez, faz a cobrança mediante expedição de simples aviso ao devedor (boleto bancário).

Para ter eficácia de título executivo, segundo entendimento do STJ, o boleto bancário vinculado à duplicata virtual deve:

- retratar fielmente os elementos da duplicata virtual;
- estar acompanhado de instrumento de protesto por indicações e comprovante de entrega das mercadorias ou prestação dos serviços;
- deve inexistir recusa justificada do aceite pelo sacado.

Esses documentos (boleto bancário, protesto por indicações e comprovante de entrega) suprem a ausência física do título cambiário e constituem títulos executivos extrajudiciais. Na hipótese, pois, presentes tais documentos, a exibição do título não é imprescindível para o ajuizamento da execução judicial.

Atenção!

Se o devedor não pagar uma duplicata virtual, é possível que seja decretada a sua falência, segundo o STJ:

RECURSO ESPECIAL. FALÊNCIA. IMPONTUALIDADE DO DEVEDOR. DUPLICATA VIRTUAL. CABIMENTO. PRÉVIO AJUIZAMENTO DE EXECUÇÃO FORÇADA. DESNECESSIDADE.

1. Validade da duplicata virtual como título executivo. Precedente da Segunda Seção desta Corte Superior.

2. Cabimento da instrução do pedido de falência com duplicatas virtuais protestadas por indicação, acompanhadas dos comprovantes de entrega das mercadorias.

3. Desnecessidade de prévio ajuizamento de execução forçada na falência requerida com fundamento na impontualidade do devedor. Precedentes.

4. Determinação de retorno dos autos a origem para verificação dos demais requisitos para decretação da falência, no caso concreto.

5. RECURSO ESPECIAL PROVIDO (REsp 1.354.776/MG, Rel. Min. Paulo de Tarso Sanseverino, 3ª Turma, julgado em 26.08.2014, DJe 08.09.2014).

A duplicata virtual passou a ser regulamentada pela Lei nº 13.775/2018. Primeiramente, frisa-se que a referida lei não utiliza a expressão "duplicata virtual", e sim se refere a ela como "duplicata sob a forma escritural". Antes da edição deste diploma normativo, havia dúvidas acerca da legalidade da duplicata virtual. Ocorre que o art. 2º da Lei nº 13.775/2018 cessa os questionamentos, haja vista prever expressamente que:

> Art. 2º. A duplicata de que trata a Lei nº 5.474, de 18 de julho de 1968, pode ser emitida sob a forma escritural, para circulação como efeito comercial, observadas as disposições desta Lei.

Para que haja a emissão das duplicatas sob a forma escritural, faz-se necessário, conforme o art. 3º, o lançamento em sistema eletrônico de escrituração gerido por quaisquer das entidades que exerçam a atividade de escrituração de duplicatas escriturais. Tais entidades, de acordo com o § 1º do referido artigo, "deverão ser autorizadas por órgão ou entidade da administração federal direta ou indireta a exercer a atividade de escrituração de duplicatas".

Em relação ao sistema eletrônico citado, nele serão escrituradas, no mínimo, as seguintes informações, conforme o art. 4º:

- **apresentação, aceite, devolução e formalização da prova do pagamento;**
- **controle e transferência da titularidade;**
- **prática de atos cambiais sob a forma escritural, tais como endosso e aval;**
- **inclusão de indicações, informações ou de declarações referentes à operação com base na qual a duplicata foi emitida ou ao próprio título; e**
- **inclusão de informações a respeito de ônus e gravames constituídos sobre as duplicatas.**

O art. 3º, § 3º, da citada lei afirma que o referido sistema eletrônico deverá conter mecanismos que permitam ao sacador e ao sacado comprovarem, por quaisquer meios de prova admitidos em direito, a entrega e o recebimento das mercadorias ou a prestação do serviço, devendo a apresentação das provas ser efetuada em meio eletrônico.

No que tange à **apresentação da duplicata sob a forma escritural**, ela será feita por **meio eletrônico**, observados os prazos previstos pelo órgão ou entidade da administração pública federal responsável por manter o sistema eletrônico de escrituração. Enquanto não houver regulamentação, o prazo para a apresentação será de **dois dias úteis, contados de sua emissão**. É o que preceitua o art. 12, § 1º, da Lei nº 13.775/2018.

Em se tratando do **protesto** da duplicata sob a forma escritural, o art. 12, § 3º, afirma que será considerado como **praça de pagamento o domicílio do devedor**, de acordo com o Código Civil, **salvo convenção expressa entre as partes** que demonstre a concordância inequívoca do devedor.

O art. 3º, § 2º, da Lei nº 13.775 menciona a Central Nacional de Registro de Títulos e Documentos. Ela ficará responsável pela escrituração das duplicatas virtuais, sendo ela de responsabilidade do oficial de registro do domicílio do emissor da duplicata em questão. Conforme o § 3º, se o oficial de registro não estiver integrado ao sistema central, a competência para a escrituração será transferida para a Capital da respectiva entidade federativa.

O art. 10 da Lei nº 13.775/2018 veda que os contratos estabeleçam cláusulas proibitivas das duplicatas sob forma escritural. Tais cláusulas serão nulas.

Por fim, a regulamentação da Lei nº 5.474/1968 será aplicada de forma subsidiária às duplicatas virtuais.

12.7.10 Perda ou extravio de duplicata

Deverá o vendedor extrair uma segunda via da duplicata, a denominada triplicata. É o que diz o art. 23 da Lei da Duplicata.

> Art. 23. A perda ou extravio da duplicata obrigará o vendedor a extrair **triplicata**, que terá os mesmos efeitos e requisitos e obedecerá às mesmas formalidades daquela. (Grifo nosso.)

12.7.11 Furto ou roubo de duplicata

O título deve ser cancelado.

13

Ações cambiais

Quando os devedores dos títulos de crédito não pagam espontaneamente, surge o inadimplemento. Diante disso, apresentam-se mecanismos processuais que buscam a satisfação do crédito.

Veremos, agora, algumas ações voltadas à finalidade supracitada, nomeadas ações cambiais.

13.1 Ação de execução de título extrajudicial

13.1.1 Utilização para os títulos de crédito

Conforme preleciona o art. 784 do Código de Processo Civil, os títulos de crédito são considerados títulos executivos extrajudiciais, de forma que, assim, eles podem lastrear uma ação de execução por título extrajudicial.

> Art. 784. São títulos executivos extrajudiciais:
>
> I – a letra de câmbio, a nota promissória, a duplicata, a debênture e o cheque.

Ademais, o art. 49 do Decreto n° 2.044/2008 afirma que a ação cambial, por excelência, é a ação executiva.

Isso demonstra que o legislador buscou facilitar a satisfação do crédito consubstanciado no título de crédito, haja vista o procedimento da execução ser mais célere que o da ação de conhecimento, restringindo-se, consideravelmente, as teses de defesa, conforme art. 917 do CPC/2015, priorizando-se executir patrimônio do devedor para satisfação creditícia.

13.1.2 Requisitos

Para ser cabível a ação de execução, faz-se necessária a exibição do título de crédito em seu original, até mesmo em virtude da cartularidade, evitando-se seja posto ulteriormente em nova circulação após o ajuizamento da demanda.

As ações cambiárias executórias podem ser propostas pelo credor primitivo em face de qualquer coobrigado, ainda que não seja o beneficiário último do objeto material ou mesmo não seja o único. Quando um desses coobrigados pagar o título, poderá ser interposta uma ação de regresso proposta pelo coobrigado adimplente em face dos demais ou do destinatário do bem material.

Quanto à necessidade de protesto prévio, será abordada adiante, no tópico do protesto.

O executado se defenderá mediante embargos à execução, devendo observar os princípios norteadores dos títulos de crédito e as matérias delineadas no já citado art. 917 do CC/2015. Sem prejuízo, em havendo questão de ordem pública, cognoscível de ofício e que não demanda atividade probatória, poderá manejar objeção de executividade por mera petição no processo executivo.

13.1.3 Prazos

Os prazos para executar os títulos de crédito constam na Lei Uniforme e na Lei do Cheque. Conforme o art. 70 da Lei Uniforme:

> Art. 70. Todas as ações contra o aceitante relativas a letras prescrevem em 3 (três) anos a contar do seu vencimento.
>
> As ações do portador contra os endossantes e contra o sacador prescrevem num ano, a contar da data do protesto feito em tempo útil, ou da data do vencimento, se trata de letra que contenha cláusula "sem despesas".
>
> As ações dos endossantes uns contra os outros e contra o sacador prescrevem em 6 (seis) meses a contar do dia em que o endossante pagou a letra ou em que ele próprio foi acionado.

Verifica-se que a Lei Uniforme diferencia três situações:

- Se a execução é ajuizada em face do devedor principal e, por conseguinte, de seu avalista, o prazo é de 3 (três) anos do vencimento. Nesse caso, não haverá necessidade de protesto.
- Se a execução é proposta pelo credor inicial em face dos endossantes e seus avalistas, o prazo será de 1 (um) ano, a contar do protesto, o qual é necessário nesse caso.
- Se algum correspansável pagou e tiver direito de regresso, ele poderá exercê-lo pela execução, sendo o prazo de 6 (seis) meses do dia em que pagou o título, desde que tenha feito espontaneamente, ou do dia em que foi demandado, se o pagamento ocorreu em sede de ação.

Esses prazos aplicam-se, de um modo geral, a todos os títulos de crédito típicos. Somente o cheque possui prazos específicos para sua execução, distintos dos gerais, previstos no art. 59 de sua lei especial.

Art. 59. Prescrevem em 6 (seis) meses, contados da expiração do prazo de apresentação, a ação que o art. 47 desta Lei assegura ao portador.

Parágrafo único. A ação de regresso de um obrigado ao pagamento do cheque contra outro prescreve em 6 (seis) meses, contados do dia em que o obrigado pagou o cheque ou do dia em que foi demandado.

Os prazos de apresentação mencionados no art. 59 são de 30 (trinta) dias se o cheque for da mesma praça (se o lugar da emissão e do desconto do cheque forem os mesmos) e 60 (sessenta) dias, se for de praça diversa.

Destaca-se que, segundo o Superior Tribunal de Justiça, a pactuação da pós-datação de cheque, para que seja hábil a ampliar o prazo de apresentação à instituição financeira sacada, deve espelhar a data de emissão estampada no campo específico da cártula.

RECURSO ESPECIAL REPRESENTATIVO DE CONTROVÉRSIA DIREITO CAMBIÁRIO E PROTESTO EXTRAJUDICIAL. CHEQUE. ORDEM DE PAGAMENTO À VISTA. CÁRTULA ESTAMPANDO, NO CAMPO ESPECÍFICO, DATA DE EMISSÃO DIVERSA DA PACTUADA PARA SUA APRESENTAÇÃO. CONSIDERA-SE, PARA CONTAGEM DO PRAZO DE APRESENTAÇÃO, AQUELA CONSTANTE NO ESPAÇO PRÓPRIO. PROTESTO, COM INDICAÇÃO DO EMITENTE DO CHEQUE COMO DEVEDOR, AINDA QUE APÓS O PRAZO DE APRESENTAÇÃO, MAS DENTRO DO PERÍODO PARA AJUIZAMENTO DE AÇÃO CAMBIAL DE EXECUÇÃO. POSSIBILIDADE.

1. As teses a serem firmadas, para efeito do art. 1.036 do CPC/2015 (art. 543-C do CPC/1973), são as seguintes: a) a pactuação da pós-datação de cheque, para que seja hábil a ampliar o prazo de apresentação à instituição financeira sacada, deve espelhar a data de emissão estampada no campo específico da cártula; b) sempre será possível, no prazo para a execução cambial, o protesto cambiário de cheque, com a indicação do emitente como devedor.

2. No caso concreto, recurso especial parcialmente provido (REsp 1.423.464/SC, Rel. Min. Luis Felipe Salomão, 2ª Seção, julgado em 27.04.2016, DJe 27.05.2016).

Segundo o Min. Relator, "a pós-datação extracartular (*v.g.*, a cláusula "bom para") tem existência jurídica, pois a lei não nega validade à pactuação – que terá consequência de natureza obrigacional para os pactuantes (tanto é assim que a Súmula nº 370/STJ orienta que enseja dano moral a apresentação antecipada de cheque) –, mas restringe a autonomia privada, ao estabelecer que, **se não constar no campo próprio referente à data de emissão**, não terá eficácia para alteração do prazo de apresentação" (grifos nossos).

Diante disso, para que a pós-datação possa alterar o termo inicial do prazo prescricional da execução do título, imprescindível que ela conste do campo próprio referente à data de emissão, já que o prazo prescricional do art. 59 é contado da data que estiver na linha reservada para a data da emissão.

PROCESSUAL CIVIL. RECURSO ESPECIAL. AÇÃO DE EXECUÇÃO. TÍTULO DE CRÉDITO. CHEQUE PÓS-DATADO. OMISSÃO. FUNDAMENTAÇÃO. AUSENTE. DEFICIENTE. SÚMULA Nº 284/STF. DISSÍDIO JURISPRUDENCIAL. AUSÊNCIA DE COTEJO ANALÍTICO. SIMILITUDE FÁTICA NÃO DEMONSTRADA.

PRESCRIÇÃO DA AÇÃO EXECUTIVA. DATA CONSIGNADA NA CÁRTULA. 1. A ausência de fundamentação ou a sua deficiência implica o não conhecimento do recurso quanto ao tema. 2. O dissídio jurisprudencial deve ser comprovado mediante o cotejo analítico entre acórdãos que versem sobre situações fáticas idênticas. 3. Ainda que a emissão de cheques pós-datados seja prática costumeira, não encontra previsão legal. Admitir-se que do acordo extracartular decorra a dilação do prazo prescricional, importaria na alteração da natureza do cheque como ordem de pagamento à vista e na infringência do art. 192 do CC, além de violação dos princípios da literalidade e abstração. Precedentes. 4. O termo inicial de contagem do prazo prescricional da ação de execução do cheque pelo beneficiário é de 6 (seis) meses, prevalecendo, para fins de contagem do prazo prescricional de cheque pós-datado, a data nele regularmente consignada, ou seja, aquela oposta no espaço reservado para a data de emissão. 5. Recurso especial parcialmente conhecido e nessa parte não provido (REsp 1.068.513/DF, Rel. Min.ª Nancy Andrighi, 2ª Seção, julgado em 14.09.2011, DJe 17.05.2012).

Ademais, para a contagem do prazo, não importa se o cheque foi ou não apresentado para pagamento ao banco dentro do prazo. Conforme o Enunciado nº 40 da I Jornada de Direito Comercial, o prazo prescricional de seis meses é contado do encerramento do prazo de apresentação, tenha ou não sido apresentado ao sacado dentro desse prazo. Além disso, nos termos do mesmo enunciado, no caso do cheque pós-datado apresentado antes da data de emissão ao sacado ou da data pactuada com o emitente, o termo inicial será contado da data da primeira apresentação.

O prazo prescricional de 6 (seis) meses para o exercício da pretensão à execução do cheque pelo respectivo portador é contado do encerramento do prazo de apresentação, tenha ou não sido apresentado ao sacado dentro do referido prazo. No caso de cheque pós-datado apresentado antes da data de emissão ao sacado ou da data pactuada com o emitente, o termo inicial é contado da data da primeira apresentação.

O prazo de apresentação, como dito, presta-se a marcar o período que se tem que observar para conservar o direito de executar os codevedores. Assim, se o portador do cheque perde o prazo de apresentação, consequentemente perde o direito de executar os codevedores.

Há um caso excepcional em que a perda do prazo de apresentação gera, inclusive, a perda do direito de executar o próprio emitente, e não apenas o codevedor. Trata-se da hipótese em que o emitente prova que tinha fundos suficientes durante o prazo de apresentação, mas deixou de tê-los por motivos alheios à sua vontade (art. 47, § 3°, da Lei do Cheque). Porém, tal não infirma o direito de crédito, podendo o credor se valer de outros meios de exigência da quantia.

13.2 Ação de anulação da cambial

Os títulos de crédito são de apresentação e resgate, de sorte que o credor deverá apresentá-lo para ter direito à satisfação do crédito, enquanto o devedor terá o direito ao resgate do título no ato de pagamento.

Entretanto, em certos casos, o título é extraviado ou perdido, acarretando a impossibilidade da apresentação e resgate supracitados.

Diante disso, o Decreto n° 2.044, em seu art. 36, prevê a chamada Ação de Anulação Cambial, a qual será voltada à anulação do título perdido ou extraviado, devendo a sentença da ação substituir o título.

Abaixo, reproduz-se a integralidade do dispositivo, elucidativo do rito adotado e das peculiaridades desta específica ação.

Art. 36. Justificando a propriedade e o extravio ou a destruição total ou parcial da letra, descrita com clareza e precisão, o proprietário pode requerer ao juiz competente do lugar do pagamento na hipótese de extravio, a intimação do sacado ou do aceitante e dos coobrigados, para não pagarem a aludida letra, e a citação do detentor para apresentá-la em juízo, dentro do prazo de três meses, e, nos casos de extravio e de destruição, a citação dos coobrigados para, dentro do referido prazo, oporem contestação, firmada em defeito de forma do título ou, na falta de requisito essencial, ao exercício da ação cambial. Estas citações e intimações devem ser feitas pela imprensa, publicadas no jornal oficial do Estado e no *Diário Oficial* para o Distrito Federal e nos periódicos indicados pelo juiz, além de afixadas nos Lugares do estilo e na bolsa da praça do pagamento.

§ 1º O prazo de três meses corre da data do vencimento; estando vencida a letra, da data da publicação no jornal oficial.

§ 2º Durante o curso desse prazo, munido da certidão do requerimento e do despacho favorável do juiz, fica o proprietário autorizado a praticar todos os atos necessários à garantia do direito creditório, podendo, vencida a letra, reclamar do aceitante o depósito judicial da soma devida.

§ 3º Decorrido o prazo, sem se apresentar o portador legitimado (art. 39) da letra, ou sem a contestação do coobrigado (art. 36), o juiz decretará a nulidade do título extraviado ou destruído e ordenará, em benefício do proprietário, o levantamento do depósito da soma, caso tenha sido feito.

§ 4º Por esta sentença fica o proprietário habilitado, para o exercício da ação executiva, contra o aceitante e os outros coobrigados.

§ 5º Apresentada a letra pelo portador legitimado (art. 39), ou oferecida a contestação (art. 36) pelo coobrigado, o juiz julgará prejudicado o pedido de anulação da letra, deixando, salvo à parte, o recurso aos meios ordinários.

§ 6º Da sentença proferida no processo cabe o recurso de agravo com efeito suspensivo.

§ 7º Este processo não impede o recurso à duplicata e nem para os efeitos da responsabilidade civil do coobrigado, dispensa o aviso imediato do extravio, por cartas registradas endereçadas ao sacado, ao aceitante e aos outros coobrigados, pela forma indicada no parágrafo único do art. 30.

13.3 Ação de locupletamento ilícito

Não sendo possível propor a ação de execução por qualquer motivo, a lei prevê a ação que busca evitar o locupletamento do devedor, inibindo que ele se enriqueça mediante o não pagamento do título de crédito.

Trata-se de uma ação cambial não executiva, tendo por fundamento o enriquecimento indevido do devedor e demais coobrigados com o não pagamento do título de crédito.

Ela é prevista no art. 48 do Decreto n° 2.044/1908 e no art. 61 da Lei n° 7.357/1985.

Decreto n° 2.044/1908

Art. 48. Sem embargo da desoneração da responsabilidade cambial, o sacador ou o aceitante fica obrigado a restituir ao portador, com os juros legais, a soma com a qual se locupletou à custa deste. A ação do portador, para este fim, é a ordinária.

Lei n° 7.357/1985

Art. 61 A ação de enriquecimento contra o emitente ou outros obrigados, que se locupletaram injustamente com o não pagamento do cheque, prescreve em 2 (dois) anos, contados do dia em que se consumar a prescrição prevista no art. 59 e seu parágrafo desta Lei.

O art. 48 do Decreto n° 2.044/1908 silencia sobre prazo prescricional da demanda de locupletamento indevido. Já o art. 61 da Lei do Cheque prevê o prazo prescricional de 2 (dois) anos, a contar do dia em que se consumar a prescrição do art. 59 da Lei do Cheque, tratada no item 13.1.3.

À míngua de indicação de lustro prescricional da ação fundada no art. 48 do Decreto n° 2.044/1908, entende o STJ, como se verifica no REsp 1.323.468, que deve se aplicar o prazo prescricional de 3 (três) anos, a contar do dia em que se consumar a prescrição da ação executiva. O prazo de 3 (três) anos advém do art. 206, § 3°, IV, do CC.

RECURSO ESPECIAL. AÇÃO DE LOCUPLETAMENTO. NOTA PROMISSÓRIA PRESCRITA. DÚVIDA QUANTO AO FUNDAMENTO DA AÇÃO: ART. 884 DO CÓDIGO CIVIL OU ART. 48 DO DECRETO N°

2.044/1908. BROCARDO DA *MIHI FACTUM DABO TIBI IUS*. APLICAÇÃO DO SEGUNDO DISPOSITIVO LEGAL. AUSÊNCIA DE PRESCRIÇÃO. DESNECESSIDADE DE COMPROVAÇÃO DO NEGÓCIO JURÍDICO SUBJACENTE. PRESUNÇÃO *JURIS TANTUM* DO LOCUPLETAMENTO PELA SÓ APRESENTAÇÃO DO TÍTULO, ACOMPANHADO DO PROTESTO PELA FALTA DE PAGAMENTO. VIOLAÇÃO DO ART. 333, I, DO CPC RECONHECIDA.

1. O juiz não está adstrito aos nomes jurídicos nem a artigos de lei indicados pelas partes, devendo atribuir aos fatos apresentados o enquadramento jurídico adequado. Aplicação do brocardo da *mihi factum dabo tibi ius*.

2. A existência de ação de locupletamento amparada em nota promissória prescrita, prevista no art. 48 do Decreto nº 2.044/1908 (aplicável às notas promissórias por força do art. 56 do mesmo diploma legal), desautoriza o cabimento da ação de enriquecimento sem causa amparada no art. 884 do Código Civil, por força do art. 886 seguinte.

3. Considerando que o art. 48 do Decreto nº 2.044/1908 não prevê prazo específico para a ação de locupletamento amparada em letra de câmbio ou nota promissória, utiliza-se o prazo de 3 (três) anos previsto no art. 206, § 3º, IV, do Código Civil, contado do dia em que se consumar a prescrição da ação executiva.

4. Na ação de locupletamento prevista na legislação de regência dos títulos de crédito, a só apresentação da cártula prescrita já é suficiente para embasar a ação, visto que a posse do título não pago pelo portador gera a presunção *juris tantum* de locupletamento do emitente, nada obstante assegurada a amplitude de defesa ao réu.

5. Recurso especial conhecido e parcialmente provido (REsp 1.323.468/DF, Rel. Min. João Otávio de Noronha, 3ª Turma, julgado em 17.03.2016, *DJe* 28.03.2016).

Apesar de não se tratar de uma ação cambial por excelência, a qual é a executiva, a ação contra o locupletamento do devedor não deixa de ser assim classificada. Assim sendo, não é preciso provar a origem da dívida que embasou a emissão do título de crédito, tendo em vista que ele mantém sua abstração. O STJ, no mesmo REsp 1.323.468, adota o posicionamento em tela.

13.4 Ação monitória

A ação monitória busca obrigar o devedor a pagar o valor devido, entregar o bem ou a cumprir a obrigação de fazer/não fazer com base em um documento escrito que, contudo, *per si*, não possui força executiva.

Ela está prevista nos arts. 700 a 702 do CPC.

> Art. 700. A ação monitória pode ser proposta por aquele que afirmar, com base em prova escrita sem eficácia de título executivo, ter direito de exigir do devedor capaz:
>
> I – o pagamento de quantia em dinheiro;
>
> II – a entrega de coisa fungível ou infungível ou de bem móvel ou imóvel;
>
> III – o adimplemento de obrigação de fazer ou de não fazer.
>
> § 1º A prova escrita pode consistir em prova oral documentada, produzida antecipadamente nos termos do art. 381.
>
> § 2º Na petição inicial, incumbe ao autor explicitar, conforme o caso:

I – a importância devida, instruindo-a com memória de cálculo;

II – o valor atual da coisa reclamada;

III – o conteúdo patrimonial em discussão ou o proveito econômico perseguido.

§ 3º O valor da causa deverá corresponder à importância prevista no § 2º, incisos I a III.

§ 4º Além das hipóteses do art. 330, a petição inicial será indeferida quando não atendido o disposto no § 2º deste artigo.

§ 5º Havendo dúvida quanto à idoneidade de prova documental apresentada pelo autor, o juiz intimá-lo-á para, querendo, emendar a petição inicial, adaptando-a ao procedimento comum.

§ 6º É admissível ação monitória em face da Fazenda Pública.

§ 7º Na ação monitória, admite-se citação por qualquer dos meios permitidos para o procedimento comum.

Art. 701. Sendo evidente o direito do autor, o juiz deferirá a expedição de mandado de pagamento, de entrega de coisa ou para execução de obrigação de fazer ou de não fazer, concedendo ao réu prazo de 15 (quinze) dias para o cumprimento e o pagamento de honorários advocatícios de cinco por cento do valor atribuído à causa.

§ 1º O réu será isento do pagamento de custas processuais se cumprir o mandado no prazo.

§ 2º Constituir-se-á de pleno direito o título executivo judicial, independentemente de qualquer formalidade, se não realizado o pagamento e não apresentados os embargos previstos no art. 702, observando-se, no que couber, o Título II do Livro I da Parte Especial.

§ 3º É cabível ação rescisória da decisão prevista no caput quando ocorrer a hipótese do § 2º.

§ 4º Sendo a ré Fazenda Pública, não apresentados os embargos previstos no art. 702, aplicar-se-á o disposto no art. 496, observando-se, a seguir, no que couber, o Título II do Livro I da Parte Especial.

§ 5º Aplica-se à ação monitória, no que couber, o art. 916.

Art. 702. Independentemente de prévia segurança do juízo, o réu poderá opor, nos próprios autos, no prazo previsto no art. 701, embargos à ação monitória.

§ 1º Os embargos podem se fundar em matéria passível de alegação como defesa no procedimento comum.

§ 2º Quando o réu alegar que o autor pleiteia quantia superior à devida, cumprir-lhe-á declarar de imediato o valor que entende correto, apresentando demonstrativo discriminado e atualizado da dívida.

§ 3º Não apontado o valor correto ou não apresentado o demonstrativo, os embargos serão liminarmente rejeitados, se esse for o seu único fundamento, e, se houver outro fundamento, os embargos serão processados, mas o juiz deixará de examinar a alegação de excesso.

§ 4º A oposição dos embargos suspende a eficácia da decisão referida no *caput* do art. 701 até o julgamento em primeiro grau.

§ 5º O autor será intimado para responder aos embargos no prazo de 15 (quinze) dias.

§ 6º Na ação monitória admite-se a reconvenção, sendo vedado o oferecimento de reconvenção à reconvenção.

§ 7º A critério do juiz, os embargos serão autuados em apartado, se parciais, constituindo-se de pleno direito o título executivo judicial em relação à parcela incontroversa.

§ 8º Rejeitados os embargos, constituir-se-á de pleno direito o título executivo judicial, prosseguindo-se o processo em observância ao disposto no Título II do Livro I da Parte Especial, no que for cabível.

§ 9º Cabe apelação contra a sentença que acolhe ou rejeita os embargos.

§ 10. O juiz condenará o autor de ação monitória proposta indevidamente e de má-fé ao pagamento, em favor do réu, de multa de até dez por cento sobre o valor da causa.

§ 11. O juiz condenará o réu que de má-fé opuser embargos à ação monitória ao pagamento de multa de até dez por cento sobre o valor atribuído à causa, em favor do autor.

Cumpre frisar que a ação monitória apenas substituirá o processo de conhecimento do procedimento comum se assim o desejar o credor.

O CPC/2015 ampliou seu cabimento, na medida em que poderá ser usada quando se tem como objeto valor em dinheiro, a entrega de coisa fungível ou infungível ou de bem móvel ou imóvel, além do adimplemento de obrigação de fazer e não fazer. O legitimado ativo é o credor e o passivo, o devedor.

Além dos requisitos presentes no art. 319 do CPC, a petição inicial na ação monitória deverá apresentar a prova escrita do crédito. No presente caso, ela será o próprio título de crédito. Entretanto, permite-se que a prova escrita seja uma prova oral que foi documentada e produzida antecipadamente conforme o art. 381 do CPC (trata do procedimento da produção antecipada de prova).

Após a admissibilidade da petição inicial, o juiz determinará a citação do réu para pagar o conteúdo da dívida, e não para contestar ou comparecer à audiência de conciliação e mediação.

Se o devedor, no prazo de 15 (quinze) dias, não pagar a dívida e não opor embargos à ação monitória, constituir-se-á o título executivo judicial. Diante disso, a revelia do devedor torna a ação monitória em cumprimento de sentença, não cabendo mais os embargos do devedor.

Se o devedor opuser os embargos, suspender-se-á o mandado de pagamento da obrigação. Se os embargos forem acolhidos, será revogado o mandado de pagamento e extinto o processo. Se forem rejeitados, será constituído o título executivo judicial, seguindo para o cumprimento de sentença.

A questão mais polêmica da ação monitória envolvendo títulos de crédito é o prazo prescricional.

O STJ entende que se aplica o prazo de 5 (cinco) anos para o ajuizamento da ação monitória, a contar do vencimento do título, como se verifica no REsp 1.262.056. O prazo de 5 (cinco) anos decorre do art. 206, § 5°, I, do CC:

> Art. 206. Prescreve: (...)
>
> § 5° Em cinco anos:
>
> I – a pretensão de cobrança de dívidas líquidas constantes de instrumento público ou particular.

Ademais, a Súmula n° 503 do STJ afirma que o prazo para o ajuizamento da ação monitória em face do emitente de cheque sem força executiva é quinquenal, a contar do dia seguinte à data de emissão estampada na cártula. Já para a nota promissória, o prazo prescricional é contado do dia seguinte ao vencimento do título (Súmula n° 504 do STJ).

Atenção!

Em concurso anterior de banca CESPE, o enunciado afirmava: "Consoante o entendimento do STJ, assinale a alternativa correta referente às normas que regem os títulos de crédito". E a alternativa correta era a que afirmava: "A ação monitória fundada em cheque prescrito está subordinada ao prazo prescricional de cinco anos previsto no Código Civil".

Entendimentos diversos do Superior Tribunal de Justiça sobre o tema:

■ "Em ação monitória fundada em cheque prescrito ajuizada contra o emitente, é dispensável a menção ao negócio jurídico subjacente à emissão da cártula" (Súmula nº 531, 2ª Seção, julgado em 13.05.2015, DJe 18.05.2015).

■ Os juros moratórios decorrentes de dívidas representadas em cheque devem ser fixados a partir da data da primeira apresentação do título para pagamento, independentemente de a cobrança ter sido buscada por meio de ação monitória (AgRg no AREsp 713.288/MS, julgado em 06.08.2015).

■ O negócio jurídico subjacente à emissão do cheque pode ser discutido em sede de embargos monitórios (REsp 1.094.571/SP, julgado em 04.02.2013).

■ O prazo para ajuizamento de ação monitória em face do devedor principal do título de crédito prescrito é quinquenal nos termos do art. 206, § 5º, I, do Código Civil, independentemente da relação jurídica fundamental (AgRg no AREsp 456.841/SP, julgado em 1º.12.2015).

14

Protesto

14.1 Conceito e características

O protesto consiste no ato formal e solene mediante o qual o credor faz prova, por meio da fé pública do Cartório de Protesto de Títulos e Documentos, da inadimplência de algumas das obrigações cambiais, como o pagamento do título e o aceite, por exemplo.

A definição legal do protesto consta no art. 1º da Lei nº 9.492/1997, valendo sua transcrição:

> Art. 1º Protesto é o ato formal e solene pelo qual se prova a inadimplência e o descumprimento de obrigação originada em títulos e outros documentos de dívida.

As características principais do protesto são: a) ato formal e solene; b) somente podendo ser feito por escrito; e c) no Cartório de Protesto de Títulos e Documentos.

14.2 Espécies

O protesto mais comum é o protesto por falta de pagamento, o qual é feito quando, após o vencimento, não há o cumprimento espontâneo da obrigação. Nesse caso, devedor principal, endossantes e avalistas serão apontados no protesto, garantindo-se a possibilidade de execução dos devedores ditos indiretos.

Outro tipo de protesto é o realizado por falta de aceite. Há títulos em que não é o próprio devedor que os emite, não havendo sua manifestação de vontade na cártula: essa manifestação advirá do aceite, ato ulterior à emissão. Quando o devedor se recusa a dar o aceite, a prova dessa recusa deverá ser feita por protesto. Os títulos nos quais ocorre esse tipo de protesto são a letra de câmbio e a duplicata.

Em se tratando especificamente da duplicata, há uma espécie de protesto por falta de devolução. Isso porque, nas duplicatas, o credor deverá apresentar o título ao devedor para que ele dê o aceite. Se o devedor retiver indevidamente a duplicata, o credor poderá se valer do protesto por falta de devolução.

Em virtude da multiplicação das duplicatas virtuais, o protesto por falta de devolução tem pouca aplicação prática nos dias atuais.

14.3 Procedimento

O protesto deverá ocorrer no lugar indicado para aceite ou para pagamento.

A Lei Uniforme traz os prazos de que o credor dispõe para apresentar o título no cartório e requerer o processamento do protesto. Segundo o art. 44 da Lei Uniforme:

> Art. 44. A recusa de aceite ou de pagamento deve ser comprovada por um ato formal (protesto por falta de aceite ou falta de pagamento).

O protesto por falta de aceite deve ser feito nos prazos fixados para a apresentação ao aceite. Se, no caso previsto na alínea 1ª do artigo 24, a primeira apresentação da letra tiver sido feita no último dia do prazo, pode fazer-se ainda o protesto no dia seguinte.

O protesto por falta de pagamento de uma letra pagável em dia fixo ou a certo termo de data ou de vista deve ser feito num dos 2 (dois) dias úteis seguintes àquele em que a letra é pagável. Se se trata de uma letra pagável à vista, o protesto deve ser feito nas condições indicadas na alínea precedente para o protesto por falta de aceite.

Quanto ao procedimento em si, inicialmente, será feito apenas o apontamento do protesto, recebendo os devedores uma notificação para pagarem ou aceitarem o título, a depender da espécie de protesto.

Nesse caso, há três situações possíveis:

■ Se o devedor desejar evitar a efetivação do protesto, ele poderá cumprir a obrigação do título no prazo de 3 (três) dias. Se se tratava de protesto por falta de pagamento, o credor receberá o valor depositado no cartório pelo devedor, sendo o título devolvido a este no momento do pagamento. Se se tratava de protesto por falta de aceite, o devedor assinará o título no cartório, sendo este, posteriormente, entregue ao credor.

■ Se o protesto for indevido, o devedor poderá mover ação cautelar de sustação do protesto, com pedido liminar em tutela provisória cautelar de suspensão. Concedida a liminar, o tabelião será notificado e não efetivará o ato.

> **Atenção!**
>
> Em concurso anterior de banca CESPE, o enunciado afirmava: "Em relação ao protesto, ato formal e solene por meio do qual se provam a inadimplência e o descumprimento da obrigação, assinale a alternativa correta". A alternativa correta era a que dizia: "O título do documento de dívida cujo protesto tiver sido sustado judicialmente só poderá ser pago, protestado ou retirado mediante autorização judicial".

- Não havendo o cumprimento da obrigação ou a sustação do protesto, ele será lavrado e efetivado pelo cartório. O credor receberá o título apresentado de volta, juntamente com a certidão positiva de protesto.

O art. 9º da Lei nº 9.492/1997 afirma que o tabelião do cartório só poderá observar os aspectos formais do título, não podendo verificar nada mais, nem mesmo a prescrição.

> Art. 9º Todos os títulos e documentos de dívida protocolizados serão examinados em seus caracteres formais e terão curso se não apresentarem vícios, não cabendo ao Tabelião de Protesto investigar a ocorrência de prescrição ou caducidade.
>
> Parágrafo único. Qualquer irregularidade formal observada pelo Tabelião obstará o registro do protesto.

14.4 Protestos necessários

Há casos nos quais o protesto deixa de ser uma faculdade, tornando-se algo necessário para o exercício de determinado direito do credor.

No que se refere ao protesto por falta de pagamento, ele será obrigatório caso o credor queira executar os devedores indiretos, com o objetivo de que se faça prova de que tinham conhecimento do inadimplemento do título. Para executar o devedor principal, o protesto é desnecessário.

Quanto à execução do avalista do devedor principal, a letra da lei o equipara ao devedor principal. Assim, em tese, não seria necessário o protesto para executá-lo. Esse, inclusive, é o entendimento do STJ (AgRg no Ag 1.214.858/MG).

No que se refere ao protesto por falta de aceite na duplicata, ele apresenta extrema relevância, pois, com ele, será possível vincular o devedor à duplicata, mesmo sem a formal manifestação de vontade positiva.

Na letra de câmbio, o protesto por falta de aceite é necessário para mudar a pessoa do devedor principal do sacado para o sacador. Assim, quem recebeu a ordem de pagamento, mas não a aceitou, não se vinculará ao título, mas quem emitiu se tornará o devedor principal.

Em ambos os títulos, o protesto por falta de aceite também é necessário para provocar o vencimento antecipado da obrigação.

Por fim, mas não menos importante, o protesto será necessário para interromper a prescrição do título conforme o art. 202, III, do CC.

> Art. 202. A interrupção da prescrição, que somente poderá ocorrer uma vez, dar-se-á:
>
> (...)
>
> III – por protesto cambial.

14.5 Cancelamento do protesto

A qualquer momento, o protesto poderá ser cancelado por decisão judicial, mediante ação de cancelamento de protesto fundada em ilegalidade.

Se ficar comprovado que se trata de protesto indevido, haverá, inclusive, a presunção de danos morais (*in re ipsa*), já que, no caso de protesto por falta de pagamento, os legitimados passivos serão inscritos no rol de inadimplentes. Esse é o entendimento do STJ (REsp 1.059.663/MS).

O protesto também poderá ser cancelado a pedido de quem o realizou a qualquer tempo. Nesse caso, o legitimado não precisará sequer de algum motivo.

Se for quitado o título, o protesto deverá ser cancelado, pois não haverá inadimplemento a ser comprovado; porém, salvo disposição expressa em sentido contrário, cabe ao outrora devedor, munido da prova do pagamento ou da carta de anuência, dirigir-se à serventia para a baixa, conforme entendimento do STJ.

> AGRAVO INTERNO NO RECURSO ESPECIAL. EMISSÃO DA CARTA DE QUITAÇÃO PARA BAIXA EM PROTESTO DE DÍVIDA. INCIDÊNCIA DA SÚMULA Nº 83/STJ.
>
> 1. Recurso especial interposto contra acórdão publicado na vigência do Código de Processo Civil de 2015 (Enunciados Administrativos nºs 2 e 3/STJ).
>
> 2. É do devedor a responsabilidade pela baixa de protesto de dívida, conforme entendimento exarado em sede de recurso repetitivo. Compete ao credor, todavia, no momento que recebe o pagamento, a expedição da carta de

quitação, documento sem o qual o devedor que pagou a dívida fica impedido de realizar a baixa do protesto. Precedentes.

3. Agravo interno a que se nega provimento (AgInt no AREsp 1.231.989/SC, Rel. Min.ª Maria Isabel Gallotti, 4ª Turma, julgado em 14.08.2018, *DJe* 21.08.2018).

15

Jurisprudência em teses do STJ

15.1 Edição nº 56: títulos de crédito

Os entendimentos foram extraídos de julgados publicados até 11.03.2016.

1) Os títulos de crédito com força executiva podem ser cobrados por meio de processo de conhecimento, execução ou ação monitória.

2) O prazo para ajuizamento de ação monitória em face do devedor principal do título de crédito prescrito é quinquenal nos termos do art. 206, § 5º, I, do Código Civil, independentemente da relação jurídica fundamental.

3) As duplicatas virtuais possuem força executiva, desde que acompanhadas dos instrumentos de protesto por indicação e dos comprovantes de entrega da mercadoria e da prestação do serviço.

4) O devedor do título crédito não pode opor contra o endossatário as exceções pessoais que possuía em face do credor originário, limitando-se tal defesa aos aspectos formais e materiais do título, salvo na hipótese de má-fé.

5) O devedor pode alegar contra a empresa de *factoring* as exceções pessoais originalmente oponíveis contra o emitente do título.

[**Cuidado!** Entendimento aparentemente superado:

EMBARGOS DE DECLARAÇÃO NOS EMBARGOS DE DIVERGÊNCIA EM RECURSO ESPECIAL. CONTRATO DE *FACTORING*. DUPLICATAS PREVIAMENTE ACEITAS. ENDOSSO À FATURIZADORA. CIRCULAÇÃO E ABSTRAÇÃO DO TÍTULO DE CRÉDITO APÓS O ACEITE. OPOSIÇÃO DE EXCEÇÕES PESSOAIS. NÃO CABIMENTO. PRECEDENTE ESPECÍFICO DA SEGUNDA SEÇÃO. PROVIMENTO DOS EMBARGOS DE DIVERGÊNCIA. INSURGÊNCIA DA EMBARGANTE.

1. Os embargos de declaração somente são cabíveis quando houver, na sentença ou no acórdão, obscuridade, contradição, omissão ou erro material, consoante dispõe o art. 1.022 do NCPC (art. 535 do CPC/1973), o que não se configura na hipótese em tela, porquanto o aresto deste órgão fracionário encontra-se devida e suficientemente fundamentado. Inexistindo quaisquer das máculas previstas nos aludidos dispositivos, não há razão para modificar a decisão impugnada. Precedentes.

2. **Consoante asseverado no acórdão ora embargado, a eg. Segunda Seção, em recente posicionamento (EREsp 1.439.749/RS, Rel. Min. Maria Isabel Gallotti, *DJe* 06.12.2018), trilhou o entendimento no sentido de que se a transmissão dos títulos de créditos em favor da empresa de *factoring* operou-se por endosso, sem questionamento a respeito da boa-fé da endossatária (*factoring*), ou quanto ao aceite voluntariamente aposto no título, aplicam-se as normas próprias do direito cambiário, sendo incabível a oposição de exceções pessoais à endossatária.**

3. Embargos de declaração rejeitados (EDcl nos EREsp 1.482.089/PA, Rel. Min. Marco Buzzi, 2ª Seção, julgado em 27.11.2019, *DJe* 02.12.2019 – grifos nossos).]

6) A cambial emitida ou aceita com omissões, ou em branco, pode ser completada pelo credor de boa-fé antes da cobrança ou do protesto (Súmula nº 387/STF).

7) O avalista do título de crédito vinculado a contrato de mútuo também responde pelas obrigações pactuadas, quando no contrato figurar como devedor solidário (Súmula nº 26/STJ).

8) O avalista não responde por dívida estabelecida em título de crédito prescrito, salvo se comprovado que auferiu benefício com a dívida.

9) É válido o aval prestado por pessoa física nas cédulas de crédito rural, pois a vedação contida no § 3º do art. 60 do Decreto-lei nº 167/1967 não alcança o referido título, sendo aplicável apenas às notas promissórias e duplicatas rurais.

10) A autonomia do aval não se confunde com a abstração do título de crédito e, portanto, independe de sua circulação.

11) É indevido o protesto de título de crédito prescrito.

12) O endossatário de título de crédito por endosso-mandato só responde por danos decorrentes de protesto indevido se extrapolar os poderes de mandatário (Súmula nº 476/STJ – Tese julgada sob o rito do art. 543-C do CPC/73 – Tema 463).

13) Responde pelos danos decorrentes de protesto indevido o endossatário que recebe por endosso translativo título de crédito contendo vício formal extrínseco ou intrínseco, ficando ressalvado seu direito de regresso contra os endossantes e avalistas (Súmula nº 475/STJ – Tese julgada sob o rito do art. 543-C do CPC/73 – Tema 465).

14) O protesto indevido de título enseja indenização por dano moral que se configura *in re ipsa*.

15) A prescrição da pretensão executória de título cambial não enseja o cancelamento automático de anterior protesto regularmente lavrado e registrado.

16) Incumbe ao devedor providenciar o cancelamento do protesto após a quitação da dívida, salvo pactuação expressa em contrário (Tese julgada sob o rito do art. 543-C do CPC/73 – Tema 725).

17) A vinculação da nota promissória a um contrato retira-lhe a autonomia de título cambial, mas não a sua executoriedade, desde que a avença seja liquida, certa e exigível.

18) A nota promissória vinculada a contrato de abertura de crédito não goza de autonomia em razão da iliquidez do título que a originou (Súmula nº 258/STJ).

19) É nula a obrigação cambial assumida por procurador do mutuário vinculado ao mutuante, no exclusivo interesse deste (Súmula nº 60/STJ).

15.2 Edição nº 62: cheque

Os entendimentos foram extraídos de julgados publicados até 20.05.2016.

1) Os prazos de apresentação e de prescrição (arts. 33 e 59 da Lei nº 7.357/1985) nos cheques pós-datados possuem como termo inicial de contagem a data consignada no espaço reservado para a emissão da cártula (Tese julgada sob o rito do art. 1.036 do CPC/2015 – Tema 945).

2) O prazo para ajuizamento de ação monitória em face do emitente de cheque sem força executiva é quinquenal, a contar do dia seguinte à data de emissão estampada na

cártula (Súmula nº 503/STJ - Tese julgada sob o rito do art. 543-C do CPC/1973 - Tema 628).

3) Em ação monitória fundada em cheque prescrito ajuizada contra o emitente, é dispensável a menção ao negócio jurídico subjacente à emissão da cártula (Súmula nº 531/STJ - Tese julgada sob o rito do art. 543-C do CPC/1973 - Tema 564).

4) A relação jurídica subjacente ao cheque (*causa debendi*) poderá ser discutida nos casos em que não houver a circulação do título.

5) O negócio jurídico subjacente à emissão do cheque pode ser discutido em sede de embargos monitórios.

6) A investigação da *causa debendi* é admitida nas hipóteses em que o cheque é dado como garantia, bem como nos casos em que o negócio jurídico subjacente for constituído em flagrante desrespeito à ordem jurídica.

7) A ação de locupletamento ilícito (art. 61 da Lei nº 7.357/1985) não exige comprovação da *causa debendi* e deve ser proposta no prazo de até dois anos contados do fim do prazo prescricional da execução do cheque.

8) A ação de cobrança prevista no art. 62 da Lei nº 7.357/1985 está fundamentada na relação jurídica subjacente ao cheque, sendo imprescindível a comprovação da *causa debendi*.

9) O foro competente para a execução do cheque é o local do pagamento - lugar onde se situa a agência bancária em que o emitente mantém sua conta-corrente -, sendo irrelevantes os locais de domicílio do autor e do réu.

10) O banco sacado não responde pela emissão de cheques sem fundos que geram prejuízos a terceiros.

11) É indevida a inscrição do nome do cotitular de conta bancária conjunta nos órgãos de proteção ao crédito se este não emitiu o cheque sem provisão de fundos.

12) A instituição financeira é responsável pelos danos resultantes de extravio de talonários de cheques utilizados fraudulentamente por terceiros.

13) O estabelecimento bancário não está obrigado a verificar a autenticidade das assinaturas dos endossantes, mas tem o dever de atestar a regularidade formal da cadeia de endossos.

14) O protesto de cheque pode ser efetuado após o prazo de apresentação, desde que não escoado o lapso prescricional da pretensão executória dirigida contra o emitente (protesto facultativo).

15) A pretensão executiva do cheque dirigida contra os endossantes deve ser precedida de protesto realizado dentro do prazo de apresentação (protesto obrigatório).

16) A diferenciação de preços para o pagamento em dinheiro, cheque ou cartão de crédito caracteriza prática abusiva no mercado de consumo.

[**Cuidado!** Superado pela Lei nº 13.455/2017:

Art. 1º Fica autorizada a diferenciação de preços de bens e serviços oferecidos ao público em função do prazo ou do instrumento de pagamento utilizado.]

17) A simples devolução indevida de cheque caracteriza dano moral (Súmula nº 388/STJ).

18) Caracteriza dano moral a apresentação antecipada de cheque pré-datado (Súmula nº 370/STJ).

19) É razoável o valor da compensação por danos morais fixado em até 50 (cinquenta) salários mínimos para a hipótese de devolução indevida de cheque.

20) Os juros moratórios decorrentes de dívidas representadas em cheque devem ser fixados a partir da data da primeira apresentação do título para pagamento, independentemente de a cobrança ter sido buscada por meio de ação monitória.

Referências

ALMEIDA, Amador Paes de. *Teoria e prática dos títulos de crédito*. 31. ed. São Paulo: Saraiva Educação, 2018.

CAVALCANTE, Márcio André Lopes. *Breves comentários à LC 167/2019, que dispõe sobre a Empresa Simples de Crédito (ESC)*. Disponível em: https://www.dizerodireito.com.br/2019/04/ola-amigos-do-dizer-o-direito-foi.html. Acesso em: 21 dez. 2021.

CAVALCANTE, Márcio André Lopes. *Lei 13.818/2019: altera a forma de publicação dos atos societários prevista na Lei das Sociedades Anônimas*. In: *Dizer o Direito*. Disponível em: https://www.dizerodireito.com.br/2019/04/lei-138182019-altera-forma-de.html. Acesso em: 1º maio 2019.

CAVALCANTE, Márcio André Lopes. *Lei 14.200/2021: licença compulsória de patentes em casos de emergência, de interesse pública ou de calamidade pública*. Disponível em: https://www.dizerodireito.com.br/2021/09/lei-142002021-licenca-compulsoria-de.html. Acesso em: 19 nov. 2021.

COSTA, Wille Duarte. *Títulos de crédito*. 4. ed. Belo Horizonte: Del Rey, 2008-2010.

CRUZ, André Santa. *Direito empresarial*. 9. ed. Rio de Janeiro: Forense; São Paulo: Método, 2019.

CRUZ, André Santa. *Direito empresarial*. 4. ed. São Paulo: JusPodivm, 2021.

CRUZ, André Santa; GARCIA, Leonardo (Coord.). *Direito empresarial*. Coleção Sinopses para Concursos. 4. ed. São Paulo: JusPodivm, 2021.

DIAS, Giovanna; ROCHA, Rafael. *Os desafios da sociedade anônima de futebol*. Disponível em: https://www.migalhas.com.br/depeso/352632/os-desafios-da-sociedade-anonima-de-futebol. Acesso em: 5 dez. 2021.

GOMES, Fábio Bellote. *Manual de direito empresarial*. 6. ed. São Paulo: JusPodivm, 2017.

GRUPO DE TRABALHO INTERAGENTES. *Código Brasileiro de Governança Corporativa*: companhias abertas. Coordenação: Instituto Brasileiro de Governança Corporativa. São Paulo: IBGC, 2016. p. 15.

IBGC. *Instituto Brasileiro de Governança Corporativa (IBGC)*. Disponível em: https://www.ibgc.org.br/conhecimento. Acesso em: 30 dez. 2021.

LORDELO, João Paulo. *Noções gerais de direito e formação humanística*. 6. ed. São Paulo: JusPodivm, 2022.

MAMEDE, Gladston. *Empresa e atuação empresarial*. 11. ed. São Paulo: Atlas, 2019.

MARIOTTO, Gabriel. *Como a nova Lei da Sociedade Anônima do Futebol pode impactar o seu clube?* Disponível em: https://www.migalhas.com.br/depeso/355862/como-nova-lei-da-sociedade-anonima-do-futebol-pode-impactar-seu-clube. Acesso em: 5 dez. 2021.

MELLO FRANCO, Vera Helena de. *Manual de direito comercial*. São Paulo: RT, 2004.

NEGRÃO, Ricardo. *Manual de direito empresarial*. 9. ed. São Paulo: Saraiva Educação, 2019.

TEIXEIRA, Tarcisio. *Direito empresarial sistematizado*: doutrina, jurisprudência e prática. 8. ed. São Paulo: Saraiva Educação, 2019.